뉴노멀시대 종교
신神은 무엇을 요구하나

뉴노멀시대 종교

신神은
무엇을
요구하나

황진수·안연희·강화명·김민지 공저

청파랑

우리가 만들어야 하는 새 세상

인류가 겪었던 세계적인 재난은 인류의 의식과 삶을 크게 바꾸어 왔습니다. 오늘날 우리 모두가 겪고 있는 코로나19의 팬데믹도 마찬가지로 우리네 종교인들의 생각과 삶을 바꾸게 합니다. 벌써 1억 8천만여 명의 확진자는 물론 안타깝게도 280만여 명이 넘는 사람들이 스러졌습니다. 우리나라만 해도 세계적인 대유행에 비해 적은 숫자이기는 하지만 우리의 곁을 떠난 사람들이 머지않아 2천여 명에 달할 것으로 보입니다. 안타깝다 못해 가슴이 저려 옵니다.

그러니까 인류는 코로나19 팬데믹으로 다시 한 번 대변화를 겪을 것이라는 전망이 앞서는 것이고 그것은 무너지는 옛 질서 위에 새 질서가 세워질 것이라고 보는 전망을 타당하게 하고 있습니다. 그렇다면 무너지는 옛 질서는 어떤 것일까요? 그것은 한마디로 그간 세계 질서를 압도해왔던 소위 세계화의 질서라고 할 수 있을 것입니다.

무한 경쟁과 자유지상이라고 하는 가치를 내세운 신자유주의가 뒷받침되어온 세계화는 긍정적인 면도 있습니다. 세계는 하나라고 하는 지구촌 시대를 열었기 때문입니다. 하나 부정적인 면이 많았습니다. 무한 경쟁과 자유지상이라고 하는 가치는 인류를 개인으로 파편화시켰기 때문입니다. 관계 짓는 삶보다는 개별적인 자유를 우선시했기 때문에 개인은 물론 국가도 극도의 이기주의화되었습니다.

　이러한 세계화를 이끌어 온 서구 문명은 대재난 앞에서 여지없이 무너지고 말았습니다. 소위 선진국이라 일컬어온 서구 사람들은 그들이 내세워온 관용의 문화가 무용지물이 되어 생활용품의 사재기는 물론 상식 이하의 이기적 태도가 서구 사회를 휩싸고 있습니다. 이 얼마나 아이러니입니까?

　따라서 팬데믹을 마주하고 있는 인류는, 세상은 새로운 질서가 요청되고 있음을 직감하고 있는 현실이 되어 버렸습니다. 적어도 팬데믹 이전으로 돌아갈 수 없다는 현실을 직시하게 되었다는 말입니다. 하여 우리는 코로나19의 대재앙 이후 과거와는 달리 살아갈 수 있는 가치가 우선되어야 하겠다는 깨달음이 있게 되었습니다. 그렇지 않고서는 계속되리라 보는 대재난을 헤쳐나갈 수 없기 때문입니다.

　오늘 여기서 말씀드리고 싶은 가치의 하나는 바로 이기적이 아닌 이타적인 삶이 오히려 이기적이 될 수 있다는 불가능한 가능성입니다. 다시 말씀드리면 이기적인 삶을 살아온 사람들은 짐작이 안 될 수 있지만 이타적으로 살아본 경험이 조금이라도 있는 사람이라면 이타적인 삶이 결국 이기적이라는 불가능할 것 같지만 가능한 삶의 역설을 알 수 있습니다.

그렇기 때문에 팬데믹 이후 새로 세워지는 새 질서는 개인의 삶을 무시하지 않지만 이웃도 배려하는 삶의 질서가 되살아날 것입니다. 거듭 말씀드리면 이러한 새 질서가 추구하는 우리네 삶의 양식은 개별보다는 공동체의 삶의 양식이 되리라는 전망입니다. 개인의 가치를 포함하나 이를 넘어서는 공동체의 가치를 결코 무시하거나 좌시하지 않는 새로운 질서가 전개되리라는 오래된 미래가 우리 앞에 펼쳐질 것입니다.

여기서 꼭 짚고 넘어갈 궁극적 가치는 공동체의 공(共)에 대한 이해를 바탕으로 한 가치정립이 필요하다는 사실입니다. 이 공에는 함께한다는 사전적 의미를 넘어서 신과 함께 그리고 이웃과 함께 그리고 나도 함께한다는 의미가 깃들어 있기 때문입니다. 따라서 공동체는 공공의 선을 짓고 그러한 삶을 살아내어 선한 영향력을 발휘하는 삶의 양식이라고 할 수 있습니다.

하나 소개하고 싶습니다. 세계평화통일가정연합을 이끌고 계시는 한학자 선생님께서는 인류는 종파를 넘어서 그리고 그 외의 모든 장벽을 넘어서 하늘부모님성회 아래 하나가 되어 '하나님 아래 하나의 세계'라고 하는 신의 이상을 실현하자고 강조하십니다. 그렇습니다. 새로운 시대 새로운 질서는 신을 모시고 살아가는 거룩한 공동체 곧 하늘부모님성회 아래에서 세워져야 하기 때문입니다. 나아가 거룩한 공동체 곧 이웃과 함께 그리고 나도 함께하는 공동체는 하나님이라고 하는 공의(共義) 곧 공동윤리의 주체 앞에서 거룩하게 될 수 있기 때문입니다.

한학자 선생님은 이러한 새로운 질서를 담는 구체적이고 현실적인 이념, 이데올로기로서 공생·공영·공의주의를 역설하고 계십니다. 공의의 윤리사회를 바탕으로 공생의 경제사회 그리고 공영의 정치사회를 이루자고 말씀하고 계시며 그 실현을 위해 온 생애를 바치시고 계십니다. 이러한 공생·공영·공의의 사회를 한학자 선생님께서는 부모이신 하나님을 모시고 살아가는 거룩한 공동체, 곧 하늘부모님성회로 통칭하여 말씀하시는 것입니다.

이제 우리네 종교인들은 분명 세워지는 새 질서, 곧 공동체의 삶의 양식을 그 누구보다도 앞장서 실현해야 할 것입니다. 이는 종교라면 종교 역사 이래 잉태해온 오래된 미래이기 때문입니다. 종교라면 갖고 있는 그리고 실현하고자 했던 이상사회의 꿈은 오래되었으나 아직 이루어지지 않은 미래이기 때문입니다.

이러한 때 출간되는 『뉴노멀시대 종교 신神은 무엇을 요구하나』는 그와 같은 사유와 실천을 통한 위기의 극복에 더할 나위 없이 기여할 수 있는 책임을 서슴없이 추천하고 싶습니다. 이 책이 우리에게 주는 기쁨이라면 드디어 우리의 오래된 미래를 실현하고자 하는 용기를 주는 것임이 분명하다는 점입니다. 이 책을 읽는 독자들은 바로 그와 같은 기쁨을 같이하기를 진심으로 바랍니다. 한 마디 개인적으로 덧붙이자면 청출어람의 기쁨도 갖게 됩니다. 필자들 모두 애썼습니다. 고맙기만 합니다.

2021년 4월 1일
한국종교협의회 회장 김항제

현재 인류는 기후위기와 함께 코로나19라는 감염병의 세계적인 창 궐로 미래를 예측할 수 없는 불안의 시대를 살고 있습니다. 전대미문 의 대재앙에 의한 전 지구적인 생산과 소비 네트워크의 폐쇄로 세계 정치와 경제는 앞으로 코로나19 이전의 시대와 다른 패러다임이 작동 할 것으로 예상됩니다. 이는 종교의 영역이라고 해서 크게 다르지 않 습니다.

그동안 종교의 자유는 어떠한 제도나 법률로도 침해할 수 없는 절 대적인 영역이자 숭고한 가치로 간주되어 왔으나 공공성의 가치 앞에 서 기로에 서게 되었습니다. 절대자와의 합일을 중요시하는 종교의례 는 특정한 종교적 장소에서 정기적으로 행해지는 것이 당연했습니다. 그러나 감염병 확산을 막기 위한 조치로 집단적인 종교의례를 금지하 게 되면서 한국 가톨릭은 역사상 처음으로 미사를 자진해서 중단했으며 불교, 이슬람 등 주요 종단들도 이 같은 의식 중단조치에 동참하였습니다.

역사적으로 종교는 질병·대재앙 같은 위기 상황을 겪을 때마다 고유의 신앙을 바탕으로 새 세상에 대한 비전을 보여주었고, 헌신적인 돌봄과 사랑의 실천을 통해 인류가 직면한 위기를 극복하는데 크게 기여해 왔습니다. 그러나 지금은 일부 기독교를 비롯한 종교들이 현 상황의 수습에 급급할 뿐 불안과 고통 속에 처한 인류 앞에 새로운 희망과 미래를 보여주지 못하고 있는 현실입니다.

이제 미증유의 코로나19 위기를 맞은 인류 앞에 종교들은 어떠한 역할을 담당할 것이며 어떠한 비전을 제시할 수 있을까요? 이는 바꿔 말하면, '신은 무엇을 요구하는가'라고 묻는 것과 다름없습니다.

어느 사건이나 시련도 우연한 것은 없으며, 반드시 그 일에 신의 뜻이 깃들어 있다고 보는 것이 종교적 관점입니다. 코로나는 21세기 들어 전 세계, 전 영역에서 모든 인류에게 전혀 다른 일상, 즉 뉴노멀을 요구하고 있습니다. 코로나 팬데믹을 단순한 감염병으로만 치부할 수 없는 이유입니다. '신은 지금 인류에게 무엇을 요구하는가?' 이점을 올바로 헤아릴 때 종교의 역할이 분명해진다고 볼 수 있습니다. 신이 무엇을 요구하는지를 보다 깊숙이 헤아리는 것이 이 시대 종교지도자나 종교인들의 본질적인 자세가 아닐까 싶습니다.

이에 종교학과 종교철학, 신학 등을 전공한 젊은 학자들은 뉴노멀 시대 종교를 전망하며 기존의 종교적 전통을 성찰하고 새 시대의 종교적 비전과 종교의례, 종교인의 생활과 평화를 위한 실천까지 다양한 주제에 대해 대안을 모색하였습니다. 본서에서 필자들은 로마 시대 전염병이 창궐한 상황 속에서 초기 그리스도교인들이 보여준 '파라볼라노이(위험을 무릅쓰는 자)'의 사례를 들며, 사회적 약자들을 돌보고 아픔을 치유해야 할 종교 본연의 역할에 대해 강조합니다. 또한 사랑과 자비의 실천 장으로서 가정의 가치를 회복하는 데 종교가 앞장설 것을 요청하며, 코로나19 위기 상황에서 절실히 요구되는 세계공동체의 리더십을 종교연대기구로서 '종교유엔(UN)'이 채워줄 것도 역설하고 있습니다.

인간은 유한한 존재입니다. 초월자 혹은 절대자인 신(神)을 추구하며 의지해온 근본 이유입니다. 야훼, 여호와, 알라 등 지역 및 시대에 따라 각 종교에서 부르는 신의 이름은 달랐지만, 신과 인간이 합일의 경지에서 사는 이상세계를 염원해 온 것은 다르지 않았습니다.

코로나로 인한 뉴노멀 시대에는 이전과는 다른 새로운 신관(神觀)과 인간관이 요청되고 있습니다. 모든 종교의 출발점에 대한 질문이나 새 시대의 요청에 대한 응답도 여기서 나온다고 봅니다. 그런 이유에서 저자들은 기존 종교가 인류에게 보여주지 못한 새로운 신관과 세계의 비전을 찾고자 했습니다. 그리고 전 세계적인 국제 NGO 기반 아래 종교화합과 평화운동에 헌신해 온 문선명·한학자 총재가 창시한 세계평화통일가정연합의 비전과 활동에 주목하게 되었습니다.

이 책은 위기 속에 인간들 사이에 빚어온 갈등과 반목을 치유하며 온 인류를 한 형제로 품는 부모로서 하나님을 전제하고, 이를 토대로 이념과 종교, 문화와 인종을 넘어 종교가 앞장서서 공생·공영·공의의 평화세계를 구현하는 방안의 일단을 제시하고 있습니다.

이 책이 팬데믹으로 인해 고통받는 독자들에게 작은 위안이 되기를 바랍니다. 아울러 종교인들에게는 마음을 열어 하늘의 소리를 듣고, 종교화합과 평화운동으로 나아가는 새로운 단초가 되기를 기대해봅니다.

2021년 4월 1일
편집부

| 차 | 례 |

1

역대 전염병 치유에
앞장선 종교

황진수

코로나19와 종교의 생명력

코로나19의 확산은 인류의 삶의 많은 부분을 '비가역적'으로 바꾸어 놓고 있다. '설마' 했던 일들이 '이미'로, '가능성'이 '현실'로 전환되고 있는 듯하다. 교육에 몸담고 있는 사람으로서 비대면 수업을 하는 시간이 연장되어 갈수록 교육의 패러다임이 이대로 바뀔 수도 있겠다는 생각을 떨칠 수 없다. 교실에서 수업하던 방식이 오히려 어색해지고, 수업을 받기 위해 긴 거리를 물리적으로 이동해야 한다는 것이 비효율적일 수 있다는 생각이 학생들(특히 대학생들) 의식 속에 조금씩 자리 잡고 있는 듯하다. 젊은 학생들은 SNS 세대로서 기성세대보다 비대면 커뮤니케이션에 대한 적응 속도가 훨씬 빠르다. 향후 코로나19 상황이 어느 정도 잠잠해지더라도, 비대면 커뮤니케이션의 가능성을 경험한 인류는 완전히 이전 상황으로 돌아가지는 않을 것 같다. 더욱 생생하게, 직접 만나서 얘기하는 것보다 더 생동감 있게 비대면 소통을 할 수 있는 방법을 모색하지 않을까?

교육뿐만 아니라, 코로나19가 몰고 온 변화의 물결은 '종교'의 영역에서도 두드러지게 나타난다. 비대면 예배가 지속되면서, 종교는 많은 고민을 안고 있다. 종교의 소명을 다하기 위해서는 무엇을, 어떻게 해야 하는가? 예전에는 소위 '종교생활'로 일컬어지는 정형화된 패턴이 존재했다.

예를 들어, 일주일 중 적어도 하루는 예배당에 모여 종교의례를 수행하는 것이다. 그 안에서 지난 시간을 돌이켜보고 종교가 지향하는 목표에 자신의 마음을 가다듬으며 새로운 생명력을 얻어 한 주를 살아가는 힘을 얻는다. 예배는 이와 같이 종교인 스스로의 영적 생명력을 유지, 발전시키는 역할을 하기도 하지만, 종교 자체의 생명력을 유지하는데 있어서도 빼놓을 수 없는 요소다. 종교의 정체성을 유지하고 그 기능을 수행하는 중심축에 바로 예배가 있는 것이다. 하지만 이러한 종교생활의 꽃인 예배가 코로나19 사태로 인해 심각한 도전을 받고 있다. 비대면 예배로도 기존에 예배가 수행하던 기능과 역할을 다 할 수 있을까? 이 물음은 종교인들 모두가 숙고해야 하는, 풀기 어려운 숙제로 남아 있다. 아니, 이 질문 자체가 다가오는 종교 패러다임의 변화를 제대로 파악하지 못하는 우문(愚問)이 아닐까라는 두려움도 있는 듯하다.

결국 종교의 '생명력'에 대한 질문이다. 인간은 동물과는 달리 끊임없이 의미를 추구하는 존재이다. 그리고 종교는 삶의 의미 체계를 제공하는 가장 강력한 세계관이다. 시대에 따라 종교의 표면을 감싸는 형식이 변화하더라도 인간의 의미추구 본능이 사라지지 않는 한, 종교의 기능, 즉 삶의 의미를 제공하는 세계관으로서의 역할은 여전히 유효할 것이다. 이런 면에서 볼 때, 종교의 생명력은 인류가 마음속 깊이 공감할 수 있는 '의미'의 끊임없는 산출 능력에 달려있다고 해도 과언이 아니다. 종교의 메시지에 인류가 마음 깊이 공감하며 고개를 끄덕이는 자리에서

윌리엄 제임스(William James, 1842-1910)

종교는 새로운 생명력을 얻을 수 있다.

한 치 앞도 내다보기 어려운 코로나19의 소용돌이 속에서 포스트 코로나 시대의 종교의 모습을 예측해보는 것은 여간 어려운 일이 아니다. 다만 여기서 시도해 보려는 것은 코로나19와 같은 바이러스가 이 지구상에서 완전히 사라지는 날이 오지는 않을 것이라는 전제 하에서 종교의 '생명력'을 어떻게 끊임없이 되살릴 수 있을까에 대한 질문을 던지는 것이다. 한 가지 분명한 것은 바이러스와 함께 살아가야 하는 '위드 코로나(With Corona)' 시대의 맥락 속에서 제한된 물리적 공간 안에서 대면으로 펼쳐지는 종교 의례가 종교의 생명력을 유지시키는 핵심이 되기는 어렵다는 사실이다.

여기서 말하는 종교의 생명력이란 미국의 철학자이자 심리학자 윌리엄 제임스(William James, 1842-1910)가 그의 역저 『종교적 경험의 다양성』 (The Varieties of Religious Experience)에서 밝힌 개인의 생생한 종교적 경험과 관련이 깊다. 제임스는 개인이 강한 열정을 통해 자신의 내면에서 발견하는 '종교적 경험'과 종교 공동체 속에서 생활하며 자연스럽게 습득

되는 '종교적 생활'을 구분한다. 그에 따르면, 종교적 경험은 이성보다는 감정의 영역과 좀 더 가깝다. 종교는 독창적으로 강렬한 종교적 경험을 한 사람(들)에 의해 그 생명이 시작하고, 그 경험이 전파되는 과정에서 신학, 철학, 교회 조직과 같은 2차적인 것들이 파생되며 종교적 생활이 형성된다. 그런데 만약 종교적 생활이 지속적으로 개인의 생생한 종교적 경험으로 뒷받침되지 않으면, 종교가 출발했을 때 기반으로 삼던 독창적이고 신성한 감정은 점점 옅어지고 자칫하면 종교적 생활이 '지루한 습관'으로 전락할 수도 있다.[1]

제임스의 이러한 시각은 오늘날 코로나19 상황에 매우 유의미한 시사점을 전해 준다. 대부분 기성 종교는 일주일에 적어도 하루는 예배와 같은 종교 의례를 수행하고 그것을 종교적 영성을 고취시키는 기회로 삼는다. 종교적 감정이 옅어지지 않도록 반복적으로 의례를 실천하면서 그 종교의 고유한 종교적 경험의 불씨를 이어가는 것이다. 예배가 활성화된 교회는 생명력이 살아나 부흥하고, 그렇지 못한 교회는 교인 감소나 활동의 위축이 벌어진다. 그렇기 때문에 대부분 종교는 오늘날 코로나19 상황이 위중함에도 불구하고 대면 예배에 대한 끈을 놓지 못하고 있다. 종교적 생명력이 급속히 위축될 것을 우려하는 것이다.

코로나19의 위기 속에서, 혹은 코로나19가 잠잠해지더라도 바이러스에 대한 경계심을 늦추지 않을 포스트 코로나 시대에서 종교는 여전히 대면 예배를 중심으로 생명력을 구할 수 있을 것인가? 비대면, '언택트'

---

1) 찰스 테일러, 『현대 종교의 다양성』, 송재룡 옮김 (서울: 문예출판사, 2015), 15-17.

현상이 일시적인 것이 아니라 하나의 문화로 자리 잡을 가능성이 커 보이는 지금 시점에서, 종교는 대면으로 진행하는 종교 의례에 대한 의존도를 줄이고 종교적 생명력을 찾는 다양한 시도를 할 필요가 있다.

종교적 생명력에 대한 물음의 답은 역설적으로 그 물음 자체를 불러일으킨 현재의 코로나19 위기 상황에 있을지도 모른다. 다시 말해서, 치명적 바이러스로 인해 야기된 죽음에 대한 공포, 사회 혼란, 불신 등을 극복할 수 있는 힘을 종교가 줄 수만 있다면, 죽음의 공포를 삶의 희망으로, 무책임한 이기주의를 책임감 있는 이타주의로, 사회 혼란을 야기시키는 불신 풍조를 타인을 존중하고 신뢰하는 태도로 전환시킬 수 있는 힘을 종교가 이 사회에 불어넣어 줄 수만 있다면 과연 어떻게 될까? 한 명의 종교인으로서 이런 행복한 상상을 해본다. 그러한 사랑과 신뢰, 통합의 힘은 곧 개인의 생생한 종교적 경험으로 이어질 것이며, 그 토대 위에 종교는 새 시대의 옷을 입고 한층 도약할 수 있을 것으로 확신한다.

초기 그리스도교와 전염병

역사적으로 보더라도 전염병이라는 큰 위기를 맞이하였을 때, 이타적 봉사를 삶의 소명으로 여기는 종교가 사회로부터 신뢰를 받고 더욱 성장하였던 사례들이 있다. 초기 그리스도교의 예를 들어보자. 초기 그리스도교는 로마제국의 압제 아래 지중해 연안 곳곳에 작은 규모의 공동체로 분산되어 있었다. 로마의 다신교 문화 및 황제 숭배 전통을 거부하였기 때문에 로마 사회로부터 조롱과 멸시를 받았으며, 몇몇 황제들로부터는 심한 박해를 받기도 했다. 2세기 초 로마의 작가 수에토니우스(Suetonius)는 그리스도교를 '사악한 신종 미신'이라고 간주하였고, 난교와 근친상간을 저지르고 인육을 먹는다는 식의 허황된 소문이 널리 퍼져 있었다고 전해진다. 또한 초기 그리스도인들 중 상당수가 유대교 배경을 지니고 있었지만 대다수 유대인들은 예수를 거짓 교사나 거짓 선지자로 바라보았으며, 그리스도인들을 율법을 훼손하는 자들로 치부하며 받아들이지 않았다. 이와 같이 외적인 로마 사회로부터도 환영받지 못하고 내적인 유대 공동체로부터도 환영받지 못하는 등 이중 소외를 겪으며 아웃사이더로 숨죽이며 살아가던 그리스도인들에게 변화가 찾아오는데, 놀랍게도 그 변화를 몰고 온 계기가 되었던 것이 바로 전염병이었다.

사회학자이자 비교종교학자인 로드니 스타크(Rodney Stark)는 초기 그리스도교의 성장과 역병과의 관계를 밝힌 명망 있는 학자들 중 한 명이다. 그에 따르면, 로마의 제16대 황제 마르쿠스 아우렐리우스(Marcus Aurelius, 121-180)가 통치하던 서기 165년 경, 가공할 전염병이 로마제국 전역을 휩쓸었다. 마르쿠스 아우렐리우스 황제는 철인황제(哲人皇帝)로 불리며『명상록』등의 저술을 통해 스토아 철학에 기여하였을 뿐만 아니라, 활발한 영토 확장으로 로마제국의 최전성기를 이끄는 등 여러 면에서 눈부신 업적을 남긴 인물이다. 하지만 그리스도교를 박해한 황제로도 알려져 있고, 그가 주도한 정복 전쟁에서 돌아온 군대가 퍼뜨린 전염병이 로마제국 전역을 강타한 점은 그의 업적의 어두운 면이기도 하다.

전염병이 돌던 약 15년 동안 제국의 인구의 4분의 1에서 3분의 1가량이 사망하였다고 한다. 마르쿠스 아우렐리우스 황제도 180년 비엔나에서 이 병으로 사망하였다. 전장에서도 수많은 병사들이 아무런 상흔 없이 죽은 채 발견되기도 했다. 모두 이 이름 모를 병으로 쓰러진 것이다. 학자들은 이 병을 최초의 천연두 혹은 홍역으로 추정하지만 확실치 않다. 예전에 역병에 노출된 적이 없는 집단에 이와 같은 신종 전염병이 발발하면 치사율이 30퍼센트에까지 이르는 등 매우 치명적인 결과를 초래한다고 한다. 또한 약 70년 후인 서기 251년, 발진티푸스로 추정되는 또 다른 전염병이 출현하여 로마의 도시뿐만 아니라 농촌 지역까지 휩쓸었는데, 약 20년간 지속된 이 전염병도 이전 전염병 때와 비슷한 수준의 사망자를 배출했다고 한다.[2]

하늘을 찌를 것 같던 로마제국의 기세와 자존심은 두 차례의 대규모 전염병의 창궐로 크게 꺾이고 만다. 거리 곳곳은 시체들로 가득했고, 죽음에 대한 공포와 절망감, 무력감이 로마 전역을 감쌌다. 로마제국의 국력은 크게 쇠락하기 시작하였으며, 다시는 전성기 때의 위세를 회복하지 못했다. 사실 훗날 로마제국의 멸망은 도덕적 해이와 같은 문제에서 그 원인을 찾을 수도 있지만, 그 맥락을 깊숙이 들여다보면 수차례 로마제국 전역을 휩쓴 전염병이 결정적인 원인을 제공하였음을 발견할 수 있다.

병의 원인도 모르고 마땅한 치료약도 없던 시기였기 때문에 당시 사람들은 요즘 말로 극단적인 '거리두기' 외에는 다른 방도를 찾지 못했다. 집집마다 문과 창문을 단단하게 걸어 잠갔으며, 귀족이라 하더라도 가

---

2) 로드니 스타크, 『기독교의 발흥』, 손현선 옮김 (서울: 좋은씨앗, 2016), 115-116.

'로마의 흑사병(La peste à Rome)', 쥘 엘리 들로네(Jules-Élie Delaunay), 1859.

족 중에 병이 걸린 사람이 있으면 즉시 집 밖으로 내쫓았다. 거리에서 병에 걸린 사람이 죽어 시체가 되어도 누구 하나 나서서 그 시체를 치우지 못했다. 시체를 만지다 자신도 병에 걸릴 수 있다는 두려움이 컸기 때문에 선뜻 나서는 사람이 없었던 것이다. 그러다보니 썩은 시체들을 통해 전염병은 더 크게 확산되었다.

이런 상황에서 특별한 행동을 하는 사람들이 있었다. 바로 그리스도인들이다. 그들은 육신의 죽음 이후의 영원한 세계에 대한 믿음이 있었기 때문에 전염병으로 드리워진 죽음의 그림자를 이겨낼 수 있는 마음의 준비가 되어 있었다. 또한 예수 그리스도의 핵심 가르침인 하나님과 이웃에 대한 사랑을 실천하려는 마음이 그들을 집안에만 있게 두지 않았다. 신의 말씀을 지키거나 지키지 않는 것이 어떠한 보상이나 징벌로 이어지는 단순한 관념을 뛰어넘어서, 이웃을 사랑하는 것이 곧 하나님과 예수 그리스도를 사랑하는 것과 같다는 그리스도인들의 믿음은 당시 다른 종교인들의 태도와는 분명 달랐다. 그리스도교의 사랑의 교리는 매우 실천적인 힘을 갖고 있었다. 실제로 그리스도인들은 담대하게 거리로 나가 시체를 수습하고 매장해 주었으며, 자신의 목숨을 희생해서라도 병자들을 정성스럽게 간호하였다. 그리스도인들이 전염병을 대하는 태도와 행동은 확실히 주변 사람들과는 달랐다.

그러자 놀라운 일이 벌어졌다. 스타크의 계산법에 따르면, 접촉을 최대한 피하라는 로마의 지침을 그대로 따르던 기존 다른 종교인들 간의 생존율은 25퍼센트에 불과했지만 그리스도인들 간의 생존율은 81퍼센트에 달했다고 한다.[3] 시체를 치우고 오히려 병자를 적극적으로 돌봄으로써 전염병의 전파를 크게 줄일 수 있었던 것이다. 학자들은 당시 모든 의료 서비스가 마비된 상태에서 그리스도인들이 제공한 정성스런 간호가—비록 그것이 물과 음식을 제공하거나 몸을 닦아주는 등 아주 기초적인 것이었을지라도—사망률을 크게 낮추는데 기여하였을 것이라고 말한다.

그리스도인들의 놀라운 생존율은 당시 사람들에게 '기적'처럼 보였을 것이고, 이는 주변 사람들의 개종에도 분명 영향을 미쳤을 것이다. 전염병으로 인해 속수무책으로 사람들이 쓰러지고 거리에 시체가 즐비한 처

---

3) 스타크, 『기독교의 발흥』, 143.

참한 상황 속에서 기존 종교의 철저한 무능을 경험한 사람들에게 그리스도교라는 신종교는 매우 매력적인 종교로 다가왔을 것이다. 팬데믹 상황에서 종교의 '무능'이란 왜 이런 처참한 현실이 눈앞에 펼쳐지는지에 대해 제대로 설명하지 못한다거나 그 고통을 극복할 수 있는 어떤 정신적 가치를 제공하지 못한다는 점, 그리고 전염병을 실질적으로 막는 데 있어서 매우 무기력하다는 점 등과 연관되어 있다. 그리스도교의 위상은 기존의 종교들의 이러한 무능함 속에서 오히려 빛을 보게 되었고, 이는 수많은 사람들의 개종으로 이어지게 되었다. 그리고 사실 개종이 없었다 하더라도 그리스도인들은 죽지 않고 살아남았기 때문에, 전염병이 로마 곳곳을 휩쓸 때마다 전체 인구 중 그리스도인들이 차지하는 비중이 높아지는 결과가 만들어졌다.[4]

4세기 로마제국의 전통적인 종교를 부활시키고 그리스도교의 급성장을 막기 위해 노력했던, 그래서 그리스도인들에게 '배교자'라 불린 율리아누스(Flavius Claudius Iulianus, 331-363) 황제가 있었다. 그는 그리스도인들을 신의 형상을 앞에 두지도 않고 예배를 드린다 하여 '무신론자'라고 불렀다. 그리스도교의 확산을 막으려 한 그의 시도는 결국 실패로 돌아가고 말았는데, 그는 그 이유를 그리스도교의 비상한 사랑에서 찾았다. 아래는 그가 362년 갈라디아의 사제에게 보내는 서신의 일부분이다.

무신론(그리스도교)은 나그네들에 대한 친절한 봉사와 죽은 자들의 매

---

4) 스타크, 『기독교의 발흥』, 138-145.

장에 대한 관심을 통해 현저한 발전을 이루었다. 유대인 가운데 단 한 명의 거지도 없으며, 무신론자인 갈릴리 사람들은 자기네 극빈자들을 돌볼 뿐 아니라 로마의 극빈자들까지 구조하고 있다. 반면, 우리 종교에 속한 사람들은 가만히 앉아서 누군가 도와주기만을 바라고 있으니 창피한 일이다.

이러한 그리스도인들의 사랑 실천은 전염병이 창궐했을 당시 가장 빛을 발했고, 이는 주변 사람들의 멸시와 조롱의 시선을 존경과 감사의 시선으로 바꾸기에 충분했다. 전염병이라는 죽음의 절망 속에서 오히려 그리스도인들은 죽음을 초월하는 신앙과 행동으로 새롭게 도약하는 계기를 마련한 것이다. 신약학자 래리 허타도(Larry Hurtado)에 따르면, 서기 100년경 그리스도인 숫자는 7천 명에서 1만 명 정도에 불과했으나, 200년경에는 20만 명가량으로 늘어났고, 300년경에는 무려 500만 명에서 600만 명에 이르렀을 것으로 추정된다. 초기 그리스도교 신학자 테르툴리아누스(Tertullian)는 3세기 초 '모든 도시에서 대다수'를 차지할 만큼 그리스도교인들이 많았다고 언급한 바 있다.[5] 이러한 기하급수적 증가의 배경에는 2-3세기 전염병 극복에 앞장섰던 그리스도인들의 사랑과 용기가 있었다. 이후 서기 313년 콘스탄티누스 1세는 밀라노 칙령을 통해 그리스도인들에게 신앙의 자유를 허락하였고, 마침내 서기 380년 테오도시우스 1세가 그리스도교를 국교로 승인하기에 이른다.

---

5) 래리 허타도, 『처음으로 기독교인이라 불렸던 사람들』, 이주만 옮김 (경기 고양: 이와우, 2017), 13.

마틴 루터와 흑사병

또 다른 예는 종교개혁의 선봉을 이끈 마틴 루터(Martin Luther, 1483-1546)의 이야기다. 13세기 무렵부터 시작하여 17세기에 이르기까지, 유럽에는 치사율이 무려 95퍼센트에 이르는 흑사병이 100여 차례의 대유행을 불러일으키며 유럽 전역을 강타하였다. 전체 유럽 인구의 3분의 1이 흑사병으로 사망하였다고 알려진다. 루터도 1505년 동생 둘을 흑사병으로 잃는 슬픔을 겪었다. 흑사병(黑死病)이란 이름은 피부의 혈소 침전에 의해 피부가 검게 변하는 증상 때문에 붙여진 이름이다. 증상이 악화되면 검게 변색된 부위에 괴저가 발생하고 죽음에 이르게 된다. 페스트균으로 불리는 예르시니아 페스티스(Yersinia Pestis)가 원인균이며, 주로 이 균에 감염된 쥐의 혈액을 먹은 벼룩이 사람의 피를 빨면서 병을 옮기게 된다.

루터가 비텐베르크 대학에 교수로 재직하던 1527년 여름, 다시금 흑사병이 유럽에 대대적으로 유행하였고, 그가 살던 비텐베르크도 예외가 아니었다. 종교개혁을 지지하며 루터를 몹시 아꼈던 작센의 요한 프리드리히 선제후(Elector, 황제 다음의 최고위 귀족으로 신성로마제국 황제를 뽑는 선거인단의 일원)는 비텐베르크 대학의 교수들과 학생들을 보호하고자 예나 대학으로 피신하도록 명했지만, 루터는 비텐베르크 시 교회의 담임 목사와 부목사 두 명과 함께 남아서 흑사병에 걸린 환자들을 돌보기로 마음먹는다.

루터의 집은 원래 수도원으로 사용되던 큰 건물의 저택이었는데, 루터는 자신의 집을 환자들을 돌볼 수 있는 임시 진료소이자 병실로 내어

마르틴 루터가 임시 진료소로 활용한 비텐베르크의 집. 본래 수도원 건물이었다.

주었다. 루터의 아내도 그때 임신 중이었음에도 불구하고 남편과 함께 환자들을 돌보는 일에 온 정성을 쏟았다. 결코 쉽지 않은 선택이었고 매우 위험한 일이었다. 루터와 함께 남아서 환자들을 돌보던 가까운 지인들이 하나 둘씩 세상을 떠났으며, 루터의 첫째 아들과 아내도 병에 걸려 큰 고통을 당해야 했다. 1527년 12월에 태어난 둘째 아이는 다음 해 8월에 사망하였다. 루터 자신도 체력이 급속히 저하되면서 몸에 무리가 오기 시작하였다. 그는 전부터 앓아 오던 뇌 빈혈증(cerebral anemia)으로 인해 1527년 한 해 동안 수차례 쓰러지고 생명이 위험한 지경을 두세 차례 맞이했다.

　　1528년 가을이 돼서야 비텐베르크 시의 흑사병이 수그러들기 시작하였는데, 이때부터 루터가 피신을 하지 않고 남아서 환자를 돌본 행위가 과연 적절하였는지에 대한 비판이 여기저기서 터져 나왔다. 프로테스탄트와 각을 세우고 있던 로마 가톨릭은 말할 것도 없고, 시 당국자들, 심지어 루터와 같이 교회를 위해 일하던 친구들까지 루터를 비난하기 시작했다. 전염병에 대한 조심성이 없이 행동함으로써 건강했던 가족들과 주변 사람들의 생명을 위험에 빠뜨렸다는 것이다.

이러한 비판에 직면하였을 때, 루터는 자신의 생각을 담은 한 편의 글을 3개월에 걸쳐 숙고하면서 작성하여 발표했다. '치명적인 전염병으로부터 피신해야 하는가?'(Whether One May Flee from a Deadly Plague?)라는 제목의 글이다. 흑사병이 덮칠 때 목회자도 타지로 피해야 하는지에 대한 브레슬라우(Breslau) 시의 성직자 요한 헤스의 질문에 답하는 편지글 형식을 띠고 있다. 이 글은 최근 코로나19 상황 속에서 그리스도교가 어떻게 전염병에 대응해야 하는가, 대면 예배를 봐야 하는가 등에 대한 물음과 연관되어 새로이 주목을 받고 있다. 아래는 글의 일부를 발췌한 것이다.

집에 불이 났는데 불이 하나님께로부터 온 형벌이라고 하여 집 밖으로 나가거나 돕기 위해 뛰어나가서는 안 됩니까? 깊은 물에 빠진 사람은 수영으로 자신을 구하기보다 하나님의 심판에 굴복해야 합니까? …… 이렇게 되면 모든 병은 하나님께로부터 온 형벌이므로 의사나 약이나 약사가 필요 없습니다. 배고픔이나 목마름 역시 하나님의 심판이요 고통일 수 있습니다. 배고픔과 목마름이 저절로 멈출 때까지 형벌을 받고 있지 왜 여러분은 먹고 마십니까?

(어떤) 이들은 약의 사용을 무시할 뿐 아니라 전염병에 오염된 장소들과 사람들을 피하지 않습니다. 이들은 너무나 가볍게 이런 것들을 조롱하고 자신들이 얼마나 독립적인 존재인지를 입증하려고 합니다. 이들은 이 일이 하나님의 형벌이라고 말합니다. 이들은 의술이나 우리가 보이는 조심성이 없어도 얼마든지 전염병을 막을 수 있다고 주장합니다. 그러나 이것은 하나님을 신뢰하는 것이 아니라 하나님을 시험하는 것입니다. 하나님께서는 의술과 약을 만드셨습니다. 그리고 우리에게 지성을 주셔서 몸을 어떻게 보호하고 돌보아야 하는지 알려주심으로 우리가 건강을 유지하며 살도록 하셨습니다. …… 이런 사람은 마치 성안에 있는 집이 불에 타고 있는데 불을 끄려고 하지 않는 사람과 같다고 할 수 있습니다. 만일 하나님이 원하시면 불을 끄는 물이 없어도 도시를 보호하실 것이라고 말하면서 불을 그대로 내버려두어 전 성읍이 불에 타도록 내버려두는 것과 마찬가지 행동을 한 것입니다. 아닙니다. 나의 사랑하는 친구들이여, 이것은 좋은 일이 아닙니다.

한 도시의 백성들이 이웃이 도움을 필요로 할 때에는 믿음으로 담대함을 보이고, 비상 상황이 아닐 때에는 조심하는 모습을 보인다면, 그리고 모든 사람이 가능한 한 최선을 다해 감염을 피하는 일을 한다면, 사망률이 적절하게 유지될 것입니다. 그러나 공포에 휩싸여 고통 중에 있는 이웃들을 저버린다면, 그리고 어리석게도 예방 조치를 등한히 하여 감염을 유발시킨다면, 마귀가 좋아 날뛰게 될 것이며, 많은 이들이 죽게 될 것입니다.

만일 하나님께서 나를 필요로 하신다면 나는 하나님께서 내게 기대하시는 일을 할 것입니다. 이로써 나의 죽음이나 다른 이들의 죽음에 대해 책임을 져야 하는 일이 없게 하겠습니다. 그러나 나의 이웃이 나를 필요로 한다면 나는 어디든 어떤 사람이든 피하지 않을 것이며 기쁨으로 가도록 할 것입니다. 이것이 하나님을 경외하는 믿음입니다. 이것은 경솔하지도, 어리석지도, 하나님을 시험하는 일도 아니기 때문입니다.[6]

이 공개 서신에서 루터는 육신의 죽음을 초월하여 죽음과 맞서 싸우도록 인도하는 신앙과 병의 확산을 피하기 위해 합리적인 행동을 요구하는 이성 사이에서 놀라운 균형 감각을 보여준다. 무엇보다도 그는 치명적인 전염병이 덮친 상황 속에서 도움을 절실히 필요로 하는 이들이 앞에 있는데 아무것도 하지 않는 것은 결코 있을 수 없는 일임을 강조한다.

도움을 외면하는 경우는 다음과 같이 두 가지의 부류로 나눌 수 있는데, 루터는 이것을 왼편의 죄와 오른편의 죄라고 표현한다. 첫째로, 왼편의 죄는 네 이웃을 네 몸과 같이 사랑하라는 명령을 지키지 않는 경우이다. 불이 난 것을 보고 가만있어서는 안 되듯이, 병에 걸려 고통 받고 있는 사람들을 보고 그냥 지나치는 것은 예수가 '선한 사마리아인'의 이야기를 통해 전해준 가르침을 거스르는 일이다. 루터는 "여러분이 이웃

---

6) 다음 책에서 루터의 공개 서신 전문을 참조; 김지찬, 『성경과 팬데믹』 (서울: 생명의 말씀사, 2020), 276-309.

을 섬기기를 원치 않는다면 그리스도께서 대신 그 자리에 누워 계셔도 여러분은 섬기려 하지 않을 것"이라고 말한다.[7] 신의 은총은 이웃을 향한 사랑의 실천을 통해 드러날 수 있는 것이다. 둘째로, 오른편의 죄는 모든 것을 신의 뜻으로 돌리는 무책임한 신앙인의 태도를 가리킨다. 전염병을 하나님의 형벌이라고 여겨 병자들을 외면하거나, 모든 것이 하나님의 뜻이므로 자신이 할 수 있는 일은 아무 것도 없다는 식으로 행동하는 것은 결코 용납될 수 없는 일이다. 루터는 의술과 약을 만드신 분도 하나님이시라고 말하며 잘못된 신앙을 하는 이들에게 경종을 울린다.

그렇다고 해서 무턱대고 병자를 도우러 나서야 한다는 것도 아니다. 루터는 먼저 자신 스스로가 철저히 '방역 수칙'을 지키며 전염병을 옮기지 않으려는 합리적인 태도를 갖추고 있었다. 루터는 당시의 최선의 의학적 지식을 어느 정도 알고 있었을 것이며, 그것을 실천하는 것도 신이 허락한 '일반 계시'를 지키는 중요한 책무로 생각했을 것이다. 그는 주변 환경을 항상 청결하게 하고, 의사의 진료를 받아 적절하게 약을 먹어야 하며, 불필요하게 병자들과 접촉하여 병을 확산시켜서는 안 된다고 강조하였다. '나는 하나님이 보호해주시니까 괜찮겠지.'라는 생각으로 방역 수칙을 지키지 않는 것은 마치 어린아이의 행동과도 같은 것이다. 이러한 태도는 진정한 신앙이 아니라 하나님을 시험하는 믿음이 될 뿐이다.

이러한 루터의 신앙적 태도와 실천이 지금의 관점으로 보면 당연하다고 생각할 수도 있겠지만, 당시까지 이어지던 중세 그리스도교의 관

---

7) 김지찬,『성경과 팬데믹』, 297.

행으로 보자면 매우 혁신적인 측면이 있었다. 13세기 흑사병이 대유행을 시작했을 때부터 그리스도교는 사실 전염병을 막기는커녕 확산의 온상 역할을 하며 상황을 악화시키는 데 일조했다. 병의 원인을 인간의 죄로 보고 오직 회개를 통해서만이 병을 극복할 수 있다고 보았기 때문에, 성직자들은 병든 교인들과 건강한 교인들 전체를 한 자리에 불러 모아 예배를 보며 회개하도록 인도했고, 이는 안타깝게도 교회가 흑사병 확산의 온상이 되게끔 만든 원인이 되었다. 병든 교인을 죄인으로 간주해 매질을 가하는 등의 비상식적인 행동도 그 당시는 흔한 일이었다. 루터도 병의 원인과 인간의 죄를 연결시키는 교리적 이해 방식을 따랐지만, 그의 다른 점은 인간의 방역을 위한 최선의 노력도 하나님이 부여해주신 은총으로 생각하고 신앙과 이성을 조화시키려 한 점이다.

흑사병이 덮친 비텐베르크에서의 루터의 행동에 대해 여러 가지 해석이 가능하겠지만, 결론적으로 그는 병에 걸린 환자들을 외면하지 않고 남았으며, 심지어 자신의 집을 환자들이 치료를 받을 수 있도록 내어주었다. 이 점이 중요한 것이다. 물론 루터는 집에 불이 났을 때 그 불을 외면하지 않고 끄러 가야 하는 것도 맞지만 그 불을 피해 목숨을 유지해야 하는 것도 일면 당연하다고 말하며 떠나는 사람들을 비난하지 않았다. 하지만 또 한편으로 루터는 영적 사역을 맡고 있는 핵심 설교자들이나 목사들은 죽음의 위협 앞에 굴하지 않고 굳건히 서 있어야 한다고 가르쳤다. 또한 시장과 판사, 의사, 경찰 등과 같은 핵심 공직자들도 자리를 지켜야 한다고 강조하였다. 영적으로나 육적으로 반드시 필요한 핵심 인력들은 죽음을 두려워하지 않고 남아서 도움을 필요로 하는 사람들을 위해 손을 내밀어 주어야 한다. 2014년 4월 16일 세월호 사건 때 선실에 갇힌 학생들을 버리고 자기만 살기 위해 가장 먼저 줄행랑을 친 선장과 선원들 같이 행동해서는 안 되는 것이다.

만약 루터가 그 때 비텐베르크를 떠나 다른 도시로 피신하였다면 어떻게 되었을까? 지나간 역사에 대해 '만약'이라는 물음을 던지는 것은 의미 없는 일이지만, 그의 종교 개혁의 메시지인 복음주의 정신이 다소 훼손되었을 것임에 틀림없다. 복음으로 돌아가자는 메시지를 외치면서 복음서에 나타난 예수의 가르침을 실천하지 않으면 그 메시지에 힘이 실릴 수 없다. 자신을 내어주는 희생적 사랑으로 병든 자들 앞에 나아가기를 주저하지 않았던 예수의 삶이 곧 복음 자체라는 점을 생각해 보았을 때, 흑사병에 걸린 사람들을 치유하기 위해 그들에게 담대히 다가갔던 루터의 모습은 복음으로 돌아가자는 그의 외침에 큰 힘을 실어주었을 것이다. 즉 프로테스탄트 운동에 생명력을 불어넣은 것이다.

종교의 공공성과 생명력

고대 로마제국을 휩쓴 죽음의 전염병 속에서 생명을 초월하여 봉사와 사랑을 실천한 초기 그리스도인의 이야기, 그리고 중세에서 근대로 넘어가는 시기에 온 유럽을 강타한 흑사병에 물러서지 않았던 루터를 비롯한 개신교인들의 이웃사랑 이야기에는 몇 가지 중요한 공통점이 있다.

첫째로, 전염병의 위협 속에서 자신들만 격리하여 예배를 드리는 일에만 집중하지 않았다는 점이다. 병에 걸려 도움이 필요한 사람들을—자신의 종교 공동체에 속해 있거나 속해 있지 않거나 상관없이—외면하지 않고 적극적으로 나서서 그들을 돌보고 치료하는 일에 앞장섰다.

　전염병이 확산될 때 그것을 막고 관리하는 책임은 우선적으로 정부나 지역 사회 공무원들일 것이다. 하지만 국가나 사회의 관리 시스템이 제대로 작동하지 않는 경우도 있고, 또한 국가의 힘만으로는 지역의 소외 계층에게까지 관리가 미치지 못할 수도 있다. 이럴 때 종교의 힘이 특히 빛을 발한다. 일반 사람들은 대부분 자기 자신 혹은 자기 가정의 건강과 안위만을 생각하며 행동하는 경우가 많지만, 종교는 육신의 죽음 이상의 초월적 세계가 있음을 믿으며 이타적인 삶을 사는 것을 목표로 하기 때문에 전염병이 몰고 오는 죽음 앞에서도 굴하지 않고 어려운 사람들을 위해 손을 뻗어줄 수 있는 준비가 되어 있다.

　초기 그리스도인들의 경우 사회 시스템이 마비된 상황 속에서 길거리의 시체를 치우기 위해 대문을 박차고 나섰으며, 루터의 경우도 공무원들마저 도시를 떠나는 상황 속에서 누군가는 환자를 돌봐야 하기 때문에 위험을 무릅쓰고 도시를 지키며 환자들을 돌봤다. 종교가 없는 사람들도 이타적 심성을 갖춘 사람은 누구나 이러한 일을 할 수 있다. 하지만 종교인들은 특히 이런 일을 잘 할 수 있도록 준비된 사람들이다.

　둘째로, 초기 그리스도인들과 루터 당시 개신교인들의 이타적 행동은 모두 전염병을 막는데 실질적인 도움을 주었다는 점이다. 그 말은 전염병에 걸린 병자들을 돕는 데 있어서 기도나 목회 상담과 같은 종교적 방식으로만 접근하는 것이 아니라, 당시의 최선의 과학적 지식을 총동원하여 바이러스의 확산을 막는 물리적 조치를 함께 취했다는 뜻이다. 로마제국 시대 그리스도인들이 거리의 시체를 수습한 것은 불쌍한 영혼을 신의 품으로 돌려보내는 종교적 의미도 있었겠지만, 시체를 그대로 두는 것은 전염병 확산을 키울 수 있기 때문에 빠른 시간 안에 치워야 한다는 합리적 판단도 분명 있었을 것이다. 루터의 행위는 더 구체적이다. 그는 흑사병에 대한 기본 대처요령을 철저히 지키고 주변 사람들에게 전파하였다. 연기를 피워 사방을 소독하고 공기를 깨끗이 정화하려고 하였으며, 당시 의사가 조제한 약을 신뢰하여 병에 걸린 사람들이 그 약을 먹을 수 있도록 도왔다. 기본적으로 오염된 장소와 병든 사람들을 멀리 해야 한다는 점도 강조하였다. 당시의 의학적 지식을 최대한 수용하며 전염병을 막는데 최선을 다한 것이다.

> 나는 연기로 소독을 하고, 공기를 청결케 하고, 약을 처방받고 약을 먹겠습니다. 나를 필요로 하지 않는 곳과 사람은 피하겠습니다. 오염이 되어 다른 사람들을 오염시키는 일이 없도록 하겠습니다. 자칫하면 나의 태만으로 다른 사람이 죽을 수 있기 때문입니다. (루터의 공개서신 중에서)

종교 개혁의 또 다른 선구자 칼뱅 또한 흑사병을 막기 위해 체계적인 대응을 한 것으로 유명하다. 그가 머물던 스위스 제네바는 당시 인구 1만 명 정도의 도시로서 주거 환경이 그리 깨끗하지 못했다. 시내에서 가축이 도살되고 쓰레기가 거리 곳곳에 쌓여 있는 등 도시 전반의 위생 상태가 좋지 못했는데, 이런 상황에서 흑사병이 돌기 시작하면 도시 전체가 큰 위험에 빠질 수 있었다. 이때 칼뱅은 의료 서비스 제공에 중요한 역할을 했다. 프랑스로부터 구호기금을 받아서 과부, 고아, 노인, 노숙자의 안식처이자 병자들의 치유센터 역할을 하던 제네바의 종합 구빈원을 후원하였고, 또한 의사들의 급료를 제네바 시가 담당하도록 했다. 가난하고 병든 자들을 돌보는 것이 국가의 책임만이 아니라 교회의 책임이기도 하다고 주장하면서, 흑사병이 심해졌을 때 성곽 서편에 교회가 운영하는 구빈원을 따로 마련해서 병자들을 치료하기도 했다. 그리고 이러한 의료 서비스 사역이 지속적으로 운영될 수 있도록 제네바 시와 협력해 제도화 했다.

이처럼 칼뱅은 국가와 긴밀히 협조하고 교회의 인프라를 적극 활용하면서 전염병의 위기를 실질적으로 헤쳐 나갔던 것이다.[8] 이는 종교가 사회에 헌신하는 공공성을 발휘하여 현실의 문제를 극복해 나가는 데 있어서 큰 역할을 할 수 있다는 것을 보여준 훌륭한 사례이다. 칼뱅의 노력은 실제로 제네바 시의 흑사병 피해를 최소화하는데 크게 기여하였다.

셋째로, 이와 같이 종교가 희생적 정신을 발휘하여 사회 공공의 문제를 해결하는데 있어서 적극적으로 뛰어들었을 때 그 종교의 생명력이 살아났다는 점이다. 전염병의 참혹한 현실 속에서 빛난 종교의 희생정신은 종교가 말뿐이 아니라 행동으로도 사랑과 진리를 드러낼 수 있다는 것을 증명해 보인 것이고, 이는 종교의 가르침이 더 많은 사람들의 마음속에 다다를 수 있게 하는 원동력이 되었다. 숭고한 사랑의 실천으로 종교의 교리가 실제 삶을 뚫고 드러났을 때, 많은 사람들의 지지

---

8) 안명준 외, 『전염병과 마주한 기독교』, 161.

Ferdinand Hodler, '칼뱅과 교수들(Calvin and Professors in the Courtyard of a Grammar School in Geneva), 1884. ⓒ*Ville de Genève*

와 깊은 공감을 얻을 수 있었던 것이다. 이것이 바로 종교의 생명력이다. 종교의 생명력은 종교 자체 내의 결속을 다지고 신앙심을 더욱 고취시키는 계기가 될 뿐만 아니라 외적으로도 공동체를 확산시키는 동력이 될 수 있다. 초기 그리스도교와 개신교 부흥의 순간에는 죽음의 전염병 속에서 오히려 생명력을 키웠던 헌신적 사랑의 실천이 있었던 것이다.

이러한 이야기들은 오늘의 코로나19 상황 속에서 종교가 어떻게 대처해야 하는지에 대한 소중한 지혜를 선사하고 있다. 여기서는 그리스도교의 예만을 들었지만, 전염병의 어려움 속에서 희생적 사랑을 발휘하는 것은 전 세계 종교들에 있어서 보편적인 현상이다. 육신의 죽음을 초월하는 가치를 지향함으로써 전염병의 죽음의 그림자를 걷어 내는데 앞장서 온 것이 바로 종교였다. 그런데 최근 코로나19 팬데믹의 경우,

종교의 이런 면모가 잘 보이지 않는다. 희생정신과 사회적 공헌의 빛이 잘 드러나지 않고 있다. 종교의 생명력이 살아나고 있는 움직임도 잘 느껴지지 않는다. 그 이유는 무엇일까?

위드 코로나(With Corona) 시대의 종교의 역할

최근 코로나19와 종교가 연관된 기사의 대부분은 대면 예배와 관련되어 있다. 사회적 거리두기를 엄격하게 실행해야 하는 때에 대면 예배를 강행하는 교회에 대한 논란, 교회 안에서 예배나 모임을 갖다가 다수의 확진자가 나온 사건 등이 매스컴에 지속적으로 오르내리고 있다. 어느 지역 ○○교회가 대면 예배를 강행하다가 코로나19 집단감염이 발생했다는 뉴스는 이제 제법 흔한 일이 되었다. 교회 측에서는 예배를 드리는 것보다 더 중요한 것이 무엇이겠는가라고 반문한다. 특히 사회적 거리두기 2.5단계가 시행되면서 대면 예배에 대한 규제가 강화되자 일부 목회자와 신도들이 모여 정부를 향해 항의 시위를 하는 일도 벌어지고 있다.

여기서 대면 예배를 드리는 것이 정당한가 그렇지 않은가에 대한 얘기를 하려는 것은 아니다. 다만 안타까운 것은 코로나19 상황 속에서 종교와 관련된 사안이 '대면 예배, 과연 해도 되는가 안 되는가?'라는 질문에 잠식당하고 있다는 사실이다. 그 질문도 물론 중요한 질문일 수 있지만, 전 인류가 전염병으로 위협받고 있는 상황 속에서 최우선적으로 다루어야 할 질문은 아닐 것이다. 조금 극단적으로 표현하자면, 마을에 불이 났으면 마을 전체가 불을 끄는데 집중해야 하는데, 불이 아직도 제법

타오르는 상황 속에서 교회에 가서 예배를 드려야 하는가를 놓고 왈가왈부하고 있는 셈이다. 이런 논란이 계속되면 개별 교회를 중심한 신도들의 영성은 지킬 수 있을지 몰라도 종교의 생명력을 대중의 마음속으로 파고 들게 하기는 어렵다. 더 악화되면 일반 시민들이 종교를 '거리두기' 하는 사태가 벌어질 수도 있다.

앞서 언급한 초기 그리스도교 공동체와 루터, 칼뱅의 이야기 속에서 찾은 공통점들을 현재 코로나19 상황에 적용해보는 것은 어떨까? 첫째로, 불이 난 곳, 즉 전염병의 확산을 막기 위해 누구보다도 앞장섰던 역사 속의 종교의 모습을 떠올려야 할 것이다. 물론 오늘날의 상황과 과거의 상황은 여러 맥락이 다르기 때문에 그대로 비교하기는 어렵다. 현재는 과학이 월등히 발달되어 있고, 병자들을 돌보고 치료하는 일, 방역 대책을 세우고 관리하는 일 등은 정부를 포함하여 세분화된 사회 시스템 속에서 철저히 분업화 되어 있다. 따라서 종교가 나서서 환자들을 치료할 수도 없는 노릇이고, 자체적인 방역 대책을 세워 독자적인 행동을 할 수도 없다. 하지만 그렇다고 해서 전염병의 확산을 막기 위해 종교가 할 수 있는 일이 전혀 없다는 뜻은 아니다. 루터가 그러했던 것처럼, 확진자가 갑자기 늘어났을 때 정부와 협의하여 종교가 소유하고 있는 건물이나 시설을 임시 진료소나 병상, 요양 쉼터 등으로 활용할 수 있도록 내어줄 수도 있다.

또한 여전히 사회 안에는 남들보다 더 바이러스의 위험에 노출되어 있는 취약 계층이 존재한다. 정부나 지역 사회가 우선적으로 그들을 챙기겠지만, 도움의 손길이 잘 미치지 못하는 공백이 있는지를 살펴 종교가 나서서 채워줄 수 있을 것이다. 갑자기 일자리를 잃거나 가족 중에 확진자가 생겨 고통 받고 있는 이웃이 없는지를 유심히 둘러보아서 마스크를 지원한다든지 생필품을 지원한다든지, 도우려는 마음만 있다면 아이디어는 얼마든지 늘어날 수 있다. 특히 경제적 어려움이 가중되면서 불안정노동자, 장애인, 이주민 등 큰 고통과 절망 속에 빠져 있는 사람들이 도움의 손길을 절실히 구하고 있다. 어떻게 도울 수 있을지는 더욱 강구해 가야 하겠지만, 중요한 것은 전염병의 위협에 고통 받고 있는 이웃들의 곁에 종교가 언제나 함께 있어줘야 한다는 점이다.

둘째로, 역사적으로 전염병이 휩쓸고 지나간 후 오히려 종교가 부흥했던 경우를 살펴볼 때 한 가지 특징이 있었다. 종교가 당시의 최선의 과학 지식을 적극적으로 활용하여 전염병 확산을 막는 데 실질적인 효과를 거두었다는 점이다. 즉 종교 공동체가 앞장서서 방역에 힘씀으로써 일종의 전염병 안전지대를 형성하였고, 그 점이 사회로부터도 인정받아 종교의 생명력을 높이는 결과가 만들어졌다. 그런데 최근 코로나19 상황 속에서 일부 종교는 이와 정반대의 모습을 보여주고 있다. 코로나19의 안전지대 역할을 하는 것이 아니라 오히려 확진자 확산의 온상이 되고 있다.

물론 확진자는 학교, 음식점, 문화시설, 유흥업소, 체육시설 등 사회 곳곳에서 나오고 있기 때문에 교회만이 비난의 대상이 될 수는 없을 것이다. 그런데 유독 교회에 비난이 쏟아지고 있는 것은 종교에 거는 기대가 그만큼 크다는 뜻으로도 해석할 수 있다. 종교는 성숙한 인격을 갖추고 사회 전체의 선(善)을 위해 공평무사하게 판단하고 모범을 보여줄 것이라는 사회적 기대가 있는데, 이러한 기대가 빗나가게 될 때 비난의 화살이 더 쏟아지는 결과가 초래되는 것이다. 최근 일부 교회들의 대규모 대면 예배 강행은 이러한 비난을 더욱 부추기고 있고, 매스컴은 경쟁적으로 관련 기사를 쏟아내고 있다. 그러다보니 교회 내부에서도 대면 예배를 '봐야 한다' 혹은 '보지 말아야 한다'는 논쟁만이 오고간다. 이는 악순환의 연속이다.

오늘날 의학계나 과학계에서 제시하는 코로나19에 대응하는 방식은 과거의 그 어떤 때보다 정확한 객관적 정보를 기초로 하고 있다. 따라서 약 500년 전 루터가 종교적 낙관주의에 빠져 제대로 방역지침을 따르지 않는 신도들에게 경종을 울렸듯이, 오늘날 종교도 '신을 시험하는 믿음'에 빠지지 않고 코로나19 확산을 막기 위한 최선의 방역 지침에 적극 동참해야 할 것이다. 아니, 동참하는 정도가 아니라 시민들이 더욱 경각심을 가지고 방역지침을 잘 준수할 수 있도록 사회 분위기를 선도적으로 이끌어갈 필요가 있다. 종교가 방역 지침을 지키지 않는 천덕꾸러기가 되는 것이 아니라, 사회 곳곳을 이웃 사랑의 눈으로 살피며 방역 지킴이 역할을 해주어야 하는 것이다. 예를 들어, 양로원 등을 방문해 마스크나 손 소독제를 제공하거나, PCR 검사를 자진해서 원하는 저소득층에게 검사 비용을 지원해주는 나눔을 실천해볼 수도 있다. 특히 신도들 간 관계에서 바이러스가 전파되지 않도록 사회적 거리두기를 철저히 시행하는 것은 기본 중의 기본이다.

마지막으로, 코로나19 팬데믹에서 종교는 과거 종교가 전염병의 위험 속에서 오히려 생명력을 키웠던 사례들을 가슴 깊이 되새겨야 할 것이다. 반복해서 얘기하지만, 종교의 생명력은 종교의 핵심 메시지가 현실 속에서 삶으로 증명되면서 주위 사람들로부터 깊은 동조와 인정을 받을 때 발흥될 수 있다. '종교인'이라고 하면 적어도 군인이나 소방관들이 시민들로부터 그 수고를 인정받는 정도 이상의 존경을 받아야 하지 않는가? 하지만 오늘날 '종교인'의 위상은 그 어떤 때보다도 떨어져 있는 듯하다. 종교의 위상의 추락이 전체 종교인들의 잘못이나 부족함에서 비롯되었다고 생각되지는 않는다. 극히 일부 종교인들의 교회 세습, 성범죄 등과 같은 비상식적, 비윤리적 사례가 매스컴 전면을 오르내리면서 일반 대중이 종교에 대한 부정적 인식을 갖게 하는 데 큰 영향을 미쳤기 때문일 것이다. 최근 코로나19 사태 속에서 빚어진 대면 예배에 대한 갈등은 그러한 부정적 인식을 가중시킨 측면이 있다.

따라서 최근 종교에 대한 사회적 인식은 그 어느 때보다도 부정적인 것이 사실이지만, 이러한 현상이 현대 사회의 세속화로 인해 종교의 역할 자체가 붕괴되었음을 드러내는 현상으로 보기는 힘들다. 여전히 종교는 삶의 의미에 대한 궁극적인 길을 제시하고 있고, 사람들은 현실 속에서 잡히지 않는 의미의 부재 속에서 자신들의 불안한 정서를 달래기 위해 오늘도 종교의 문을 두드리고 있다. 하지만 종교에 대한 부정적인 인식이 장기화된다면 젊은 세대를 중심으로 종교에 대한 무관심이 고착화될 가능성도 배제할 수 없다.

코로나19의 위기 속에서 종교가 정신적으로는 따뜻한 위안과 희망을 주고, 대사회적으로는 방역 지침을 철저히 준수하는 모범을 보이며 사회적 약자들에게 나눔을 베푸는 선행을 지속적으로 펼친다면, 종교에 대한 대중의 무관심, 혹은 부정적 인식을 전환시키는 계기를 마련할 수 있다고 믿는다. 종교의 핵심이 사랑이나 자비심이라면 그 귀한 덕목이 말뿐이 아닌 실천으로 삶 속에 꽃 피워야 한다. 사람은 누구나 양심이 있기 때문에, 이기적으로만 흘러가는 사회의 틈바구니 속에서 자신을 희생하며 옳고 바르고 아름다운 삶을 실천해내는 사람을 발견하였을 때 깊은 감사와 존경을 보내지 않을 수 없다.

초기 그리스도교도 처음에는 사악한 종교 미신으로 간주되었고 난교와 근친상간을 저지르고 인육을 먹는다는 식의 헛소문을 감내해야 했지만, 몇 번의 역병 속에서 진정한 이웃사랑을 실천함으로써 주위 사람들의 마음을 바꾸어내는데 성공하였다. 이와 마찬가지로, 종교에 대한 부정적 인식이 만연되어 있는 오늘날의 상황도 종교가 진심을 다하여 코로나19 극복에 앞장선다면 사회와 다시금 상생하는 부흥의 계기를 마련할 수 있을 것이다. 코로나19가 조만간 사라진다고 하더라도 이와 같은 바이러스가 또 출현하지 않으리라는 법이 없기 때문에 사람들은 '위드 코로나(With Corona)', 즉 바이러스와 같이 살아가는 법을 익혀야 한다고 말한다. 위드 코로나 시대는 종교인들의 사랑과 진리를 당당히 증명할 수 있는 시험대이자 도전의 시간이 될 것이다.

한 종교만이 아닌, 종교 전체의 힘으로

마지막으로 한 가지 덧붙이자면, 종교 자체에 대한 인식의 변화는 한 종교의 노력만으로는 힘들다. 일반 대중은 한 교단의 실수나 잘못을 그 교단만의 문제로 보지 않고 '종교인'이라는 전반적 시각에서 보는 경향이 있다. 따라서 이 문제는 종교계 전체가 합심해서 대중의 종교에 대한 인식을 조금씩 바꾸어가는 노력이 필요하다. 종교 전체의 생명력이 살아나야 자신의 종교의 생명력도 같이 살아날 수 있음을 인식해야 하는 것이다.

역사적으로 볼 때, 종교 간의 관계는 협력과 상생보다는 갈등과 분쟁의 순간들이 훨씬 많았다. 하지만 그것은 과거의 일일 뿐이다. 위드 코로나 시대, 포스트 코로나 시대에도 구태의연한 종교 간 갈등의 모습을 반복한다면 종교 자체에 대한 사회적 실망감이 각 종교에 부메랑처럼 되돌아올 수 있다. 물론 이것이 종교가 사회의 인기에 영합해야 함을 의미하는 것은 아니다. 다만 치명적인 바이러스로 인해 삶이 피폐해진 현대인들의 고통을 위로하고 공허해진 마음속의 영성을 채워주지 못한다면, 종교가 그 생명력을 유지하기 힘들다는 사실은 부정할 수 없다.

물론 현실적인 사안을 놓고 매번 종교 간 협력을 꾀하는 것은 그리 쉽지만 않은 일이다. 그렇기 때문에 종교 간 화합과 협력은 다분히 상징적인 선에서 머무르는 경우가 많다. 하지만 협력이라는 것은 선의의 경쟁을 통해서도 가능한 일이다. 누가 더 인류의 자유와 평화, 행복을 위해 이타적인 사랑을 펼치는가를 놓고 경쟁하게 된다면 그 어떤 형식적 종교 간 만남에서 얻을 수 있는 것보다 더 큰 상생의 발전을 거둘 수 있다. 이러한 종교 간 경쟁 구도를 혹자는 '숭고한 경쟁(holy competition)'이라고 부르기도 한다.[9] 이는 자기 종교의 진리의 우수성이나 절대성을 논

---

9) Wolfhart Pannenberg, "The Religions from the Perspective of Christian Theology,"

리적이고 분석적인 차원의 논쟁을 통해서 드러내는 것보다는 실제 삶으로 드러내는 것이 훨씬 더 효과적이라는 전제가 깔려있다. 자신의 종교적 진리를 누구나 인정할 수밖에 없는 숭고한 사랑의 삶으로 실체화하는 것이라면 얼마든지 종교 간 경쟁이 가능하다. 또한 사랑의 경쟁이 서로에게 자극이 되어 더 큰 평화를 불러올 수 있다면 이는 적극 권장해야 할 사항이기도 하다.

영국의 신학자 모니카 헬위그(Monika Hellwig)는 이를 'friendly wager(친구끼리의 내기)'라고 재치 있게 표현한다. 그녀에 따르면, 자신의 종교 선택이 정말 현명한 베팅이었음을 이웃과 친구에게 증명하는 가장 효과적인 방법은 경전에 무엇이 쓰여 있는지를 강조하는 것보다 자신이 그 종교적 가르침을 통해 어떻게 변화하였는지를 실체적으로 보여주는 것이다.[10] 이는 위드 코로나, 포스트 코로나 시대에 더욱 그러할 것이다. 전염병의 그림자는 언제고 다시 찾아올 것이고, 그때마다 인류가 살아남기 위해서는 종교의 헌신적 사랑이 마치 백신과 같이 필요하게 된다. 오늘날 코로나19 백신을 누가 더 빨리 개발하느냐에 전 세계가 경쟁하고 있는 것처럼, 종교 전체도 선의의 경쟁을 펼치며 누구보다 빨리 영적인 백신을 인류에게 제공하기 위해 노력해야 하는 것이다.

이러한 사랑의 경쟁을 다르게 표현하면, 자신의 종교의 교리가 제시

Modern Theology 9 (1993), 286-287.

10) Monika Hellwig, "Christology in the Wider Ecumenism," in *Christian Uniqueness Reconsidered: The Myth of a Pluralistic Theology of Religions*, ed. G. D'Costa (Maryknoll, N. Y.: Orbis Books, 1990), 111-116.

하는 가르침과 실제 삶의 간극을 얼마나 좁혀 나가는가에 대한 경쟁이라고도 할 수 있다. 종교학자 오강남이 지적하듯이, 표층(表層) 종교에 머무르지 않고 심층(深層) 종교로 거듭나기 위해 끊임없는 노력을 경주해야 하고,[11] 이를 통해 자기 종교의 가르침의 정수(精髓)를 누가 먼저 공동체적 삶으로 실현하느냐가 종교 간 경쟁의 핵심이 된다. 이러한 측면에서 볼 때, 종교 간 경쟁은 사실 타 종교와의 외부적 경쟁이라기보다는 자신의 종교 안에서 교리와 실천의 간극을 좁히려는 자기와의 싸움이라고도 할 수 있다. 물론 종교적 이상과 현실의 조화는 타 종교와의 관계를 내포하고 있는 것이기 때문에 타 종교와의 원만한 관계는 필수적이다. 사회로부터 인정받고 존경받을 수 있는 종교로서의 참된 위상은 이러한 종교 간 사랑의 경쟁을 통해 확립될 수 있다.

결국 종교에 대한 불신의 가장 큰 원인은 '닫혀있음'의 이미지다. 폐쇄적인 교리, 반시대적 종교 윤리, 타 종교에 대한 배타성 등은 종교가 종교로서의 본질적 사명을 다하지 못하게 만드는 걸림돌이 되고 있다. 특히 열린 종교로서 인정을 받기 위해서는 종교와 종교가 서로 화합할 수 있음을 보여주는 것이 중요하다. 역사적인 갈등을 극복하고 종교와 종교가 서로 생명을 불러일으키고 평화의 물꼬를 틀 수 있음을 행동으로 증명해 갈 수 있다면 종교의 위상은 놀랍게 고양될 수 있을 것이다. 포스트 코로나 시대에 이러한 기회가 내재해 있음을 깨닫고 모든 종교들이 합심하여 제2, 제3의 종교 부흥의 길을 열어갈 수 있기를 고대해본다.

---

11) 오강남, 『종교, 심층을 보다』 (서울: 현암사, 2011).

2

팬데믹 극복의 열쇠,
가정

황진수

들어가며

코로나19가 불러일으킨 변화는 수도 없이 많지만, 그중에서 우리가 실제로 가장 많이 체감하고 있는 변화는 바로 우리 '집'의 풍경이다. 우리의 가정, 우리의 집은 더 이상 가족들이 식사를 하고 휴식을 취하는 보금자리의 역할만을 하지 않는다. 코로나19로 사회적 거리두기가 엄격히 시행되면서 우리의 집은 진정 멀티플레이어로서의 기능을 수행하고 있다.

아이들 방에서는 학교가 펼쳐진다. 비대면 온라인 수업으로 인해 학교의 교실이 그대로 아이들 방으로 들어왔다. 아빠, 엄마의 방은 직장 사무실의 기능을 한다. 재택근무가 확대되면서 컴퓨터가 놓인 책상이 그대로 사무실의 책상 역할을 한다. 일요일에는 거실이 그대로 종교의 예배당이 되기도 한다. 온라인 비대면 예배가 시행되며 집이 종교적 의례가 펼쳐지는 신성한 공간의 역할까지 맡고 있다.

식사, 오락, 휴식, 수면 등 기존의 기능이 지속되는 것은 물론이다. 그리고 각종 배달 서비스로 필요한 물품과 음식이 끊임없이 배달된다. 실로 집에서 못할 것이 무엇인가? 일종의 세계의 축소체이다. 미래의 이야기가 아니다. 코로나19가 만들어낸 오늘의 풍경이다. 우리의 가정은 진정 'All-in-One'으로 거듭나고 있다.

하지만 가정의 이러한 변화는 각종 문제도 집안으로 끌고 들어오는 부작용을 낳고 있다. 방역 단계가 높아짐에 따라 재택근무를 하는 경우가 늘어나고 가급적 외출도 자제해야 하며 그 흔한 외식도 조심해야 하는 터라 집 안에 머무르는 시간이 월등히 늘어났다. 특히 아이가 있는 집은 그 변화를 절실히 경험하고 있다. 보통은 아이들이 학교에 가고 방과 후에도 학원을 가는 경우가 많아 아침에 나가면 저녁에 들어오는 경우가 일반적이었다. 하지만 코로나19 상황 속에서 아이들은 온라인 비대면 수업을 해야 하고, 그러다보니 하루 종일 집 안에 머무르는 경우가 많아졌다. 아이들이 집에 있게 되면 부모는 쉴 수가 없다. 아이들의 식사나 공부를 챙겨줘야 하고, 아이가 아직 어린 경우에는 어린이집이나 유치원에서 하는 돌봄의 역할까지 오롯이 부모의 몫이 된다.

부모가 재택근무를 하는 경우, 말 그대로 가족 구성원 모두가 집이라는 좁은 공간 속에서 24시간 부대끼며 생활하게 된다. 가족이 함께하는 시간이 늘어난 것은 일면 가족 관계 증진에 좋은 기회일 수 있지만, 한정된 공간 속에서 지속적으로 얼굴을 맞대고 생활하다보면 없던 스트레스도 생기기 마련이다. 일단 아이들을 계속 챙겨줘야 하는 부모가 너무 힘들다. 아이들이 온라인 수업을 잘 따라갈 수 있도록 도와주는 교사의 역할도 해야 하고, 매끼 식사 준비, 청소, 빨래 등 가중된 가사 노동을 소화해야 한다. 또 아이들 일거수일투족을 바라보고 있자니 잔소리가 늘지 않을 수 없다.

정인이 묘지에 추모객들이 놓고 간 선물, 꽃, 편지 ⓒ고려

　물론 아이들도 힘들다. 집에만 있는 것도 답답한데, 엄마, 아빠의 잔
소리를 듣지 않으려니 거실조차 마음대로 나가기 어렵다. 온라인 수업
을 내가 잘 따라가고 있는 것인지, 이렇게 혼자 공부해도 괜찮은 것인지
왠지 모르게 자꾸 불안한 마음이 든다. 부부 사이도 어렵긴 마찬가지다.
평소 갈등이 있는 상황이었다면 집에서 얼굴을 계속 맞대고 있는 것이
꼭 좋은 것만은 아니다. 부부싸움이라도 벌어지면 무거운 공기가 집 안
곳곳을 가득 채운다.

　물론 이런 정도의 갈등은 굳이 코로나19 상황이 아니더라도 전부터
있어 왔던 현상이기 때문에 적절한 대처가 불가능한 것만은 아닐 것이
다. 하지만 문제는 코로나19로 인해 실직을 하는 등 심각한 경제적 타격
을 입는 경우이다. 경제적 어려움은 가정의 안정을 위협하는 시한폭탄

과 같다. 가족 구성원 모두의 스트레스를 가중시키며 부부관계, 부모-자식 관계할 것 없이 심각한 갈등을 유발시킨다. 사실 코로나19 상황이 악화되면서 매스컴에서 우리는 가정의 위기에 대한 심상치 않은 징조를 엿볼 수 있다.

코로나19와 가정의 위기

아동 학대

코로나19가 몰고 온 가정의 위기를 살펴보자. 먼저 부모의 아동 학대 문제다. 사회적 거리두기 시행으로 인해 가정 안에서 부모와 자식이 함께하는 시간이 길어지면서 가정 내 부모 자식 간 갈등 수위가 위험 수위에 다다르고 있다. 지난 2020년 6월 한 중학생 소년이 아버지로부터 폭행을 당해 경찰에 신고하는 사건이 있었고, 천안에서는 한 계모가 9세의 의붓아들을 폭행하고 가방에 가둬 숨지게 하는 사건이 발생하였다. 가장 최근의 사건으로는 온 국민의 마음을 아프게 했던 '정인이 사건'이 있었다. 16개월 입양아인 정인이를 양모가 지속적으로 학대하고 양부는 이를 방치, 동조하여 정인이가 결국 다중 골절, 장기 파열, 췌장 절단 등으로 2020년 10월 사망한 사건이었다. 또한 2021년 1월에는 친모가 자신의 친딸을 살해하고, 평소 딸을 끔찍이도 아꼈던 친부가 이에 충격을 받아 자살을 하는 사건도 발생하였다. 물론 이런 종류의 사건들은 코로나19 이전에도 있었고 늘 발생해 왔던 것이라고도 볼 수 있지만, 코로나

19 사태가 장기화됨에 따라 점차 늘어나고 있는 아동 학대의 정황을 코로나19 상황과 분리하여 생각할 수 없게 만들고 있다.

그런데 초기 코로나19 상황이 전개되면서 아동 학대 신고건수는 오히려 줄어드는 현상이 있었다. 이는 학교와 같은 사회적 감시 기능을 하는 기관들이 비대면 확대 등으로 제대로 작동을 하지 않으면서 신고의 사각지대가 늘어났기 때문이다. 실제로 학교가 대면 수업을 시작하면서부터 신고건수가 크게 늘어났다고 한다. 지난 9월 수원시 지역사회보장협의체가 주최한 휴먼복지포럼에서 발표된 자료에 따르면, 코로나19 발생 이후인 올해 2~4월 아동 학대 신고건수는 총 7천607건으로, 이는 지난해 2~4월 신고 대비 1천961건(20.5퍼센트)이 감소한 수치다. 아동 학대가 늘어난 정황이 사회 곳곳에서 발견되고 있는데 역설적이게도 수치는 감소한 것으로 나타난 것이다. 하지만 본격적인 등교와 개원이 이뤄진 5월부터는 아동 학대 건수가 늘었다. 1월 919건, 2월 919건, 3월 887건, 4월 999건으로 세 자릿수였던 아동 학대 건수는 5월부터 1천99건, 6월 1천841건으로 크게 늘었다. 아이들이 학교나 학원 등 밖으로 나오면서 신고건수가 확 늘어난 것이다. 6월의 1천841건은 지난해 동기간 1천470건보다도 높은 수치다. 아동 전문기관 관계자에 따르면 코로나19로 인해 실업률이 높아지고 이로 인해 알코올 중독에 빠진 부모들에 의해 아동 학대가 일어나는 경우가 최근 늘어났다고 한다.[1] 부모의 스트레스가 엉뚱하게 자신의 몸을 지키기 어려운 아이들에게 향하고 있

---

1) news1 뉴스, "아이들이 위험하다…코로나 실업→알코올 중독→가정폭력," 2020.09.21.

는 것이다.

지난 2020년 9월 전국을 떠들썩하게 했던 인천 '라면 형제' 사건은 가정 문제 및 아동 학대의 종합 꾸러미 같은 면을 보여주었다. 사건만 보자면 엄마가 집을 비운 사이 초등학생 형제가 끼니를 해결하기 위해 라면을 끓이려다가 화재가 발생하여 크게 다친 사건이다. 부모가 장시간 집을 비운 상태에서 어린 형제가 화재가 벌어졌을 때 얼마나 놀랐겠으며, 병원에서 전신 40퍼센트에 번진 3도 화상 치료를 받으며 하루하루 얼마나 고통스러웠을까. 생각하면 할수록 참 가슴 아픈 사건이었다. 더군다나 안타깝게도 형제 중 8살 동생은 지난 10월 21일 세상을 떠나고 말았다.

이 사건은 단순히 부모가 자녀를 방임한 상태에서 벌어진 안전사고만은 아니다. 인천 형제의 친모는 이전부터 아이들을 자주 방치해두어 방임 혐의로 여러 차례 경찰에 입건된 적이 있었을 뿐만 아니라, 주변 가게의 CCTV에는 아이들을 신체적으로 학대하는 모습이 담겨있기도 했다. 다시 말해서, 이 사건의 배경에는 친모의 육체적인 학대와 더불어 방임이라는 무책임한 무형적 학대가 맞물려 있는 것이다. 또한 코로나19가 없었다면 아이들이 학교에 가서 급식을 먹을 수 있었겠지만, 비대면 온라인 수업을 하다 보니 끼니를 제대로 해결하지 못하여 아이들끼리 무언가를 해먹으려다가 이런 참변이 벌어지고 말았다. 인천 '라면 형제' 사건은 결국 부모의 학대와 더불어 코로나19로 인해 아이들이 무방비로 방치되어 있는 상황이 빚어낸 종합적 참극인 것이다.

인천 형제 사건은 코로나19와 아동 학대가 만들어 낸 거대한 사회현

마스칼라19 캠페인. ©카나리섬평등연구소

상의 일부분일 뿐이다. 보호자가 모두 일을 나가서 집에 홀로 남아 비대면 수업을 하는 어린아이들이 얼마나 많을 것인가? 그 아이들 중에서 무책임한 방치, 즉 아동 학대와 연계되어 있는 경우가 다수 있을 것이라고 예상해보는 것은 그리 어렵지 않다. 아동 학대란 보호자 등의 성인이 아동에게 신체적, 정신적, 성적인 폭력을 가하거나 아동을 제대로 돌보지 않고 방치하는 경우 모두를 포함한다. 물리적, 언어적으로 직접적인 폭력을 가하는 경우뿐만 아니라 아동에게 기본적인 의식주, 건강관리, 안전 등을 제공하지 않는 방치도 결코 간과할 수 없는 아동 학대에 해당한다. 코로나19가 몰고 온 가정의 불안 속에 아이들이 폭력과 방치라는 아동 학대의 위험에 놓여 있다.

여성 폭력

코로나19가 가중시킨 가정폭력 문제는 아동에게뿐만 아니라 여성들에게도 큰 위험이 되고 있다. 이는 비단 한국의 문제만이 아니라 전 세계적인 현상으로 나타나고 있다. 유엔은 이러한 심각성을 인지하고 지난 4월 가정폭력을 코로나19 방역대책 중의 하나로 삼아야 한다고 발표한 바 있다. 11월 25일에는 유엔이 정한 '세계 여성 폭력 추방의 날'을 맞아 터키, 이탈리아, 프랑스 등 세계 각국에서 남성의 폭력으로부터 여성인권을 보호하자는 집회가 다수 열렸는데, 이들 집회에서 코로나19 대확산으로 인해 봉쇄령이 내려지면서 가정폭력이 두드러지게 증가하고 있다는 여성들의 증언이 쏟아져 나왔다. 프랑스의 경우 실제로 11월 현재 가정폭력 신고건수가 3월에서 5월까지 진행된 1차 봉쇄령 때보다 42퍼센트나 증가하였다고 한다.[2]

스페인의 카나리섬평등연구소에서는 격리 기간 중 가정폭력 피해자들이 자유롭게 밖에 나가 구조를 요청할 수 있도록 '마스칼라19'(마스크19) 캠페인을 실시하고 있다. 마스칼라19 캠페인은 여성이 집에서 폭력이나 성폭력을 경험했을 때 가까운 약국으로 가서 일종의 암호인 '마스칼라19'를 요구하면 약국 직원이 응급센터나 경찰에 알리는 시스템이다. 신고가 접수되면 피해 여성은 관계 당국으로부터 즉각적인 도움을 받을 수 있게 된다. 현재 마스칼라19 캠페인은 스페인뿐만 아니라 프랑스, 독일, 이탈리아, 노르웨이, 아르헨티나에까지 확산되고 있다고 한

---

2) YTN, "코로나19로 가정폭력 급증... 여성들 절규!," 2020.11.26.

다. 스페인에서 집회에 참석한 한 여성은 "봉쇄 조치로 인해 가정폭력이 증가했다."며 "집이 여성들에게 여전히 갈등과 폭력의 장소임을 보여준다."고 절규했다.[3]

유엔은 '세계 여성 폭력 추방의 날'을 맞아 발표한 성명에서 "코로나19로 여성에 대한 모든 폭력, 특히 가정폭력이 심화했다."고 밝혔고, 품질레 음람보응쿠카(Phumzile Mlambo-Ngcuka) 유엔 여성기구 대표는 이렇게 여성에 대한 폭력이 증가하는 것을 목도하면서 물질적인 바이러스만이 아니라 여성에 대한 폭력 자체도 팬데믹(대유행) 상황이라고 선언했다. 그러면서 온 세계가 바이러스 확산을 막기 위한 여러 조치를 취하고 있는 것처럼, 여성을 향한 폭력에 있어서도 국제적인 대응과 실행 가능한 규약을 마련해야 한다고 강조하였다. 유엔 사무총장 안토니오 구테헤스(Antonio Guterres)도 코로나19로 심화되고 있는 가정폭력, 특히 여성(women and girls)에 대한 폭력의 문제에 전 세계가 경각심을 가지고 대처해야 한다는 메시지를 전했다. "가장 안전해야 할 가정에서 여성에 대한 가장 큰 폭력이 일어나고 있다."고 말하면서, '가정에서의 평화(peace at home)'를 호소하였다.[4]

---

3) 헤럴드경제, "코로나로 가정폭력도 급증," 2020.11.26.

4) "For many women and girls, the threat looms largest where they should be safest: in their homes. And so I make a new appeal today for peace at home—and in homes— around the world," https://www.spotlightinitiative.org/fr/node/18943

이혼 증가

코로나19의 확산으로 여러 신조어도 생기고 있다. 가장 대표적으로, 접촉을 뜻하는 '콘택트(contact)'와 부정을 뜻하는 접두사 '언(un)'이 합성된 '언택트(untact)'는 거의 일상어가 된 듯하다. 또한 코로나19로 우울감(blue)을 호소하는 사람들이 많아져서 생긴 용어 '코비드블루(covid+blue)', 자가격리 수칙, 마스크 착용 등을 실천하지 않는 '바보'(idiot)들을 가리키는 용어 '코비디어트'(covid+idiot) 등이 있다. 한국에는 많이 알려지지 않았지만 영미권에서는 '코비디보스'(covid+divorce)라는 말도 널리 퍼져 있다. 사회적 거리두기와 재택근무 확대 등으로 집에서 보내는 시간이 많아지면서 부부간 갈등이 풀리지 않아 이혼이 증가하는 현상을 가리키는 말이다.

코로나19로 인한 이혼의 증가는 전 세계적인 추세다. 중국에서는 봉쇄조치가 풀린 지난 4월 일부 대도시 관공서가 영업을 재개한 후 전례 없는 이혼 요청이 밀려들어 한 달 치 이혼 업무 예약이 다 차버리는 현상이 발생했다고 한다. 영국 BBC는 12월 3일자 뉴스에서 전염병이 인간 핵심 관계에 많은 영향을 미치고 있다고 진단하고 2021년까지 이혼 건수가 증가할 것이라는 전망을 내놓았다.[5] 영국의 대형 로펌인 스튜어트에 따르면 올해 7~10월 이혼 소송 문의가 지난해 동기 대비 122퍼센트 증가했다. 이런 현상은 한 지역에 국한된 것이 아니라 스웨덴, 독일,

---

5) Emma Ailes, "Covid ended our marriage," BBC News, https://www.bbc.com/news/world-55146909 (searched date: 2020.12.3).

네덜란드, 프랑스, 미국, 중국 등 여러 나라에서 동시다발적으로 벌어지고 있다. 우리나라에서도 온라인 맘 카페나 여성 전용 커뮤니티에 남편과 함께 있는 시간이 증가하면서 부부갈등을 호소하는 글들이 많이 올라오고 있다고 한다.

왜 이런 현상이 발생하는 걸까? 이유는 여러 가지겠지만 코로나19 유행으로 사회적 거리두기가 강화되면서 부부가 집안에서 함께 보내는 시간이 늘어난 것이 이별의 촉매제 역할을 한 것은 분명하다. 코로나19 이전에는 여러 갈등이 있었어도 각자의 시간을 따로 보내면서 부부 문제가 수면 위로 드러나지 않을 수 있었는데, 코로나19 상황은 그 여유 공간을 허락하지 않고 있다. 그러다보니 부부간 갈등이 빠른 시간 안에 심화되며 이혼으로 치닫게 되는 것이다.

코로나19로 가중된 아이들 교육에 대한 부담, 늘어난 가사 노동 등은 부부 모두에게 큰 스트레스로 작용한다. 하지만 여전한 가부장적 문화 속에서 그 스트레스는 남성보다는 주로 여성에게 향하는 경우가 많다. 영국의 경우 첫 번째 봉쇄령 이후 밀려든 이혼 신청 가운데 76퍼센트가 여성이 신청한 경우라고 한다. '코로나 블루', 즉 코로나19로 인한 우울감 증가도 부부 관계를 악화시키는 주요 요인으로 대두된다. 여행도 맘대로 떠나지 못하는 무기력한 상황이 지속되면서 심리적인 탄력성을 줄어들게 만들고, 이는 갈등에 대처하는 힘도 약화시킨다. 신혼부부나 만난 지 얼마 안 된 커플들이 코로나19 상황 속에서 헤어지는 경우가 많다는 보고가 있는데, 이는 심각한 갈등을 별로 겪어보지 않아 갈등 극복에 대한 요령이 없는 상태에서 큰 시련을 맞닥뜨렸기 때문이라고 볼 수 있다.

또한 빼놓을 수 없는 이혼 원인은 바로 줄어든 수입이다. 많은 사람들이 코로나19로 실직을 하거나 수입이 줄어들었는데, 이와 같은 경제적인 어려움은 가정 내 심각한 불안감과 스트레스를 불러일으킨다. 생존에 대한 불안감은 부부관계를 근본적으로 불안정하게 만들고, 소득이 줄어든 만큼 소비에 대한 우선순위가 바뀌게 되면서 여러 심리적 부담을 증가시키고 다양한 갈등을 유발하게 된다. 가장이라는 자부심을 갖고 있던 남성들의 경우 소득이 줄어들게 되면서 불안과 분노, 좌절감에 사로잡히기 쉽고, 이는 가정폭력으로도 이어질 수 있다. 앞서 본 아동학대, 여성 폭력 모두 이혼의 주요 원인이 될 수 있는 것이다.

가정은 천국인가, 지옥인가

코로나19는 인류가 삶을 영위하는 가장 기본적인 공간이자 안식처인 가정을 세계의 축소체처럼 다양한 기능을 수행하도록 만들고 있다. 동시에, 여러 갈등 요소도 총체적으로 벌어질 수 있는 용광로와 같이 만들어가고 있다. 우리는 보통 '집'에 대한 이상적인 이미지를 갖고 살아간다. 부모님의 따뜻하고 헌신적인 사랑, 맛있게 지어진 밥, 지친 마음을 위로받을 수 있는 휴식의 공간 등, 집은 우리의 오감의 기억 속에 영원한 '스위트 홈'으로 남아 있다. 종교들이 말하는 이상세계, '천국'의 이미지를 가장 근접하게 경험할 수 있는 곳이 바로 '가정'이 아닐까?

하지만 오늘날 코로나19가 불러일으킨 가정의 위기는 이러한 가정의 이상적 이미지를 산산이 깨뜨려 버린다. 가정불화가 휩쓸고 지나간 자리에는 숨이 막힐 것 같은 정적, 괴로움, 고통만이 남는다. 코로나19로 밖에 자유롭게 나갈 수 없는 상황 속에서 아동 학대, 부부싸움, 여성 폭력 등이 집안에서 일어난다는 것을 상상해 보라. 가뜩이나 한정된 공간 속에서 답답함을 느끼고 있는데, 우리의 집은 순식간에 감옥과 같은 고통의 장소로 전락해버리고 말 것이다. 이렇게 보면 기독교나 불교에서 말하는 지옥의 이미지를 가장 가깝게 경험할 수 있는 곳도 다름 아닌 우리의 가정이다.

이 시점에서 종교가 지향하는 이상세계의 의미를 다시금 생각해본다. 그 어떤 종교든 현실과 완전히 유리된 종교적 이상세계를 그리지 않는다. 종교적 이상향과 현실세계는 서로 밀쳐낸다고 밀쳐지는 그런 성질의 것이 아니다. 그런 의미에서 세계의 축소판과 같이 온갖 기능과 선악이 공존하고 있는 코로나19 시대의 가정은 천국과 지옥을 가늠하는 하나의 시험대 역할을 하고 있다. 우리에게 있어서 가정은 과연 천국인가 지옥인가? 인류는 이 시련을 극복하고 가정 안에서 천국을 발견할 수 있을까?

대부분 종교는, 일반화하기는 어려울지라도, 가정의 조화, 질서, 화합 등을 중요하게 여긴다. 불교의 초기경전 중 하나인 『수타니파타』는 행복한 가정생활을 위한 8가지 지침을 다음과 같이 제시한다. 첫째는 부모님을 잘 봉양하는 것이고, 둘째는 수행자들을 공경하고 그들로부터 배우는 것이며, 셋째는 진리의 가르침을 좋아하는 것이다. 넷째는 이웃과 사회에 재물을 환원하고, 다섯째는 겸손함과 존경심으로 사람들을 대하는 것이며, 여섯째는 깨어서 청정하게 살며 재산을 잘 지키는 것이다. 일곱째는 부부간의 신의를 지키며 만족하게 사는 것이고, 마지막 여덟째는 근면하고 민첩하며 화를 조절하는 것이다. 이렇게 살려고 노력할 때 평화로운 가정이 유지될 수 있다고 한다.[6] 불교의 기본적 가르침을 잘 따르는 것과 가정의 평화가 둘이 아니라 하나라는 것, 불교가 지향하는 삶의 양태가 가정의 평화와 불가분의 관계에 있음을 말하고 있는 것이다.

이슬람교에서도 무슬림의 삶의 행복, 구원을 항상 궁극적 실재와 연결시키고 결혼을 궁극적 실재와 연결된 종교적 의무로 간주하여 중요하게 생각한다. 따라서 결혼으로 이루어진 가정을 사회 구성의 가장 기초적인 단위로 귀하게 여긴다. 기독교에서는 비록 가정의 형성을 구원의 문제와 연결된 종교적 의무로 규정하는 것은 아니지만, 가정을 하나님의 뜻에 따라 결혼한 부부를 중심하고 가족들 간 행복을 나누는 신성한 영역으로 중요하게 받드는 것은 똑같다. 그래서 결혼한 부부는 헤어져서는 안 되고, 신앙의 동반자로서 함께 걸어가야 하며, 가족 구성원 모두가 주 안에서 거룩하게 되도록 노력해야 함을 강조한다.

세계평화통일가정연합(이하 '가정연합')은 여기서 한 발짝 더 나아간다. 하나님의 심정을 닮아 하나님과 사랑을 나누며 기쁨을 주고받는 것을 창조목적으로 보고, 부모-자녀 관계, 부부관계, 형제자매의 관계가 펼쳐지는 가정이야말로 하나님의 사랑을 분성적(分性的)으로 경험하고 체화

---

6) 재마, 「건강한 가정 공동체를 위한 초기 불교의 가르침」, 『산위의 마을』 27(2013), 73-4.

할 수 있는 삶의 근본적 단위로 간주한다. 다시 말해서, 인간으로 태어나 가정 안에서 자녀, 형제자매, 부부, 부모의 심정의 단계를 온전히 거치지 않고는 하나님의 심정과 통할 수 있는 존재가 될 수 없다는 것이다. 가정에서 사랑을 키우지 못한 자는 하나님께 기쁨을 돌려드릴 수 없으며, 결국 자신 스스로도 하나님과의 사랑의 일체감에서 오는 행복을 얻지 못하게 된다. 즉 창조목적을 이룰 수 없게 된다. 따라서 가정은 상황에 따라 만들거나 만들지 않을 수 있는 우연적 선택의 결과가 될 수 없다. 가정은 신이 영원을 두고 예비한 '사랑의 학교'이며, 인간은 누구나 가정을 꾸리고 그 속에서 사랑하는 법, 남을 위하여 사는 법을 배워 그 신의 사랑을 온 인류와 함께 나누는 삶을 살아야 한다.

이러한 맥락에서 볼 때, 가정연합이 말하는 '가정'은 신을 중심한 종교의 이상이 실현될 수 있는 신성한 출발점이 된다. 가정연합의 신학에 따르면 인간은 누구나 삶의 3단계를 거치며 살게 되어 있다. 어머니 배 속 양수 안에서의 삶 10개월, 지상에서 공기를 호흡하며 살아가는 삶 100년, 그리고 육신의 죽음 뒤에 펼쳐지는 피안의 세계, '영계(靈界)'에서의 삶 영원이다. 인간은 누구나 이렇듯 3시대를 살아가게 된다.

처음 두 단계는 다음 시대를 준비하기 위한 준비 과정이다. 먼저 복중에서의 10개월은 지상에서의 삶을 준비하기 위한 기간이다. 복중의 아기는 부모로부터 내적, 외적인 요소들을 전수받게 된다. 탯줄로부터 영양분을 공급받으며 지상에서 살아갈 수 있는 마음과 몸을 갖추도록 성장한다. 어머니 배 속을 나와 탯줄을 끊고 지상의 공기를 호흡하는 순간 복중 시대는 마무리되고 지상의 삶의 단계로 넘어간다. 복중에서의 생명 줄인 탯줄이 잘리는 순간은 복중에서의 삶의 끝과 지상에서의 새로운 삶의 시작이 연결되는 거룩한 순간이다.

마찬가지로 지상에서의 삶, 약 100년은 궁극적으로 영계에서의 영원한 삶을 준비하는 기간이다. 인간의 삶의 목적이 무엇인지에 대해 역사상 많은 철학자와 성현들이 각기 다른 답을 내놓았지만, 가장 간단하면서도 핵심을 꿰뚫는 답은 바로 다음 생, 즉 영계에서의 삶을 준비하는 것이라고 말할 수 있다. 태아가 복중에서 지상의 삶을 준비하며 지상의 환경에 적합한 존재가 되도록 성장하였던 것과 같이, 지상에서의 인간의 삶도 영계의 삶을 준비하며 영계의 환경에 적합한 존재가 되도록 성장해야 한다. 육신의 숨이 멎는 순간 지상 시대는 마무리되는데, 이 육신의 죽음은 결코 존재의 끝이 될 수 없다. 아기의 탯줄을 자르면서 지상의 공기를 폐로 호흡하는 단계로 넘어갔던 것처럼, 인간의 육신의 호흡이 멈추게 되면 영계의 환경권에 맞는 호흡을 하며 영적 차원의 세계에서 새로운 삶을 시작하게 된다.

가정연합은 영계는 공기로 호흡하는 세계가 아니라 사랑으로 호흡하는 세계라고 말한다. 하나님의 사랑으로 꽉 차있는 세계이기 때문에 영계에서 아무런 걸림돌 없이 자유롭게 살아가기 위해서는 사랑의 호흡을 할 수 있어야 한다는 것이다. 사랑의 호흡이란 마치 숨을 쉬는 것같이 사랑을 편안하게 주고받는 것을 가리킨다. 지상에서의 삶의 목적이 바로 여기에 있다. 가정을 토대로 사랑하는 법을 배움으로써 영계에 가서 자유롭게 사랑을 호흡하며 영원히 살아갈 수 있도록 준비하는 것이다. 천국의 본질은 마치 공기를 호흡하듯이, 사랑하는 사람들과 사랑을 호흡하며 기쁨 속에 사는 것이다. 지상에서 이기적이고 자기중심적으로만 살다가 영계에 가게 되면 이와 같은 영계에서의 기쁨을 맛볼 수 없다.

가정연합의 이러한 천국의 본질에 대한 설명은 우리가 일반적으로 갖고 있는 천국과 지옥의 개념을 전혀 새로운 관점에서 바라보게 해준다. 현재 우리가 살고 있는 이 세계에서 가정을 중심으로 사랑의 충만함, 즉 천국을 경험하지 못하면, 육신의 죽음 이후에 펼쳐질 피안의 세계에서도 천국인으로 살아갈 수 없다는 것이다. 다시 말해서, 지상에서 천국을 경험하지 못하면 영계에 가서도 천국을 경험할 수 없다. 이와 반대의 경우도 성립한다. 만약 지상에서 관계의 단절로 인해 '지옥과 같은' 고통만을 경험하다가 죽게 된다면, 저 세계에 가서도 사랑의 호흡을 하지 못한 채 영원한 고통 속에서 지옥을 경험하게 된다. 즉 천국과 지옥은 이미 누군가에 의해 만들어져 있는 것이 아니고, 누군가의 심판에 의해 천국행과 지옥행이 결정되는 것도 아니다. 천국과 지옥은 자신 스스로가 만드는 것이다. 지상에서 사랑을 충만하게 체득한 사람의 기쁨 자체가 영계에서 천국의 환경을 조성하는 것이요, 지상에서 사랑을 자신의 것으로 만들지 못한 메마른 사람의 고통 자체가 영계에서 지옥의 환경을 만드는 것이다.

이와 같은 가정연합의 천국과 지옥에 대한 시각은 코로나19로 가정의 위기를 마주하고 있는 우리에게 많은 점을 시사하고 있다. 물론 죽음 뒤에 벌어질 내용을 누가 알겠는가? 위 내용을 문자 그대로 받아들일 필요는 없을 것이다. 하지만 죽음 이후의 초월적 세계에 대한 내용을 언급하지 않더라도, 우리가 삶 속에서 어떤 경험을 하는지에 따라 우리의 삶

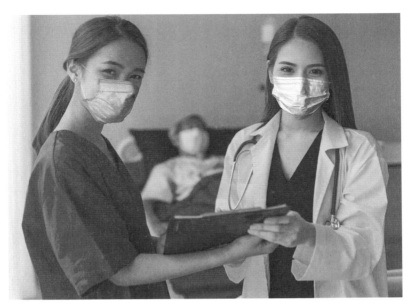

코로나19 바이러스와 싸우고 있는 의료진들

이 때로는 '천국'이라는 종교적 상징 언어가 내포하는 기쁨이나 행복으로 가득 찰 수도 있고, 때로는 '지옥'이 내포하는 슬픔과 고통으로 가득 찰 수도 있다는 사실은 그 누구도 부정하기 어렵다.

특히 천국과 지옥을 우리 인간 스스로 만들어간다는 메시지는 코로나19의 상황과 정확히 맞아떨어진다. 코로나19라는 바이러스 자체의 근원을 더듬어 볼 때, 이 모든 사태가 결코 자연 발생적 우연에서 비롯된 게 아니라는 것을 모르는 이는 없을 것이다. 인간의 탐욕이 문제의 근원에 도사리고 있고, 코로나19가 야기한 모든 문제의 소용돌이는 결국 인간 스스로 만들어낸 것이다. 어떤 이에게는 현실보다 더 힘든 지옥이 저 하늘 너머에 따로 있다는 말이 허망하게 들릴 수 있다. 이 모든 현실은 결국 인간이 만들어냈고, 이보다 더 힘든 지옥이 따로 필요하지 않을 정도로 우리의 현실은 충분히 고통스럽고 괴롭다.

이런 이야기를 너무 염세적이고 비관적으로만 받아들일 필요는 없을 것이다. 왜냐하면 현실의 지옥을 만들어낸 것이 우리 인간이라면, 인간은 거꾸로 현실의 천국을 만들어갈 수도 있다는 말이 되기 때문이다. 혹자는 20세기 초 자유주의가 내놓은 인간의 발전 가능성에 대한 장밋빛 전망이 어떻게 산산조각났는지를 잊었느냐고 반문할 수도 있다. 여기서 말하고자 하는 바는 지나친 낙관주의도, 극단적인 염세주의도 아니다. 다만 오늘날 현실의 고통이 인간 스스로 초래한 것이라면, 인간이 그 고통을 사랑으로 치유하고 보듬는 것도 불가능한 일만은 아니라는 것이다. 물론 우리가 사는 환경은 지옥과 천국의 경계선을 찾기 어려울 정도로 뭉뚱그려져 있다. 하지만 사랑의 충만함이라는 천국 경험의 기회와 시간을 늘려가는 것은 우리의 노력으로 얼마든지 가능하다.

코로나19 바이러스와 생과 사를 놓고 사투를 벌이는 데 있어서 누구보다 최일선에 앞장선 사람들은 바로 의료진들이었고, 그 수고는 지금도 계속되고 있다. 여름에는 고온이 지속되는 무더운 날씨 속에서 두꺼운 방호복과 마스크를 착용한 채 땀을 비 오듯 흘려야 했고, 겨울에는 뼛속까지 얼얼하게 만드는 차가운 바람을 맞으며 두 손, 두 발이 꽁꽁 언 채 코로나19 검사를 계속해야 했다. 대다수 국민들은 이러한 전국의 의료인들의 자발적 참여와 헌신적 치료의 노력에 감사와 경의를 표하고 있다. 하지만 또 한편으로는 지금 이 순간에도 '이 정도는 괜찮겠지.' 하는 안일하고 무책임한 마음에 방역 수칙을 제대로 지키지 않는 사람들이 너무나도 많다. 지난 여름 헌신적인 의료인들의 모습을 담은 뉴스와 방역 지침을 준수하지 않고 무리하게 종교생활을 고집하다 코로나19 확산의 한 원인으로 지목돼 지탄받은 어떤 종교인들에 대한 뉴스가 연달아 나온 적이 있다. 그때 텔레비전을 보면서 혼란스러웠던 기억이 지금도 생생하다. '어느 쪽이 진정한 종교인가?' 종교적 덕목, 즉 자기초월적 헌신과 용기, 지혜, 인류애 등이 드러난 장면은 분명 땀방울이 송골송골 맺힌 한 간호사의 맑은 얼굴이었다. 지금 돌이켜보면 그 때 그 뉴스는 똑같은 상황 속에서 인간이 취할 수 있는 '종교적' 선택과 그에 따른 상반된 결과를 드라마틱하게 보여주는 상징적 사건이 아니었을까 생각해본다. 우리의 삶은 매순간 천국과 지옥의 환경을 창조하는 선택을 요구한다. 그 갈래 길들에서 어느 한 쪽을 선택할 수 있는 자유와 용기가 우리에게 있다는 사실은 실로 희망이 아닐 수 없다.

가정은 인간관계의 뿌리

이쯤에서 코로나19가 초래한 가정 위기의 문제로 다시 돌아가 보자. 나는 앞서 코로나19로 우리의 가정이 천국과 지옥의 심판대에 올라서 있는 것 같은 느낌이 든다고 말했다. 마치 세계의 축소판과 같이 학교, 직장, 종교 등의 기능이 공존하게 된 우리의 'All-in-One' 가정은 세상이 그러하듯이, 희망과 절망이 롤러코스터처럼 공존하는 모습을 우리에게 보여주고 있다. 천국과 지옥은 초월적 세계의 일만이 아닌 지극한 현실의 문제이다. 우리는 어쩌면 가정을 천국으로도, 혹은 지옥으로도 만들 수 있는 심판자의 모습을 지니고 있는지도 모른다.

우리가 사는 이 세계는 결국 인간과 인간의 '관계'가 만들어가는 것이고, 우리의 가정은 그 인간관계를 배우고 실천하는 가장 기본적인 훈련장이라고 할 수 있다. 인간은 혼자서는 살 수 없는 존재이다. 인간은 직간접적으로 수많은 관계를 맺으며 살아가고, 그러한 관계 속에서 서로를 도우며 살아간다. 우리가 의식하든 의식하지 않든, 혹은 좋든 싫든 간에 가족과 주변 이웃, 지역사회, 종교공동체, 혹은 국가와 밀접한 관계를 맺으며 살아간다. 사회의 다양한 층위에서 관계를 맺으며 정신적 혹은 물질적으로 서로가 갖고 있는 것을 지속적으로 주고받음으로써 우리의 삶은 유지되며 발전할 수 있다.

이렇게 우리의 삶이 수많은 관계들로 이루어져 있다는 사실을 생각해 볼 때, 우리의 삶의 질은 그 관계들이 어떠하냐에 달려 있다고 해도 과언이 아니다. 그 관계들이 상대방을 먼저 위하려는 가운데 잘 주고 잘 받는 관계가 된다면 우리의 삶은 호혜적인 관계 속에 건강하고 행복한 삶이 될 수 있을 것이다. 가정은 그러한 '건강한' 관계성을 익힐 수 있는 가장 기초적인 교육의 장이라는 점에서 특별한 지위를 갖는다.

인간과 인간 사이의 관계는 무척이나 다양하지만, 가정연합의 신학에 따르면 크게 세 가지 종류로 구분할 수 있다. 첫째, 상하의 관계, 둘째, 좌우의 관계, 셋째, 전후의 관계가 그것이다. 먼저 상하의 관계는 부모와 자식, 스승과 제자, 상사와 부하, 연장자와 연소자와 같이 관계를 맺는 양쪽의 위치가 종적으로 명확히 구분되는 경우를 말한다. 다시 말해서, 상위(上位)의 주체는 하위(下位)의 대상이 성장할 때까지 사랑으로 길러주고 이끌어주어야 하며, 반대로 하위의 대상은 상위의 주체에게 존경심을 가지고 그의 삶을 배울 수 있어야 한다. 상하 관계의 전형(典型)은 바로 부모와 자식 관계이다. 부모는 사랑의 권위를 가지고 자녀를 교육시켜야 하며, 스스로 모범이 되어 자녀를 바른 길로 인도해야 한다. 자녀는 효성을 다하여 부모를 모시는 가운데 부모가 걸어온 길의 수고를 인정하고, 깊은 애정과 존경의 태도를 갖추어야 할 것이다.

둘째로, 좌우의 관계는 전체 인류의 반을 차지하고 있는 남성과 또 다른 반을 차지하고 있는 여성의 관계로서, 그 전형은 다름 아닌 부부의 관계이다. 인간 세계뿐만 아니라 자연과 우주 전체는 소위 '쌍쌍제도(pair system)'로 이루어져 있어서, 소립자 단위의 양성자와 음전자에서부터 식물의 수술과 암술, 동물의 수컷과 암컷, 인간의 남자와 여자에 이르기까지 두 성(性)의 조화로운 관계를 통해 운행하고 발전한다. 다양한 플러스와 마이너스의 관계가 있지만 공통적인 특징은 양쪽의 관계는 한쪽이 존재하지 않으면 다른 한쪽도 존재할 수 없는 철저한 상보성을 기반으로 존재한다는 사실이다. 따라서 남편과 아내는 상대를 통하여 자신이 완성될 수 있다는 관점을 가지고 서로를 존중하며 사랑해야 한다. 남편은 인류 남성 전체를 대표하고 아내는 인류 여성 전체를 대표하는 입장에 있다고 생각해야 한다. 그렇기 때문에 부부가 사랑으로 하나 된다는 것은 인류 전체가 조화롭게 하나 되는 상징적 의미를 갖는다.

마지막으로, 전후의 관계는 장자와 차자, 선배와 후배, 숙련자와 초심자와 같이 먼저 앞서가는 자와 뒤따르는 자와의 수평적인 관계를 가리킨다. 앞서가는 사람은 학식과 경험이 보다 풍부한 자로서 뒤따르는 사람에게 사랑의 조언을 아끼지 말아야 하며, 뒤따르는 사람은 앞선 사람의 이야기를 열린 마음으로 경청하고 숙지해야 한다. 전후 관계의 가장 대표적인 경우는 바로 형제자매의 관계다. 먼저 태어난 장자(長子)는 부모의 지도를 먼저 받고 부모의 심정을 먼저 이해한 입장에서 나중 태어난 차자(次子)를 사랑으로 보살펴주어야 하며, 차자는 장자의 조언에 귀 기울이고 존중해야 한다. 형제자매는 서로 우애를 깊이 나누는 가운데 부모의 심정과 하나 되어야 한다.

여기서 우리는 중요한 사실을 깨닫게 된다. 바로 한 가정 안에서 이루어지는 부모-자식 관계, 부부관계, 형제자매 관계가 각각 상하·좌우·전후 관계의 전형이라는 사실이다. 다시 말해서, 가정 내 구성원들 간의 관계들이 모든 인간관계의 뿌리 역할을 하는 것이다. 하나의 가정 안에서 벌어지는 세 축의 관계, 즉 상하의 축, 좌우의 축, 전후의 축의 관계가 전 세계적으로 확장됨으로 말미암아 온 세계는 마치 하나의 가정과 같이 화합할 수 있게 된다.

이러한 관점에서 볼 때, 한 가정은 전체 인류 가정의 축소체, 더 나아가 우주의 축소체라고 할 수 있다. 가정에서 배운 세 축의 관계가 그대로 이 세계 전체를 지탱하는 가장 기본적인 관계의 축이 되는 것이다. 가정이 중요한 이유가 바로 여기에 있다. 각 가정이 서로 위해주는 사랑을 중심으로 바로 서면 전 인류의 관계 또한 조화롭고 평화롭게 전개될 수 있지만, 반대로 가정의 인륜도덕이 무너지게 되면 세계의 질서가 무너지고 분열과 다툼이 끊이지 않게 된다. 다시 말해서, 평화는 우리 각자의 가정에서부터 시작하는 것이다.

가정에서 배우는 네 가지 사랑

자녀의 사랑

인간은 태어나서 자라며 성인이 될 때까지 자녀, 형제자매, 부부, 부모의 과정적 단계를 거치면서 사랑하는 법을 배워간다. 인간이 태어나서 처음으로 맺는 관계는, 특수한 상황을 제외하고서, 일반적으로 자신을 낳아준 부모와의 관계이다. 인간이 처음으로 경험하는 사랑도 부모의 사랑이다. 자녀의 부모에 대한 사랑은 어린 자녀 스스로가 주도적으로 펼치는 사랑이 아닌, 부모의 사랑이 원인이 되어 그 결과로 나타나는 사랑이라고 할 수 있다.

자녀는 아직 어린 나이이기 때문에, 마치 깨끗하고 순수한 스펀지와 같이 부모로부터 받는 사랑을 그대로 흡수하며 자란다. 스펀지와 같다는 것은 양면성을 지니는 말이다. 스펀지는 그저 무엇이든 흡수하려고 하기 때문에, 어떠한 내용을 받아들이는지에 따라 그 결과가 전혀 달라질 수 있기 때문이다. 아름다운 생각, 아름다운 언어, 아름다운 행동들로 스펀지를 채운다면 자녀의 사랑의 역량이 올바르게 키워질 수 있겠지만, 그 반대가 된다면 자녀의 사랑의 인격은 올바로 형성될 수 없다.

따라서 이 시기에 제일 중요한 것은 부모의 역할이다. 부모는 자녀가 충분한 사랑을 받으며 자랄 수 있도록 정성스럽게 양육해야 한다. 그렇게 자녀의 마음의 스펀지를 사랑으로 채우다보면 어느 순간 놀라운 일이 벌어진다. 마치 스펀지에 물이 어느 정도 이상 흡수되면 물을 바깥으로 배출하기 시작하는 것처럼, 어린 자녀의 마음에 부모의 사랑이 가득 담아지게 되면 그저 받으려고만 하던 자녀가 이제는 부모에게 그 받은 사랑을 돌리려고 한다. 언제나 철부지일 것 같던 아이가 어느 순간 부모의 사랑에 보답할 줄 아는 철든 자녀로 변모해가는 것이다. 사랑의 성숙이라는 관점에서 볼 때, 이것이 자녀의 단계에서 이루어야 하는 가장 중요한 터닝포인트라고 할 수 있다.

부모로부터 받은 사랑과 은혜에 보답하려고 하는 마음이 동기가 되어 나타나는 심적 태도가 아시아 문화권에서 강조하는 '효(孝)'이다. 인간이 태어나서 처음 맺는 부모와의 관계에서 형성하는 효의 마음은 전 생애를 걸쳐 타인을 사랑할 수 있는 인간이 될 수 있도록 인도하는 기반이 된다. 종교의 신앙심도 결국 절대자에 대한 전적인 헌신을 바탕으로 전 인류를 향한 보편적 사랑을 실천하는 것임을 생각해보게 될 때, 사랑하는 마음의 시발점이 되는 '효'는 신앙심과도 깊은 연관이 있다.

형제자매의 사랑

어린 자녀가 부모의 사랑을 받고 자라다 보면 곧 또 다른 차원의 사랑을 경험하게 된다. 그것은 바로 형제자매 간의 사랑이다. 자녀의 사랑이 '스펀지가 물이 차는' 수동적인 과정이었다면, 형제자매의 사랑은 부모의 사랑을 깨우친 입장에서 부모가 사랑하는 자신 이외의 존재, 즉 다른 형제자매들을 자신도 사랑하겠다고 나서는 주체적 측면이 두드러진다.

받기만 하던 입장에서 주는 입장으로 전환해가는 것이다.

　첫째의 경우 부모의 마음을 아는 입장에서 동생을 사랑으로 보살펴 주려고 하고, 부모가 계시지 않을 때에는 잠시 동안 부모의 역할을 대신 하기도 한다. 동생의 경우, 아빠 엄마를 사랑하는 마음을 공유하는 가운데 언니, 오빠를 좋아하며 따른다. 결국 형제자매의 사랑의 핵심은 부모로부터 받은 사랑을 횡적으로 나누는 것이다. 이러한 횡적인 사랑을 '우애(友愛)'라고 부른다.

　형제자매의 사랑은 가족의 울타리를 넘어 보다 더 넓은 사회적 영역으로 나아간다. 학교나 교회 등 다양한 사회적 공간에서 자신의 친형제자매와 나이가 비슷한 친구나 선후배들과 우애를 나누며 형제자매의 사랑의 범위를 넓혀가게 된다. 여기서 중요한 것은, 각양각색의 개성을 지닌 친구들과 관계를 맺으면서 인간이 지닌 성격의 다양함을 이해하고 받아들일 수 있는 마음의 그릇을 키우게 된다는 점이다. 사랑한다는 것, 위하여 산다는 것은 자신의 성격과 잘 맞는 사람하고만 제한적으로 하는 것이 아니다. 상대의 성격이 어떠하든지 간에, 그에 맞추어 사랑의 마음을 주고받을 수 있는 자세와 포용성을 키워가야 한다. 누구와도 원만한 관계를 이룬다는 점에서 '모나지 않은 둥그스름한 인격'을 갖추는 것이라고 비유적으로 표현할 수 있다. 형제자매의 사랑은 그렇게 둥그스름한 마음의 그릇, 사랑의 그릇을 키워가는 소중한 과정이다.

　이는 다음 단계의 사랑, 즉 부부의 사랑을 이루기 위한 준비의 의미를 지니고 있다. 부부의 관계는 성(性)도 다르고 성격도 다른 남편과 아내가 서로 맞추어 가며 사랑을 완성해야 하는 쉽지 않은 과정이다. 따라서 원만한 부부관계를 위해서는, 형제자매의 사랑에서 다양한 성격과 조화를 이룰 수 있는 인격을 먼저 형성해야 한다. 폭넓고 원만한 형제자매의 사랑을 경험하며 인격을 성숙시킨 두 남녀가 부부의 인연을 맺게 될 때, 건강한 부부관계를 이룰 수 있는 초석을 다지게 된다.

부부의 사랑

자녀의 사랑, 형제자매의 사랑을 거쳐, 어엿한 성인으로 성장한 한 남자와 한 여자가 부부의 인연을 맺게 되면 부부의 사랑이 시작된다. 부모와 형제자매를 대상으로 '위하여 사는 법'을 배우고 익힌 남녀가 그 사랑의 역량을 자신의 배우자에게 오롯이 투입하는 단계이다. 다시 말해서, 자녀의 사랑을 통해 키운 종적인 사랑과 형제자매의 사랑을 통해 키운 횡적인 사랑을 한데 묶어, 자신의 영원한 동반자인 배우자와의 사랑으로 귀결시키는 것이다. 따라서 부부의 사랑은 사랑하는 법을 배워가는 과정의 클라이맥스라고 할 수 있다.

철학자 에마뉘엘 레비나스(Emmanuel Lévinas, 1906-1995)는 타자의 얼굴에 신의 흔적이 담겨져 있다고 말한다. 타인은, 보이지 않는 신이 그러하듯이, 나의 이성이 다 이해할 수 없는 초월성과 무한성이 있다. 어떤 존재가 나의 이성적인 범주 안으로 전적으로 수용될 수 있다면 그것은 나의 욕망을 충족시키는 유한하고 도구적인 존재가 되기 쉬우며 더 이상 '타자'로 남을 수 없다. 하지만 타자는 이성의 테두리를 벗어나 언제나 닿을 듯하면서 닿을 수 없는 타자로 남는다. 이는 타자가 나의 유한한 틀로 담을 수 없는 무한한 존재인 동시에, 나보다 더 높은 차원에 있

에마뉘엘 레비나스

는 초월적 존재임을 의미한다. 레비나스에 따르면, 이러한 타자를 대하면서 내가 가져야 하는 태도는 자신이 갖고 있던 이성적 자유가 일종의 월권행위였음을 자각하고, 나라는 존재가 타자를 위하여, 타자의 뜻에 따라, 타자를 섬기며 살아야 하는 존재임을 깨닫는 것이다. 여기서 레비나스는 전통적으로 유대교나 기독교가 말하는 무한하고 초월적인 신에 대한 모심의 책임을 실체적인 삶의 자리에서 타자에 대한 모심의 책임으로 전이하고 중첩시킨다. 레비나스는 신의 존재란 타자를 위해 선한 행위를 불러일으키는 '숨결(psychisme)'과 같다고 말한다. 신의 흔적으로서의 타자의 '얼굴'을 마주하는 순간, 그 타자를 위하고 사랑해야 한다는 신의 명령이 울려 퍼지는 것이다.

이러한 레비나스의 관점은 부부 사이의 관계에 심오한 지혜를 선사한다. 남편과 아내는 서로를 어떻게 대해야 할까? 레비나스와 같이, 서로의 얼굴 속에서 신의 흔적을 발견할 수만 있다면, 그래서 서로를 초월적인 존재로 받들고 모시고 살 수 있다면 이기적인 욕망으로 인한 다툼과 분쟁은 벌어지지 않을 것이다. 부부 사이의 관계에 있어서 상대방은 결코 자신의 욕구를 충족시키기 위한 도구가 될 수 없다. 그리고 상대를 다 이해할 수 없다고 해서 푸념할 필요도 없다. 원래 남자와 여자는 속성이 다르고 개성도 다르기 때문에 서로를 완전히 이해한다는 것은 애초에 불가능하다. 서로의 얼굴에서 신의 흔적을 발견하면서 서로를 깊이 배려하고 존중하고, 서로에게 없는 것을 서로가 채워주는 상보적인 관계를 맺어가는 것이 부부의 사랑을 가장 아름답게 열매 맺는 길이다.

부부관계는 그 어떤 관계보다도 친밀한 관계이다. 어떤 때는 친구와도 같고, 어떤 때는 오누이와도 같지만, 부부관계는 육체적 관계까지 포함하여 그 이상의 친밀도를 내포한다. 부부 사이는 숨기는 것이 없는 투명한 관계이고, 모든 일을 함께 의논하고 함께 결정한다. 그리고 다른 종류의 사랑과는 달리 부부의 사랑은 다른 이와 그 사랑을 나눌 수 없다는 점이 특징이다. 자녀의 사랑에서는 자신의 육신의 부모를 사랑하는 것에 그치지 않고 자신의 부모와 비슷한 나이대의 분들까지 부모처럼 모시고 효를 실천하는 것이 요구된다. 형제자매의 사랑도 자신의 형제자매와 비슷한 나이대의 친구들과 선후배들에게까지 사랑이 확대되어야 한다. 부모의 사랑도 마찬가지이다. 자신의 자녀와 비슷한 나이대의 아이들이라면 그 누구라도 부모의 사랑으로 보살펴주어야 한다. 하지만 부부의 사랑만큼은 자녀, 형제자매, 부모의 사랑을 하나로 묶어서 오직 자신의 배우자만을 위한 사랑으로 귀결시키는 것이기 때문에 결코 나누거나 확대되어서는 안 된다. 서로를 완성시켜줄 수 있는 반쪽과 반쪽으로 만나 온전히 하나가 되어야 하는 것이 바로 부부이다. 부부의 사랑은 1 더하기 1이 2가 되는 것이 아니라 더 높은 차원으로 1이 되는 것이다. 따라서 부부간의 사랑만큼은 결코 다른 사람과 공유하거나 나눌 수 없는 오직 하나의 사랑이어야 한다.

부부의 사랑은 하루아침에 완성될 수 없다. 상대가 무엇을 원하는지 알지도 못하면서 상대를 온전히 위해줄 수는 없는 법이다. 그저 자기만의 방식으로 상대를 위해주려고 하면 오히려 상처를 줄 수도 있다. 따라서 부부는 서로를 알아가기 위한 많은 대화가 필요하다. 둘 사이에는 선천적으로나 후천적으로 결코 사라질 수 없는 차이가 존재하고, 이 차이를 이해하고 인정하고 받아들이는 일은 하루아침에 이루어지기 어렵다. 따라서 부부는 함께 살아가는 일생 동안 부단히 대화를 주고받으며 서로를 존중하고 배려하고 아껴주어야 한다. 서로의 차이를 배우고, 그 차이를 걸림돌로 삼는 것이 아니라 서로의 부족함을 채워주는 양식으로 삼아야 할 것이다.

이처럼 부부간의 사랑은 오랜 시간이 걸리는 숭고한 과정이다. 많은 시행착오를 겪으면서도 서로를 더 많이 알아가려고 노력하고, 서로의 마음을 더 깊이 공감하려고 끊임없이 도전하는 과정이다. 때로는 서로를 오해할 때도 있고 서로에게 실망할 때도 있겠지만, 오랜 시간 파도를 겪은 돌멩이가 둥그스름해지는 것처럼, 두 부부는 결국 서로에게 맞춰가는 법을 배우게 될 것이다. 남편이라는 볼록한 돌과 아내라는 오목한 돌이 경계선을 원만하게 다듬어 하나의 돌처럼 조화롭게 맞물리게 될 때, 그 부부의 얼굴 속에서 신의 숭고한 얼굴이 드러나게 되지 않을까?

부모의 사랑

인간이 가정을 중심으로 사랑하는 법을 배워가는 과정은 마치 호수 위 동심원이 점차 확대되어 나아가는 것과 같다. 처음에는 자녀의 사랑이라는 작은 동심원을 그리다가, 형제자매의 사랑이 더 큰 동심원으로 나타나고, 결국 부부의 사랑이 이전의 동심원들을 포함하며 더 큰 동심원으로 나타난다. 여기서 끝이 아니다. 가장 큰 사랑, 즉 가장 큰 동심원이 남아 있는데, 그것은 바로 부부가 자녀를 낳아 기르며 경험하는 부모의 사랑이다. 부모의 사랑은 자녀의 사랑, 형제자매의 사랑, 부부의 사랑을 모두 담고 있는 가장 큰 사랑의 보따리이다. 사랑의 보따리가 큰 만큼, 사랑하는 대상을 위해 줄 수 있는 마음도 가장 크다.

부모의 사랑은 부모가 경험한 사랑의 노하우를 아낌없이 자녀들에게 전수해주는 단계이다. 자녀를 향한 부모의 사랑은 그 어떤 사랑보다도 가장 헌신적인 사랑이며, 주고 잊어버리고, 주고 또 잊어버리는 참된 사랑이다. 부모의 사랑에서 제일 중요한 것은 자녀가 필요로 하는 사랑을 주는 것, 즉 자녀가 지닌 사랑의 스펀지에 사랑을 담뿍 채우는 것이다. 그러므로 말미암아 자녀가 사랑할 수 있는 인간으로 성장할 수 있도록 기르고 교육하는 것이 부모의 책임이다.

이를 위해서는 사랑의 질서도 가르쳐야 한다. 사랑은 무조건적인 속성을 지니지만 그것이 무분별함을 의미하진 않는다. 사랑에는 예의범절과 규범, 질서 등 인간이 갖추어야 하는 윤리의식도 포함되어 있다. 부모는 자녀가 어릴 때부터 이러한 사랑의 규범 및 질서를 체득할 수 있도록 교육을 해야 한다. 교육의 방법에는 여러 가지가 있겠지만, 제일 좋은 교육 방법은 무엇보다도 부모가 자녀에게 사랑의 모범을 삶으로, 행동으로 보여주는 것이다. 자녀의 사랑, 형제자매의 사랑, 부부의 사랑, 부모의 사랑에 내재한 질서를 부모가 몸소 실천함으로 말미암아 자녀들이 그 네 가지 사랑을 자라면서 자연스럽게 체득해 갈 수 있도록 이끌어줘야 한다. 즉 규범이 사랑을 통해 자연스럽게 전수될 수 있도록 하는 것이다.

종교가 가정의 가치 회복 운동에 앞장서야

코로나19는 인류에게 참으로 많은 숙제를 안겨주고 있다. 정치, 경제, 의료, 복지, 종교 등 다양한 분야에 걸쳐 얽히고설킨 문제들을 우리 앞에 던지며 우리의 현재를 되돌아보게 하고, 미래에 어떤 방향으로 갈 것인지를 묻고 있다. 이러한 상황 속에서 종교는 과연 어떤 역할을 할 수 있을까? 물론 종교가 정치, 경제 등 삶의 표면에서의 다양한 현실적 문제들에 대응하고 답변을 주어야 할 필요도 있지만, 종교는 삶의 궁극적 차원에서 일깨움의 빛을 제시하는 것이 그 본질이듯이, 코로나19의 대처방안을 제시함에 있어서도 인과관계의 근원으로 거슬러 올라가 근본적인 차원의 답을 제시해줄 필요가 있다.

앞에서 살펴봤듯이, 코로나19로 인해 인류는 많은 시간을 가정 안에서 보내고 있고, 비대면 온라인 소통을 통해 사회의 많은 기능들이 가정 안으로 연결되고 있다. 그 과정 속에서 여러 부작용들이 나타나면서 가정은 현실적 차원의 천국과 지옥의 경계선을 오가며 위태롭게 서 있다. 물론 코로나19 상황 이전에도 가정의 위기는 언제나 있었지만, 집 바깥을 자유롭게 다닐 수 없는 팬데믹 상황이 지속되면서 가정의 실존적 위기는 한층 가속화되고 있다. 가정은 사랑을 기반으로 다양한 인간관계를 배울 수 있는 학교이며, 가정에서 배우고 체득하는 네 가지 종류의 사랑은 인류 전체가 관계를 맺으며 평화롭게 살아가는데 있어서 빼놓을 수 없는 근본적인 인간의 성품이다.

이런 내용들을 종합해 보았을 때, 오늘날 종교는 그 무엇보다 가정을 되살리는 운동을 앞장서서 펼쳐야 한다. 예수 그리스도의 '네 이웃을 네 몸같이 사랑하라'는 메시지는 그리스도교의 제1계명과 더불어 전 세계적으로 영향력을 미친 사랑의 가르침이다. 여기서 우리의 '이웃'이 누구인가, 어디까지가 이웃인가 등에 대한 윤리적, 실존적 물음이 그 가르침을 실제로 행함에 있어서 중요한 화두가 되곤 했다. 하지만 '이웃이 누구인가'에 대한 질문보다 더 근본적인 것은 우리가 과연 이웃을 '사랑할 수 있는가'이다. 이웃이 누구인지를 떠나, 우리가 사랑하는 법을 모르고 사랑하고픈 마음의 동력이 없다면 이 위대한 사랑의 가르침은 시작부터 난관에 부딪친다. 따라서 대부분 종교가 강조하는 '사랑'의 메시지를 근본적으로 실천하기 위해서는 우선 인간을 사랑할 수 있는 인간으로 성장시키지 않으면 안 된다.

오늘날 종교가 가정의 문제에 초점을 맞추어야 하는 이유가 여기에 있다. 가정은 사랑의 마음을 키우는 가장 기초적인 학교로서 가정이 바로 서지 않으면 인간은 마치 뿌리가 약한 나무처럼 시들거나 제대로 사랑의 열매를 맺기 어렵게 된다. 그렇기 때문에 '네 이웃을 사랑하라'는 메시지는 오늘날 코로나19 상황 속에서 '네 가정을 사랑하라' 혹은 '네 가정 안에서 사랑하는 법을 배우라'는 메시지로 메아리 되어 들리는 듯하다. 이웃을 사랑하기에 앞서 가정 안에서 먼저 사랑하는 법을 배우자는 것이다.

앞에서도 언급했지만, 대부분의 종교는 타인을 위하는 품성을 강조하고, 가정을 중시하는 교리를 지니고 있으며, 종교적 이상세계를 논함에 있어서도 현실에서의 변화와 적용을 중요하게 여긴다. 현실세계의 문제에 근원적 해답을 주는 종교의 가르침은 언제나 사랑이나 자비와 같은 덕성의 체득과 그 실천을 통해 인간 개개인의 근본적 변화를 염두에 둔다. 어머니의 자궁과 같이, 새로운 생명으로 거듭나는 근본적 변화의 장이 바로 가정이기 때문에, 대부분 종교는 가정의 가치의 소중함을 우리에게 일깨워준다.

가정의 가치를 되살리는 일은 코로나19 상황 속에서 그 무엇보다도 근본적이고 시급한 문제가 되었다. 이 일은 종교가 잘 할 수 있는 일이다. 그렇기 때문에 앞장서야 한다. 이 일은 한두 종교만이 나서서 할 수 있는 일이 아니다. 종교들이 역사적으로 엉킨 갈등의 실타래를 풀고 서로 적극적으로 연대하여 가정의 문화를 바꾸는 일에 앞장서야 할 것이다. 그것을 지금 이 시대, 바로 포스트 코로나 시대가 요청하고 있다.

3

종교 의례로 본
종교의 자리

안연희

"지금은 우리가 거울로 영상을 보듯이 희미하게 보지만 그때에는 얼굴과 얼굴을 마주하여 볼 것입니다. 지금은 내가 부분밖에 알지 못하지만 그때에는 하나님께서 나를 아신 것과 같이 내가 온전히 알게 될 것입니다."   – 고린도전서 13장 12절

코로나 시대와 격리된 세계

코로나 시대의 기호는 마스크이다. 마스크는 코로나19 감염의 위험으로부터 우리를 안전하게 보호하는 방역과 차단의 수단이다. 숨이 들고 나는 코와 개체적, 사회적 생명을 유지시키는 음식과 말이 드나드는 입을 가리는 마스크는 코로나 시대를 특징짓는 격리와 거리두기의 상징이 되고 있다. 마스크는 무증상감염자일 수 있는 나로부터 타인을 보호하고 공동체의 안전과 방역에 동참하는 배려와 연대의 표시이기도 하다. 우리는 모두 마스크를 쓰고 코로나 시대의 고통과 격리에 동참하면서 역설적으로 소통하고 있는 것이다. 그러나 결혼식장의 신랑 신부도, 신과 만나는 예배도 마스크를 쓰고 드려야 하며 성찬을 함께 나눌 수 없는 예배가 지속될수록, 지금은 마스크를 쓰고 희미하게 만나지만 얼굴과 얼굴을 마주하여 볼 수 있고 하나님께 예배드릴 수 있기를 소망하게

된다. 마스크 뒤에 격리된 코로나 시대의 뉴노멀은 인간이 이루고 누려왔던 함께함과 사회적 삶의 가치를 절실히 깨닫게 하고 있다.

구약성서의 하나님은 모든 존재를 쌍으로 창조하고 남자와 여자를 지었으며, 개인이 아니라 백성을 부르고 그 공동체와 언약을 맺고 축복하셨다. 인간은 공동생활을 통해 의사소통을 하면서 더 큰 선(좋음)을 추구하는 사회적(폴리스적) 존재다. 아리스토텔레스는 '고립되어 공동의 일을 함께 나눌 수 없거나 자족 때문에 그럴 필요가 없는 사람은 짐승이거나 신이라고 볼 수밖에 없다'고 하였다.

인간은 공동생활을 하고 '공동체의 일(polis)'에 참여(koinonein)하면서 인간으로서의 본성을 완전하게 실현할 수 있고 좋은 삶, 도덕적 삶을 살수 있는 존재이다.[1] 인간은 혼자서는 약하고 불완전한 존재이기에 사회를 이루어 함께 살아감으로써 완전해질 수 있다는 말이다. 실제로 인간이 문명을 이루고 문화를 발전시킬 수 있었던 것도 바로 공동생활을 통해 고도로 정교한 의사소통을 함으로써 서로 협력하고 교류와 교역의 범위와 수준을 넓혀 나왔기에 가능했다. 코로나19 대유행 직전의 세계는 신자유주의의 이념과 자본주의 세계체제로 통합되면서 해로와 육로뿐 아니라 폭발적인 증가추세였던 항공로 그리고 월드와이드웹을 통해 시공간을 압축하는 접속방식까지 가세하여 역사상 그 어느 때보다 긴밀하고 활발한 접촉과 이동이 이루어진 이른바 '지구촌 문명' 시대의 문턱에 다가가고 있었다.

---

1) 아리스토텔레스, 『정치학』, 김재홍 역 (서울: 도서출판 길, 2017), 37.

마스크 착용과 사회적 거리두기 등의 방역지침을 통해 코로나19 바이러스 감염을 예방할 수 있다.

코로나19의 대유행은 바로 그 심장부인 대도시의 밀집된 공동생활, 지역과 국경의 경계를 넘어 이동과 접촉을 촉진했던 세계화의 통로들을 통해 전 지구적으로 확산되었다. 치료제도 백신도 없는 상태에서 사람들이 가까이 접촉하고 모이는 곳에서 쉽게 집단감염을 일으키는 이 새로운 바이러스의 전파를 막는 가장 효과적인 방법은 방역지침과 사회적 거리두기이다. 따라서 지역과 국가를 넘는 이동은 최소한으로 축소되고, 광장 집회, 종교, 학교를 비롯한 각종 단체의 공적 행사뿐 아니라 사적 모임의 인원도 제한되는 등, 도시를 중심한 활발한 접촉과 교류의 공동체 생활은 타격을 입고 있다. 코로나 시대 인간과 세계는 마스크 뒤에 격리되고 사적 생활공간의 안전거리 안에 유폐되었다. 함께 모여서 얼

굴과 머리를 맞대고 부대끼고 함께 먹고 마시며 힘을 모았던 공적 사회
적 생활, 많은 사람들이 밀접하게 접촉하고 모이는 곳은 이제 위험한 것
이 되었다. 코로나19 팬데믹은 사회적이고 공동체적 존재인 인간의 사
회(집단)생활과 소통과 교류를 통한 문명의 발전모델의 정상적 작동에
전면적이고 심각한 제동을 걸고 있는 것이다.

코로나19는 중국 후베이성 우한에서 시작되었지만, 근대문명과 세계
화를 주도하고 선진국으로 불리는 미국과 유럽의 대도시가 바이러스의
확산으로 대규모 확진자와 사망자를 내면서 감염병에 대한 통제와 위기
관리 능력의 한계와 사회구조적 모순을 드러냈다. 또한 방역을 위한 봉
쇄와 격리조치 상황 하에서 전 지구의 사회경제, 정치, 문화생활 전반이
공통의 위기를 경험하고 있다. 전 지구적으로 이처럼 장기간 상점과 식
당, 유흥시설이 셧다운되고, 지역 및 국가간 이동이 통제되며 학교, 스포
츠, 문화예술행사, 정치적 집회, 종교적인 모임이 광범위하게 금지된 적
은 없었다. 셧다운과 격리단계가 높아질수록 고용불안과 자영업자들의
경제적 타격은 심화되고 교육, 예술, 종교 등 모든 사회문화적 활동들이
위축되면서 방역과 생존 사이의 딜레마가 커지고 사회적 불안과 불만이
고조되고 있다. 아이러니하게도 이러한 코로나19 대유행 국면에서도
이른바 재난 자본주의의 속성은 한 사회에 내부나 지역 간, 국가 간 양
극화와 격차를 심화시키고 있다. 온라인 사업망을 가진 글로벌 기업들
은 재난 상황이 더욱 몸을 불릴 기회가 되지만, 생존경제에 기반한 취약
계층과 나라에게는 더 가혹하게 전개되면서 사회적 격차와 국가별 격차
가 더 심화되고 있는 것이다.

세계화의 상징인 대도시 공항들의 한산하고 삼엄하기까지 한 풍경은 생명과 비생명의 경계에 있는 밑바닥 존재, 생명체인 숙주를 필요로 하는 기생적 존재인 바이러스가 어떤 방식으로 시스템을 마비시키며 이토록 심각한 문제를 만들어내는 막강한 위력을 가질 수 있는지 잘 보여준다. 바이러스가 스스로 움직이는 것이 아니라 숙주인 인간의 접촉을 통해 감염되고 사람의 이동과 함께 전파되기 때문에, 바이러스의 전파를 막으려면 사람 간 접촉과 이동이 제한되거나 금지될 수밖에 없는 것이다. 그런 까닭에 코로나19 팬데믹은 서로 최소한의 모임만 유지한 채 격리된 세계 속에서의 비대면 접촉을 일상화시키고 있다. 이것은 인간의 오래된 사회적 삶의 기반과 방식을 전면적으로 약화시키고 무력화하고 있는 것처럼 보인다.

바이러스의 존재를 통한 성찰

거대하고 정교한 기계처럼 돌아가고 있던 세계를 멈추게 하고 서로 촘촘히 연결되어 있던 통로들을 막아 각자의 삶 속에 격리시키며 지구촌 사회의 존재와 작동방식을 전면적으로 변화시키고 있는 원인이 바로 생명에도 미치지 못하는 지극히 작은 미물인 바이러스라는 사실이 아이러니하다.

코로나19 대유행의 이러한 전면성을 우리가 가진 디지털 바이러스 경험과 '바이러스'라는 존재의 성격을 통해서 생각해 보자. 컴퓨터와 인터넷이 일상의 많은 부분을 차지하는 현대인들은 컴퓨터 작업이 갑자기 안되는 시스템상의 오류나 오작동되는 경우를 '바이러스'의 침입, 바이

포스트 코로나 시대는 자연과의 공생이 중심이 되어야 한다.

러스를 차단하거나 막는 프로그램을 '백신'이라고 부른다. 이러한 디지털 바이러스의 메커니즘과 힘은 서로 몸으로 접촉하고 교류해온 인간의 삶(생명)의 방식이 코로나19 감염으로 오작동하는 지금의 생태적 역학적 바이러스 감염의 위력과도 흡사하다. 이에 최재천은 생태적 위기이며 사회적 위기이기도 한 코로나19의 진정한 극복은 화학백신만으로 되지 않으며 생태백신, 환경백신이 필요하다고 비유적으로 이야기하기도 했다.[2]

한편 바이러스(Virus)의 존재론, 바이러스와 인간의 공존의 윤리학, 바

---

2) 최재천·장하준·최재붕 외, 『코로나 사피엔스: 문명의 대전환, 대한민국 대표 석학 6인이 신인류의 미래를 말한다』, 35-41.

이러스의 의미론도 펼쳐진다. 바이러스는 생물과 무생물의 경계에 있는 존재로 세균과는 달리 독자적으로 생존할 수 없고 반드시 숙주 생물체의 세포로 들어가 숙주 세포의 시스템을 이용해 증식되고 다시 배출된다는 특징을 가진다.

사실 바이러스에는 질병을 유발하는 것만 있지 않고 유익한 바이러스도 있으며, 세균에서부터 고등생물까지 지구상의 모든 생명체는 바이러스와 공생하고 있다. 감기는 인류와 오랫동안 공생해온 대표적인 바이러스 감염증으로, 증상을 억제하는 치료를 하면서 면역력을 회복하면 저절로 치료가 된다. 그러나 사스, 메르스, 그리고 대유행하고 있는 코로나19처럼 심각한 증세를 일으키거나 인수공통감염으로 확산력이 강하고 통제가 안 되는 중증 신종 바이러스 감염은 현재 사태처럼 인류에게 큰 타격을 줄 수 있다.[3]

주목해야 할 것은 바이러스가 생명과 비생명체에 걸쳐있는 경계적 존재라는 점이다. 바이러스는 비생명체이므로 의지를 가지고 인간을 공격하거나 복수하지 않는다. 오히려 바이러스는 인간 자신의 활동과 움직임을 통해서 전파되고 인간의 삶을 위협하는 것이다. 바이러스의 이러한 경계적 성격은 그것이 대상화될 수 없는 생명의 밑바닥이라는

---

3) 류충민, 『좋은 균, 나쁜 균, 이상한 균』 (서울: 플루토, 2019), 190-192; 안명준 외, 『전염병과 마주한 기독교』, 56; 전문가들은 최근 인류를 위협하고 있는 전염병은 대개 계절독감, 조류독감, 신종플루, 에이즈 바이러스, 코로나바이러스 같은 인수공통감염병으로, 원래 동물의 몸에만 살아야 할 미생물이 종간전파를 통해서 인간을 감염시키고 또 사람 간 감염까지 되면서 생긴 병이라고 한다.

데 있다.[4] 따라서 생명과 비생명, 인간과 비인간, 인간과 자연 등을 이분법적으로 구분하고 후자를 위계적으로 대상화하는 근대문명의 사고방식과 관점으로는 이 바이러스의 특성이나 움직임, 바이러스가 야기하는 상황들을 제대로 설명할 수도 해결할 수도 없게 된다.

코로나19 사태도 단지 자연의 역습 혹은 복수라는 여전히 이분법적 틀로는 해결할 수 없는 것이다. 이러한 존재양식을 가진 바이러스감염증이 초래하고 있는 세계의 격리와 지구촌의 위기는 근대적 이분법, 자연을 수단화하는 인간중심주의적 틀을 전면적으로 재검토할 것을 요구하고 있다.

예를 들어, 컴퓨터가 바이러스에 걸리면 시스템을 리셋하여 위험을 초래할 프로그램이나 자료를 삭제하고 반드시 필요한 것들은 다시 재배치하여 컴퓨터 환경과 시스템을 정비한다. 그러한 재검토의 계기에서 우리는 자신의 컴퓨터 안에 있는 데이터들을 새로이 확인하고 정리할 수 있게 된다. 마찬가지로 전 세계가 백신도 치료제도 없고 접촉과 비말로 빠르게 전파되는 바이러스 감염증 위험에 노출된 현재 인류사회와 문명은 현재의 시스템의 리셋, 취사선택, 새로운 재구성을 요구받고 있다.

그렇다면 지금이 우리가 이루어놓은 사회와 문명의 틀과 요소들을 제대로 들여다보고 정말 의미 있는 것들과 필요한 것들을 새롭게 완전히 다른 차원에서 생각할 수 있는 기회일 수 있다. 코로나19는 격리된

---

4) 슬라보예 지젝, 『팬데믹 패닉-코로나19는 세계를 어떻게 뒤흔들었나』, 102.

세계 속에서 우리로 하여금 지금까지의 인간 사회와 문명의 방식에 대해 재성찰하고 새로운 사회생활뿐만 아니라 지구환경에서 함께 존재하는 모든 것들과 더불어 공존할 수 있는 지구생태계 생활의 표준에 대해서도 생각하도록 만들고 있다.

격리된 종교, 종교의례의 정지

코로나 시대는 말하자면 '오늘로부터의 세계'를 염두에 두면서 사회 전반의 시스템과 패러다임에 대해 재점검할 것을 강하게 요청하고 있다. 앞당겨진 위기의 미래를 경험하며 이전에 미루거나 어렵다고 판단하던 개혁적 조치들이 전격적으로 도입되고 시행되기도 한다. 적어도 과거로부터 이어온 현재 시스템을 고수하는 것만으로는 현재의 문제를 해결할 수 없고 오히려 문제를 악화시키거나, 향후 문제의 재발이나 닥쳐올 위기를 피할 수 없다는 인식도 커지고 있다.

그러한 상황은 종교에도 예외 없이 적용된다. 전 세계가 격리와 비대면으로 후퇴하고 있는 시대, 종교도 역시 격리 중(religion in quarantine)이다.[5] 한편으로 경계를 만들고 확인하면서도 다른 한편으로 경계를 넘고 통합하는 '종교체계'에서 접촉과 감각은 중요한 역할을 해왔다. 손가락이 없으면 달을 가리킬 수 없으며, 빵과 포도주를 접촉하고 먹지 않으면 그리스도와 한 몸이 될 수 없는 것이다. 뿐만 아니라 초월적, 궁극적 실

---

5) Heidi A. Campbell, *"Religion In Quarantine: The Future of Religion in a Post-Pandemic World,"* (Louis J. Blume Library at Digital Commons at St. Mary's University(e-book), 2020).

재에 대한 감각(sense)은 그 경험을 함께 공유하고 나누는 집단적 의식, 일상적 관계보다 더 밀접하고 강렬한 접촉이 있는 공동체 문화로 나타난다는 특징이 있다. 그러므로 초월적이고 궁극적 존재와 집단적이고 감각적으로 접촉하는 종교의 성스러운 의식과 집회는 심각한 코로나19 방역단계에서 밀접한 접촉기회로 간주되어 금지될 수밖에 없다.

코로나19 국면에서 접촉과 대면관계에 기반한 기존의 종교시스템은 제대로 작동하기 어려워지는 것이다. 가장 타격을 받는 것은 바로 거룩한 장소에 함께 모여서 신적 존재에 대해 찬미와 봉헌, 나눔의 의식을 통해 신적 존재 혹은 궁극적 실재와의 합일과 코이노이아(koinoia)의 연대를 감각적으로 경험하는 종교의 공동체 의례와 집회, 즉 예배, 각종 성사, 순례, 법회, 종교축제 등이다. 신앙(신념)체계와 함께 성스러운 행위체계인 의례와 공동체는 서로 긴밀하게 연결된 종교의 핵심요소라는 점에서 볼 때, 예견되는 앞으로의 바이러스 감염병 시대의 도래는 기존 종교 시스템과 종교형태의 위기를 의미할 수밖에 없을 것이다. 밀접한 접촉이 이루어지는 집단적 의례와 공동체 활동을 제한하거나 유보시키는 코로나19 방역과 사회적 거리두기가 사회생활의 새로운 표준을 요청하듯이, 종교시스템이 정상 작동하지 못하게 하는 코로나19 대유행은 종교와 종교의례란 무엇인지 되묻게 하며, 종교생활과 종교시스템의 재정비, 변화도 요청하고 있다고 할 수 있는 것이다.

일상의 방식을 바꾸고 삶의 모든 영역에 큰 타격과 변화를 가져오고 있는 코로나19 대유행 상황에서 종교도 이미 상당히 큰 충격파를 겪고 있다. 특히 국내에서는 코로나19 감염사태가 심각해질 때 신천지교회와 일부 보수 개신교회가 집단감염의 클러스터가 되고, 방역지침을 따르지 않거나 비협조적 태도를 보여 큰 사회적 비난을 받았다. 지금도 뉴스를 통해 사회적 거리두기 지침을 어긴 일부 종교집회를 통한 집단감염 사례가 계속 이어지고 있어, 빵과 물이 생존에 필수적인 것처럼 성전 예배 등의 종교의례가 영적 생활에 필수적이라 여기고 이를 이어가려고 하는 종교인들에 대한 사회적 시선은 싸늘하다.

물론 대다수 종교들은 이들과 거리를 두고 시민의 안전과 공공성에 대한 종교의 책무를 강조하며 방역당국의 지침을 준수하는 범위에서 종교활동을 하고 있다. 집단감염 상황이 최고조에 달해 고강도 방역조치가 시행된 2월 말 천주교가 빠르게 미사 중단을 결정했고,[6] 불교도 산문을 폐쇄하고 불자들이 모이는 법회를 전격 중지하며 질병본부의 방역지침에 적극적으로 따르고 있다. 개신교의 경우는 현장예배를 강행하고 종교집회를 고수하려는 교회들도 꽤 있지만, 역시 훨씬 더 많은 교회가 한국전쟁 때도 멈추지 않았던 주일예배를 멈추고 온라인 동영상 예배로 전환했다. 코로나19 팬데믹이 선언된 직후였던 3, 4월에 걸쳐 예정되었

---

6) 2020년 2월 코로나19 대규모 전염 사태가 발생하자 가톨릭교회는 방역지침에 따라 전래 236년 만에 처음으로 미사 거행의 일시 중단을 결정하였다. 성체성사가 중요한 미사는 개신교의 주일예배보다 더 교리신학적으로 신앙의 핵심요소임에도 이와 같은 전격적 결정이 이루어진 데에는 개교회주의적 개신교단과 달리 중앙집권적 교권의 성격이 작용했고, 중세 페스트가 창궐 시에 교회가 페스트의 전파를 막기 위해 미사를 중단했던 전례, 또한 1995년에 발표한 '한국 천주교 사목지침서' 제74조 4항 대송의 방법에 천재지변이나 전염병 창궐 등으로 부득이하게 미사에 갈 수 없는 경우 "묵주기도, 성경 봉독(주일 복음), 선행 등 대송(代誦)이라는 형태로 미사참례 의무를 대신할 수 있다'고 명시된 것 등이 근거가 되었다.

염수정 추기경이 미사 중단 등의 내용이 담긴 담화문을 발표한 2월 25일 오후 서울 명동성당이 한산한 모습을 보이고 있다. ©문화재청

던 중요한 종교적 축일들, 즉 부활절 미사와 예배, 부처님오신날 법회, 연등행렬 등은 대폭 축소, 중지되거나 비대면 온라인으로 진행되었다.

지난해 부처님오신날 법요식은 한 달 연기되고 예년에 비해 규모도 대폭 줄어 1천 명만이 방역지침을 준수하며 참여하는 식으로 진행되었다. 가톨릭도 바티칸의 부활절 미사를 신자 참여 없이 온라인으로 진행했고, 일부 교회들이 부활절 현장예배를 강행하기도 했지만, 대부분의 개신교회는 한정된 인원만 현장에서 참여하거나 온라인으로 진행하였다. 세계적으로도 WTO가 코로나19 팬데믹을 선언한 3월 11일 이후 유대교의 유월절, 이슬람교의 라마단과 하지(순례) 등 전통 종교의 중요한

축일들이 비대면 혹은 온라인 종교행사로 전환되었다.[7]

근현대 종교의 역사에서 이처럼 대부분의 종교의 가장 핵심적 종교 의례가 현장에서 이루어질 수 없었던 상황은 거의 유례없는 일이다. 코로나19 상황이 계속되고 있는 현재까지도 대다수의 종교단체들은 대면 종교집회를 중지하거나 온라인으로 대체하고 있으며, 거리두기 단계에 따라 현장 대면 집회 중지와 재개를 반복하고 있다.

지자체의 강력한 행정명령과 방역당국의 종교집회 중지 조치들이 종교집회의 자유를 침해한다는 법적 쟁점과 공동체의 안전을 위한 시민의 책무에 대한 이견들이 거론되기도 하지만 세계적 대유행 상황이 엄중하고 위급한 상황이라 그러한 논의의 영향력은 아직 제한적이다.[8] 확진자의 감염원과 동선, 접촉자의 정보가 공개되고 큰 사회적 비난, 행정당국의 고소고발까지 당하는 상황에서 대부분의 종교단체와 개별 신자들은 거룩한 모임 자체가 전염병 확산의 경로로 여겨지는 종교시스템에 대한 바이러스의 충격을 최소화하고자 현재 상황에 적응하는 중이다.

사회적 거리두기 단계가 완화되어 현장 종교집회가 재개되어도 여전히 코로나19 대유행이 종식되지 않은 상황이라 밀접접촉으로 인한 비

---

7) 미국교회에서도 드라이브 인 부활절 예배를 진행했으며, '코로나 여파'로 메카의 이슬람 정기 성지순례(하지)에 참여자가 250만 명에서 1천 명으로 현격히 제한되었다. 유대인 가정의 유월절 저녁식사(seder)도 봉쇄조치로 인해 먼 거리에서 온라인으로 이루어졌다고 한다; Heidi A. Campbell, *"Religion In Quarantine: The Future of Religion in a Post-Pandemic World"*.

8) Heather Mellquist Lehto, "Coronavirus, Cults, and Contagion in South Korea," https://ari.nus.edu.sg/20331-57/ (searched date: October 16, 2020).

이슬람 성지 순례 행렬도 신종 코로나바이러스 감염증(코로나19) 이전과 이후로 사뭇 다른 풍경이 됐다.

말전파를 막기 위해 거리를 유지하고 마스크를 착용하고 있으며 함께 음식을 나누는 모임은 자제되고 있다. 점차 온라인 종교집회를 경험한 개개 종교인들은 이제 또 다른 신앙생활의 선택지가 된 영상예배 등 온라인 비대면 의례나 개인적 차원의 종교의례를 자율적으로 선택하며 특정한 종교적 성소에 고정되었던 종교활동을 대체하는 경우도 적지 않은 상황이다.

따라서 여러 종단들은 이러한 상황에 발맞추어 유튜브와 줌, 페이스북 등 SNS를 적극적으로 활용하는 온라인 예배와 법회, 신자모임, 선교와 교육 등을 시도하고 동영상 콘텐츠를 구축하고 있다. 과거 전통적 방식을 주장하고 온라인이나 가상문화공간의 종교활동에 부정적이던 구

코로나로 인해 변화된 예배 형식

세대 종교지도자들조차 이제는 어쩔 수 없이 디지털 테크놀로지를 수용하면서 이에 적응해 가고 있는 것이다.

코로나19 상황이 종교로 하여금 상당기간 종래의 의례 시스템을 정지하게 하자, 전통과 권위에 의해 반복되어온 종교적 관행들을 당연하고 절대시하는 관점이 상대화되는 계기가 되며, 신자들의 의식이나 교단문화에도 상당한 변화가 예상되고 있다.

몇 주, 몇 달이 지나면 이전의 예배와 종교생활로 돌아가 모든 것이 정상화될 것이라는 생각은 코로나19 장기화 조짐과 감염병의 또 다른 유행 가능성, 이번 팬데믹의 충격적 여파에 대한 학습효과로 깨졌다. 종교 교단들은 저마다 위드 코로나, 포스트 코로나 시대의 종교생활과 영성, 신앙의 의미 속에서 현재 종교 시스템이 적합한지 그리고 종교의

진정한 모습과 역할은 무엇인지 성찰하고 되돌아보지 않을 수 없게 되었다.[9]

종교의 위기와 창조적 전환의 계기

한편 코로나19 사태 속에서 종교계는 안타깝게도 아직 보다 적극적이고 창조적인 종교적 해답과 길을 제시하며 희망과 위로를 주기보다는 감염병의 진원지로 인식되며 공동체를 위태롭게 하거나 교단 자체가 받은 충격을 수습하는 수세적이고 소극적인 모습을 보이고 있는 것도 사실이다.

그 원인은 무엇일까? 코로나19 상황에서 제도종교의 근간인 사찰이나 교회, 성당 등의 종교기관이 받은 경제적 타격도 그 한 원인으로 보인다. 한국의 종교 교단들은 교세확장을 위해 경쟁적으로 시설 규모를 키워왔는데, 당장 신도들이 대면 종교의식에 참여하지는 않거나 빈도가 줄면서 헌금이나 시주 등이 크게 줄자, 그에 의존하고 있는 종교지도자들의 생계와 교단 운영이 당장 문제가 되었다. 재정악화의 경제적인 어려움은 인력조정과 활동축소로 이어지고 결국 사찰이나 교회의 존폐문

---

9) 발간특집 기획, 「환경재앙, 어떻게 극복할 것인가」, 『불교평론』 82(2020); 우리신학연구소 편, 「대담: 코로나 이후 종교의 길을 묻다」, 『가톨릭평론』 5/6월호(2020); 소강석, 『포스트 코로나 한국 교회의 미래』(서울: 쿰란출판사, 2020); 안명준 외, 『전염병과 마주한 기독교』; 월터 브루그만, 『다시 춤추기 시작할 때까지: 코로나 시대 성경이 펼치는 예언자적 상상력』; 존 레녹스, 『코로나 바이러스 세상, 하나님은 어디에 계실까』, 홍병룡 옮김 (서울: 아바서원, 2020); 이명권 외, 『포스트 코로나 시대의 새 종교의 지평』(서울: 열린서원, 2020) 등에서 종교계의 코로나에 대한 성찰적 논의를 볼 수 있다.

제를 야기할 수 있는 상황이 되어가자 종교 교단은 수세적인 자기보존을 위한 활동에 우선 집중하고 있다. 이미 대형화된 종교단체나 영세한 종교단체나 코로나19로 인해 맞닥뜨린 경제적 타격과 제도적 관행이 마비된 상황에서 세상을 걱정할 여유가 없는 상황인 것이다.

그럼에도 불구하고 한편으로 종교계 일각에서는 코로나19 사태라는 중차대한 시국에 종교가 한 역할이 없고, 겨우 신천지 혐오를 부추기에 급급했다는 자성의 목소리가 나오고 있다. 즉 코로나19 위기가 종교의 위기를 앞당기고 있는데, 지금과 같은 모습이라면 종교의 위상이 더 격하되는 계기가 될 것이고 종교의 미래는 없다는 우려 섞인 전망과 함께 종교가 위계를 내려놓고 고통받는 사람들과 함께하며 공공성을 회복해야 한다는 통렬한 성찰도 제기되고 있다.[10]

코로나19 상황으로 인한 종교의 위기는 한국 사회에서는 더 가중되고 있다. 코로나19의 대유행은 종교행위와 의례의 중단 혹은 제한을 초래하며 전 세계의 종교들이 비슷한 어려움을 겪고 있지만, 한국 사회에서의 코로나19 발발 상황은 종교가 사회 안녕을 위협하는 존재라는 비종교인과 사회의 반감과 부정적 인식을 확산하여 종교일반에 대한 사회적 평판과 신뢰도 저하에 더 영향을 주었기 때문이다.

시민들조차 종교영역은 코로나 시대를 거치며 상당한 위기를 겪게 될 것으로 본다. 최근 한 연구팀의 국민의식 설문조사 결과에 따르면,

---

10) 김혜윤, "코로나가 종교의 위기를 앞당겼다," 한겨레, 2020.5.7
http://www.hani.co.kr/arti/well/news/944039.html

우리 국민은 코로나19가 장기화할 경우 가장 문제가 될 것으로 첫째 경제적 불평등에 이어, 종교 갈등, 건강 불평등에 대한 우려를 꼽았다.[11] 경제위기와 불평등 문제는 누구나 현실적으로 체감하는 영역이므로, 종교 갈등이 두 번째로 꼽힌 것이 더 눈에 띈다. 명견만리의 여론조사에서 이루어진 코로나19 대응에 대한 집단별 평가에서는 100점 만점에 종교단체는 29점으로 거의 최하점을 받았다. 이 결과는 국회·정치인이나 언론·미디어에 이어 종교가 코로나19 대응에 긍정적인 역할보다는 부정적인 역할이 더 컸다고 인식되고 있음을 보여준다. 일부 종교단체들이 중앙정부와 방역당국의 강력한 권고에도 불구하고 대규모 모임이나 집회를 열어 지역 감염의 원인을 제공했는데, 이로 인해 종교일반이 코로나19 대응에 가장 부정적인 영향을 미친 것으로 평가받고 있다.[12]

2020년 2월말 확인된 기독교계 신종교인 신천지예수교증거장막성전(이하 신천지교회로 표기) 대구교회에 집단감염으로 하루 신규 확진자가 900명을 넘기자 사회적 불안이 극대화되었고 종교, 특히 내부결속과 폐쇄성이 강한 신종교에 대한 사회적 지탄의 목소리가 커졌다. 31번 확진

---

11) 서울대학교 보건대학원 연구팀이 전국 성인 1천 명을 대상으로 10월 27~29일 시행한 '코로나19 7차 국민 인식조사' 설문조사 결과에 의하면, 코로나19 사태 장기화로 인해 심각해질 수 있는 문제 1순위로 '경제적 불평등'을 꼽은 사람이 53%로 가장 많았고, 2순위로 종교 갈등을 꼽았다.

12) "코로나 이후 한국사회는? 낙관 57.6%, 비관 42.4%- 2년 만에 돌아온 KBS 〈명견만리 Q100〉, KBS 공영미디어연구소와 공동 여론조사," 오마이뉴스, 2020.10.23 http://www.ohmynews.com/NWS_Web/View/at_pg.aspx?CNTN_CD=A0002686629&CMPT_CD=P0010&utm_source=naver&utm_medium=newsearch&utm_campaign=naver_news

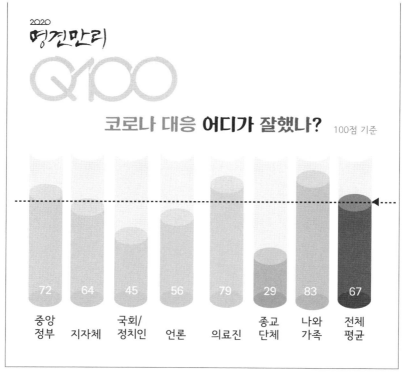

2020
영건만리
Q100

코로나 대응 어디가 잘했나? 100점 기준

중앙정부	지자체	국회/정치인	언론	의료진	종교단체	나와가족	전체평균
72	64	45	56	79	29	83	67

코로나 대응 부문별 평가. (KBS공영미디어연구소 주관의 국민여론조사, 조사기간 2020.9.11.~9.16)

자와 방역당국 협조에 미온적이었던 신천지교회는 매스컴과 여론의 광범위한 비난을 받았다. 신천지교회가 신도들의 정보를 투명하게 공개하지 않자, 지문 스캐닝, 핸드폰 사용 및 위치추적 등 다양한 방식의 역학조사를 통해 감염자의 동선과 접촉자를 찾아내고자 했는데, 그 과정에서 시민들의 불신과 불안감은 커지고 신천지교인과 코로나19 확진자를 동일시해 위험한 존재로 낙인찍고 혐오하는 사회적 바이러스도 심각한 수준으로 확산되었다. **13**

---

13) Heather Mellquist Lehto, "Coronavirus, Cults, and Contagion in South Korea," https://ari.nus.edu.sg/20331-57/ (searched date: October 16, 2020).

역사적으로 불가해한 재난이나 감염병의 공포는 비난과 공격의 대상을 찾는 공격적 혐오주의를 낳거나 이미 존재하는 혐오주의를 부추기는 결정적 요인이 되곤 했다. 사스와 메르스 유행 때에 중동과 무슬림 혐오주의, 동아시아 혐오주의가 나타났고, 코로나19 상황에서도 국내에서 신천지를 비롯한 신종교에 대한 혐오와 낙인찍기가 방역을 위한 필요한 정도의 규제를 초과하여 폭발적인 광기로 매스컴과 여론을 휩쓸었다.[14]

국내 코로나19 확산 초기에 사회적 인식이 취약했던 신종교 교단이 집단감염의 진원지가 되면서 신종교가 가진 초기 공동체 특유의 폐쇄적 멤버십과 비밀잠입 선교방식, 다수가 모인 종교집회의 열광적 분위기, 국제화된 거대 신종교의 초국적 이동과 같은 특징들은 바이러스 감염병이 확산되기 좋은 조건으로, 방역당국의 요주의대상이 되었고 신종교에 대한 사회적 인식에 부정적인 영향을 끼쳤다.

초기 코로나19의 집단감염 사태에 대해 특정 신종교를 지목하던 비난과 우려는 여러 종교시설과 집회에서의 전염사례가 늘어나면서 점점 종교일반으로 확장되었다. 결정적으로 성북구 사랑의 교회와 전광훈 목사가 주도한 광화문 집회가 8월 말부터 9월 수도권 집단감염 사태의 변곡점이 되면서, 종교 일반이 감염병의 진원 혹은 숙주, 고위험시설로 여겨지는 부정적인 사회적 인식과 우려가 널리 퍼졌기 때문이다.[15] 비

---

14) 김진호, 「신천지 현상은 우리의 망각을 고발한다: 지구화시대 신천지와 한국교회, 적대적 공생에 대해」, 『가톨릭평론』 2020년 5.6월호, 119.

15) Heather Mellquist Lehto, "Coronavirus, Cults, and Contagion in South Korea".

밀주의적 선교와 투명하게 공개되지 않는 멤버십을 가진 신종교들(cults)과 정치적 종교적 보수주의자들이 한국 코로나19 확산의 주범이라는 기사가 연일 매스컴과 SNS에 오르내렸다.

이러한 상황 속에 종교계는 코로나19 위기 속에서 오히려 새로운 희망의 미래를 보여주는 종교 특유의 힘을 발휘하기보다는 신자들을 수습하고 교단유지를 위해서 소극적으로 대처하는데 머물고 대사회적 활동이나 포스트 코로나19 담론형성에 있어서 적극적으로 대응하지 못하고 있는 것처럼 보인다. 그 이유 중의 하나는 종교 시스템이 경전, 교리나 의례, 조직에 있어 초월적인 신성과 절대적인 진리의 아우라에 의해 권위화되어 있어 쉽게 변화하지 않는다는 특징을 가지기 때문일 것이다. 경전과 교리의 성스러운 권위에 의해 종교의례는 고정되고 반복된다. 지금과 같이 변화와 불확실성이 큰 상황에서 종교 시스템의 이런 특징은 빠른 대처나 적응을 어렵게 하는 측면이 있는 것 같다.

그럼에도 불구하고 거시적으로 볼 때, 종교의 경전, 교리, 의례는 새롭게 변화된 상황에 맞게 적용될 수 있도록 끊임없이 재해석되어 왔으며, 새로운 경전, 교리, 의례의 형식이 출현하여 온 것이 인류의 종교사가 보여주는 사실이기도 하다. 이러한 종교의 위기와 창조적 변화를 보여주는 종교사의 선례들을 찾아보자.

히브리 전통에서 움직이는 법궤 속에 거하던 야훼 하나님은 솔로몬의 성전건축과 함께 신전의 경계(terminus)에 거하는 신이 된다. 이후 이동하는 신과 특정한 땅과 장소인 예루살렘 성전에 모셔진 신 사이의 긴장은 다시 유배경험과 성전파괴라는 이스라엘 민족사의 파국적 경험에 의해 오히려 새롭게 해소된다. 유배와 성전파괴가 성전의 경계에 갇혀 있던 하느님이 그 경계를 벗어나는 계기가 되었던 까닭이다. 따라서 장소에 고정된 의례가 아니라 텍스트를 중심한 시간전례나 세밀한 생활의 율법을 통해 새롭게 발견한 하느님과 새로운 관계, 계약을 맺을 필요가 생기게 되었다. 그렇게 해서 출현한 것이 랍비 유대교와 그리스도교였다.[16]

또한 잘 알려져 있듯이 중세의 페스트 전파가 가져온 극한의 공포와 두려움에 직면하여 당시 기성 제도교회가 보인 무력함, 한계, 퇴행적 모습은 한편으로는 자신들의 구체적인 고통을 절대자에게 중재해줄 수 있는 순교성인의 능력에 대한 신앙과 같은 대중의 새로운 신앙형태와 종교문화를 낳았고,[17] 또 한편으로는 종교개혁의 불길이 커지는 계기가 되기도 했다. 기존의 종교적 의례형식의 차원에서 보면 파국적이고 총체적인 위기의 국면에서 오히려 이와 같은 창조적 변혁이 이루어지기도 했던 종교사의 사례들은 종교의례가 정지되고 종교시설과 집회를 중심한 종교생활이 큰 타격을 입고 있는 코로나19 상황에서 시사하는 바가 크다.

비대면과 거리두기, 봉쇄 등 코로나19 방역지침이 친밀한 접촉과 모임의 친교 공동체, 함께 먹는 종교 공동체 의례의 작동에 끼친 타격은

---

16) 조너선 스미스, 『자리 잡기: 의례 내의 이론을 찾아서』, 방원일 옮김 (서울: 이학사, 2009); Jonathan Z. Smith, *Relating Religion: Essays in the Study of Religion* (Chicago and London: The University of Chicago Press, 2004), 323-339; 방원일, 「위기의 시대와 종교의 변화」, 『종교평론』 창간호 (2020.10), 28-30.

17) 방원일, 「위기의 시대와 종교의 변화」, 40.

세계의 여러 종교가 공통으로 겪고 있는 일일 것이다. 특히 땅과 장소에 고정적이고 정기적 의례의 비중이 큰 종교, 대형 종교시설을 운영하고 있는 종교가 더 큰 타격을 입고 있다. 기독교에 비해 불교는 자기 깨달음이나 마음의 종교라는 성격이 강해서 법당에 꼭 가지 않아도 신도들이 덜 동요하지만, 매주 정기적인 예배, 미사가 있는 기독교 교단은 전격적인 예배와 미사 중단에 오히려 신자들이 당황하고 충격을 받기도 했다.

그러나 점차 온라인 예배나 미사로 대체되는 상황이 장기화되면서 신자들도 습관적이고 관행적인 의례나 모임이 아니라 종교의식과 활동의 진정한 의미에 대해 다시 성찰하는 기회를 가지고 있다. 그 가운데 개인적인 영성개발이나 가정 종교집회의 새로운 가치와 의미를 발견하기도 한다. 종교인들도 새로운 경험 속에서 의식과 관념의 변화를 겪고 있는 것이다.[18]

그렇다면 성스러운 장소인 성당, 사찰, 모스크 등과 성스러운 행위인 미사, 예배, 법회, 종교축제, 순례 등 기존 종교의 핵심적 공동체 의례들은 종교의 필수불가결한 요소로서 계속 지속성을 가지게 될 것인가, 포스트 코로나 시대에 대체되거나 새로운 형태로 변형될 것인가? 직접 접촉에 의한 종교의례와 집회가 제한되고 온라인집회와 의례로 대체되고 있는 이 상황과 경험들은 어떤 종교변화를 초래할 것인가? 종교도 중요한 기로에 놓여 있는 셈이다.

---

18) 「대담: 코로나 이후, 종교의 길을 묻다」, 『가톨릭평론』 5/6월호(2020), 29.

코로나19 확산으로 인해 비대면, 거리두기가 일상화되어 온라인으로 예배를 드리는 새로운 예배 형식이 보편화되고 있다.

코로나 시대 속에서 종교와 의례의 의미 다시 생각하기

사실 근현대 종교로 접어들어 질병과 고통에 대한 치유, 재난에 대한 해답 제시 등을 의학과 과학이 담당하면서 종교의 역할을 대체하는 현상이 심화되었다. 감염병의 원인을 전혀 파악하지 못하고 속수무책이던 과거에는 재난에 종교적 해답이 유효하기도 했지만, 특히 현대 감염병 상황에서는 방역당국의 격리지침에 의해 죽음의식조차도 성직자보다는 의사와 질병관리본부의 전문인력이 전담하게 되어 이러한 의미의 세속화가 더 심화되었다.

그러나 의학과 과학이 역학조사와 백신 치료제 개발, 방역 등을 통해

종교는 인간을 영적 치유의 길로 인도한다.

코로나19 감염증을 제어한다고 해도, 코로나19로 인해 더 어려운 상황으로 내몰리는 취약계층, 파괴되는 자연, 사회적 혐오와 차별로 인한 갈등의 심화, 전 지구적 윤리와 가치관 문제 등은 여전히 존재하며, 코로나 우울증과 같은 새로운 문제가 출현하기도 한다. 사람들을 영적이고 도덕적으로 치유하고 구제하며 공동체 이상을 추구해온 종교가 역할을 해야 할 부분들이 존재하는 것이다.

앞에서 살핀 것처럼 코로나19 대유행과 함께 온 코로나 시대는 모여서 함께하는 종교집회, 특히 의례를 고유한 성소(성스러운 공간)와 성직자들과 분리시킴으로써 종교생활에 타격을 주었다. 그러나 한편으로 그러한 타격과 위기 속에서 종교란 무엇이고 무엇이어야 하는가, 예배와 성사, 법회와 같은 의례의 의미와 장소와 의례, 공동체와 의례의 관계는 무엇인가에 대해 근본적으로 깊이 생각하지 않을 수 없는 통렬한 자성의 계기가 마련된다. 1년 넘게 지속되고 있는 코로나 시대 거리두기와 격리 상태에서 일상화된 온라인 비대면 종교활동은 이미 종교의 모습에도 큰 변화를 가져오고 있다.

일찍이 텔레비전의 등장과 함께 방송을 통한 설교가 시작되고 종교단체가 자체 방송을 통해 대형교회와 유명한 부흥목사, 스님들의 설교나 법회, 성경이나 불경공부, 묵상, 신자 교리상담 등을 서비스하기 시작했었다. 종교학자 우혜란은 일찍이 현대 개인화된 영성적 종교생활의 사례로 온라인 '미로'와 '가상 하지'를 중심으로 이루어지는 사이버 순례 불교와 사이버 법당을 통해 이루어지는 온라인 의례의 등장과 그 실천이 가지는 의미에 주목한 적도 있다.[19] 코로나19 이전에는 여전히 성전에서의 현장예배와 사찰과 법당이라는 장소가 주는 종교성과 의례의 고유한 의미는 대체할 수 없는 것으로 여겨져 왔다. 그런데 코로나19 대유행은 대부분의 종교들이 혼란과 당혹감 속에서도 이러한 탈장소적 의례를 공식적으로 도입하는 변화를 현실로 받아들이지 않을 수 없게 강제하였다. 강요된 새로운 변화 속에서 이루어지는 종교의례의 실험적이고 도전적인 변화과정은 여전히 진행 중이다. 그렇기 때문에 이러한 상황이 거시적으로 종교의 모습에 어떤 창조적인 영향과 변화를 일으킬지 아직 충분히 가늠할 수는 없다.

---

19) 우혜란, 「사이버순례에 대한 논의 : 온라인 '미로'와 '가상 하지'를 중심으로」, 『종교문화연구』 19(2012), 275-310; 「'사이버 법당'의 의례적 구성과 감각의 배치에 관하여」, 『종교문화비평』 25(2014), 164-195.

다만 코로나19 대유행으로 인한 종교의례의 장소와 방식의 변화, 그리고 그로 인해 초래되는 포스트 코로나 시대 종교문화의 변화로는 다음과 같은 내용들이 거론되곤 한다. 첫째, 종교의례와 공동체 문화, 기존 종교시스템이 신자들에게 발휘하던 절대적 권위와 힘을 약화시키고 있다. 또한 온라인 가상공간에서의 종교집회로 의례가 탈장소화하면서 물리적인 종교적 성소와 현장 의례의 아우라가 복제와 반복이 가능한 가상의 종교공간과 의례콘텐츠로 전환될 수 있는 상당한 여지가 생겼다.[20] 그에 따라 대규모 종교시설의 운영이나 권위적인 성직제도 등이 미래의 종교의 본질적인 모습일지 재검토가 필요해지고 있다.

둘째, 코로나19 상황은 탈종교화를 더욱 가속화시키고 종교에 대한 사회적 공신력을 위축시키며 총체적 구원과 해답의 체계로서 종교의 위기를 초래하고 있다. 종교적 활동을 고집하다가 집단감염을 일으켜 사회와 국가 전체의 안녕을 위태롭게 하는 종교의 모습은 '조직이기주의'로 비춰지고, 개인의 구원과 종교조직의 안위에만 급급할 뿐 사회적 약자의 고통이나 지구 환경 문제 등 공공 문제에서 적극적인 역할을 하지 못하는 종교는 무력하거나 불성실하게 비춰지고 있는 것이다.[21] 그러므로 각 종교가 이 위기를 창조적으로 넘어서기 위해서는 개인의 삶과 이 세계에 종교가 왜 필요하고 존재할 이유가 있는지 궁극적 물음을 통해 의미와 해답을 제시하고 새로운 차원을 획득하며 살아갈 수 있게 만드

---

20) 「대담: 코로나 이후, 종교의 길을 묻다」, 『가톨릭평론』 5.6월호(2020), 23.
21) 「대담: 코로나 이후, 종교의 길을 묻다」, 『가톨릭평론』 5.6월호(2020), 11-15.

는 종교적 활력과 잠재력을 보여주어야 할 것이다.

셋째, 코로나19 사태의 악화와 관련하여 다른 종교 간의 상호비방이나 교파간의 갈등이 더 심화되는 경향도 종교 위기의 한 측면이다. 코로나19 상황을 놓고 신종교와 기성종교의 갈등, 종교 간의 갈등, 종단 내의 갈등 등이 다양하게 전개될 수 있는 상황이다. 일례로 개신교 내에서도 전광훈 목사는 광화문 집회를 통해 진정한 종교개혁을 하자고 주장하고, 정치세력화한 보수 교회의 이러한 흐름을 비판하고 종교의 공공성과 영성을 회복하자는 진보적 교회들은 전혀 다른 방향으로의 종교개혁을 주장하며 서로 대치하기도 한다.

종교간 갈등은 종교 자체가 문제 상황의 원인을 외부로만 돌리고 철저한 내적 반성을 회피한다는 점에서 근본적으로 종교 내적인 위기의 징후이나, 종교일반에 대한 사회적 인식을 더 저하시키므로 종교 외적인 위기도 심화시킨다. 그 점에는 각 종교와 종교인들이 다른 종교를 자기 성찰의 소중한 계기로 삼고, 전염병, 기후위기, 생태위기, 불평등과 양극화 등 지구 공동체의 공동 문제들에 대해 서로 지혜를 모으며 배타성보다는 포괄성을 띠며 개방적이고 성숙한 신앙의 모습을 보여줄 수 있는지가 관건이 될 것이다.

따라서 코로나19 팬데믹 상황이 초래하고 있는 종교의 위기와 국내에서 특히 신종교가 처한 어려움들을 창조적으로 극복하기 위해서는 탈종교화와 제도종교의 쇠퇴를 더 가속화할 수 있는 코로나19 상황을 종교를 재점검하고 리셋할 수 있는 전면적 성찰의 시간으로 삼아야 한다.

그와 관련하여 종교계와 종교인들의 자성적 노력을 보여주는 한 예

지구상에는 다양한 종교가 존재한다.

로서 코로나 시대를 기독교계 성전과 장소에 매인 예배로부터 벗어날 수 있는 제2의 종교개혁의 계기로 삼으려는 흐름이 주목된다. 기존에도 예배당 없는 교회운동이 있었지만, 코로나19 상황에서 생존의 어려움을 겪고 있는 신자들을 돕기 위해 교회 건물을 팔고 당분간 온라인 예배를 지속하겠다는 교회도 등장하고 있으며, 다양한 온택트 예배 시도를 통해 영상세대인 청소년들 사이에서 더 활력 넘치는 예배 참여가 이루어지는 새로운 흐름도 만들어지고 있다.

코로나19 국면에서 종교교단과 지도자들보다 개별 신자들-평신도, 재가불자 등이 더 유연성 있게 새로운 종교경험을 하고 적극적 활동을 전개하고 있어 근본주의 신앙이 좀 더 포괄주의적인 개방적 신앙으로 변화되고 비제도권 종교, 보다 개인영성이 강조되는 종교가 부상하는 계기가 될 수 있다는 전망도 있다. 이러한 흐름들은 향후 감염병 시대에 더 적합한 종교의 모습일 수 있을 것이다.

뿐만 아니라 코로나 시대 종교들이 뼈아프게 마주하는 종교란 무엇인가에 대한 질문은 파편화된 개인의 종교, 종교조직 이기주의, 즉 종교조직의 성장과 안위를 최우선의 가치로 여기는 사고로부터 벗어나 종교의 사회구원적 역할과 책임, 이웃사랑과 자비의 정신을 회복해야 한다는 각성으로 인도한다. 마지막으로 자연과 생태에 대한 종교적 가르침을 코로나19 위기와 대전환의 시대에 맞게 창조적으로 해석하여 지속가능하고 자연과 인간이 공생할 수 있는 삶의 양식을 적극적으로 보여줄 수 있어야 한다는 반성적 흐름이 종교계에서 일어나는 계기가 될 것이다.

코로나19 위기 상황은 탈종교화 혹은 탈제도종교화가 진행되는 현대 종교의 전반적 위기의 징후들을 가속화하며, 종교 시스템의 정지와 강요된 격리를 통해 그러한 문제들을 전면적으로 노출시키고 있다. 그러나 그렇게 노출된 전면적 위기를 정면으로 마주하고, 철저하게 그 무력함과 한계, 결핍과 박탈을 감수하고 그 밑바닥에서 종교의 무한한 생명력과 의미를 길어 올릴 수 있다면, 오히려 새로운 도약과 창조의 계기가 될 수도 있을 것이다.

4

종말론적 상상력과
성찰의 시간

안연희

"코로나19 위기는 우리 시대의 결정적인 순간으로 자리 잡아가고 있습니다. 이 위기는 모든 순간을 낚아채어 결정적으로 만듭니다. 역사는 가속도가 붙어 질주합니다. 오래된 규칙은 산산조각 나고, 새로운 규칙은 아직 쓰이지 않았습니다. (……)우리는 수십억 사람들을 대상으로 하는 전대미문의 사회적 실험을 강요받고 있으며, 날것의 제안들이 권력의 회랑 안으로 들어와 있습니다. (……) 우리가 역사적인 웜홀(wormhole)에 들어섰다는 점을 강조하고 싶습니다. 역사의 정상적인 법칙들은 중단되었습니다. 몇 주 전만 해도 불가능했던 일이 평범한 일로 자리 잡았습니다. 폭군들이 민주주의 안에서 권력을 잡고, 그리하여 디스토피아가 도래해 우리를 짓누를 수 있는 시간입니다. 그러나 한편으로 우리는 반드시 스스로에게 꿈을 갖도록 허락해야 합니다. 지금은 한참 전에 이뤄야 했던 개혁을 감행할 수 있는 시간이며, 불의한 구조를 바로잡을 수 있는 시간입니다."   – 유발 하라리[1]

---

1) 안희경·제러미 리프킨 외, 『오늘부터의 세계』(E-book 버전) (서울: 메디치미디어, 2020), 8-9.

지금은 코로나의 시간

지난 1년간 코로나바이러스감염증-19(이하 코로나19, COVID-19)의 세계적 대유행은 지구촌 전체와 삶의 모든 영역을 '코로나의 시간'이라는 하나의 자장으로 빨아들였고, 그 위력은 여전히 지속되고 있다. 방역과 개인위생, 사회적 거리두기가 뉴노멀, 즉 새로운 삶의 규칙이 되고 접촉, 이동, 교류로 이루어지던 사회적 일상과 경제활동이 몇 주씩 정지와 재개를 반복하는 유례없던 상황을 맞이하면서 전 세계의 경제, 정치, 교육, 문화 등 거의 모든 분야의 패러다임이 시험대에 올랐다.

'어딘가에서 유행하다 말겠지, 얼마간이면 수그러들겠지.'라고 하던 초기의 안일한 생각들은 1년 넘게 계속 갱신되어온 숫자들에 의해 일찌감치 깨져버렸다. 벌써 전 세계 확진자가 1억 명, 누적 사망자 210만 명을 넘어섰다. 그것은 그저 숫자가 아니라 나와 같은 뜨거운 피와 생살을 가진 생명이요 삶에 닥친 고통이고 끝이다. 포스트 코로나 시대를 이야기하는 것이 적절하지 않을 정도로 지금도 수많은 사람들이 이 질병으로 고통받고 일자리와 사랑하는 가족을 잃고 있으며 온전히 애도할 수 있는 장례도 제대로 치르지 못하고 있는 것이 전 지구적 현실이다.[2]

봉쇄와 해제, 거리두기 단계조절이 반복되는 하루하루가 지속되면서 계절이 여러 번 바뀌어 다시 겨울이 되는 동안, 바이러스 재확산, 확진자와 사망자 추이와 누적에 대한 뉴스를 확인하고 확진자 발생과 동선

---

2) Bruno Latour, "What protective measures can you think of so we don't go back to the pre-crisis production model?," https://aoc.media/opinion/2020/03/29/imaginerles-gestes-barrie res-contre-le-retour-a-la-production-davant-crise(searched date: March 29, 2020)

을 알리는 메시지를 받고, 마스크와 소독제 등 개인방역과 위생용품을 챙기는 것이 어느새 일상이 되었다. 이제 이 파고의 정점과 끝에 대해 누구도 섣불리 예단할 수 없음을 인정하지 않을 수 없는 상황이다.

공식 집계나 뉴스가 아니어도 이미 우리 자신이 코로나19 이전의 일상으로 완전히 돌아가지 못할 것임을 예감하기도 한다. 초유의 전 지구적 감염병 대유행 경험은 이미 "우리 자신의 몸을 비롯해 우리를 둘러싼 다른 사람 및 사물과 맺는 모든 기초적인 상호교류와 공간배치와 생활방식에 깊은 영향"[3]을 끼치고 있기 때문이다.

다행스럽고 희망적인 것은 최근 개발에 성공한 백신들이 임상과 승인과정을 거쳐 일부 국가들에서부터 접종되기 시작했고, 더 좋은 효능과 안전성을 가진 백신과 치료제 개발을 위해 세계 최고의 연구진들과 비용이 집중적으로 투입되고 전 세계가 협력하고 있다는 점이다. 그럼에도 각국에서 백신접종으로 집단면역이 형성되려면 앞으로도 수개월 이상이 소요될 것이다. 그 뒤 일상이 회복된다 해도 그간의 경제적 손실과 심화된 양극화 현상 등의 피해가 극복되고 지구적 경제 시스템이나 자유로운 교류가 이전 수준을 회복하려면 얼마나 시간이 소요될지 알 수 없는 것도 사실이다. 또 새로운 변종 신종 바이러스가 출현하면 다시 새로운 백신과 치료제가 나올 때까지 일정 기간의 봉쇄와 격리, 거리두기를 되풀이하는 것이 포스트 코로나 시대의 새로운 일상, 뉴노멀이 될

---

3) 슬라보예 지젝, 『팬데믹 패닉-코로나 19는 세계를 어떻게 뒤흔들었나』, 강우성 옮김 (서울: 북하우스, 2020), 60.

것이라는 우려 섞인 관측도 힘을 얻고 있다.

그 사이 더 이상 코로나 이전의 세계는 오지 않는다는 기조 아래, 코로나19가 가져온 충격과 거대한 변화 혹은 앞당긴 미래를 공론화하며 과거로의 회복만이 아니라 새로운 대안적 시스템과 세계를 고민하고 적극적으로 선택해야 한다는 위드 코로나, 포스트 코로나에 대한 거시적 담론과 전망도 쏟아지고 있다. 전 세계가 함께 맞닥뜨린 코로나19 대유행은 대안적인 패러다임과 시스템, 더 나아가 새로운 세계의 출현을 요청하는 지구 문명사의 일대 위기이며 대전환점으로 이해되고 있는 것이다.

"코로나바이러스 위기는 미래에 올 지구 온난화, 경제 위기에 대한 총 예행연습"이라고 한 브뤼노 라투르(Bruno Latour)의 말처럼, 갑자기 맞닥뜨린 현 상황은 미리 온 파국의 예고장이자 전 지구적 재난관리의 시험대가 되어가고 있다. 앞으로의 재난과 파국을 예고하는 이 전대미문의 사태에서 무엇을 배우고 어떻게 적응하는가에 따라, 지금의 경험이 예방주사나 미래연습이 될 수도 디스토피아의 전조가 될 수 있다는 인식도 확산되고 있다. 지금이야말로 그람시가 낡은 것이 소멸해가고 있으나 새로운 것이 태어나지 못하는 위기의 때를 가리켰던 '인터레그넘(interregnum: 최고지도자 부재기간)', 즉 궐위의 시간이라고 입을 모으기도 한다.4 초유의 심각한 재난으로 총체적 위기를 겪고 있는 코로나의 시간

---

4) 안희경·제러미 리프킨 외, 『오늘부터의 세계』(E-book 버전), 10; "위기는 정확히 말하면, 낡은 것이 소멸해가고 있는데 새로운 것이 태어날 수 없다는 사실에 놓여 있다. 이러한 인터레그넘에서는 극히 다양한 병리적 증상들이 출현하게 된다." (안토니오 그람시, 『옥중수고』)

4. 종말론적 상상력과 성찰의 시간   121

속에서 역설적으로 인간뿐 아니라 자연생태계를 이루고 있는 모든 존재가 서로 함께 살아갈 수 있는 새로운 세상의 탄생에 대한 염원이 표출되는, 이른바 종말론적 성찰이 시작되고 있는 것이다.

사람들은 보통 이미 길이 있다면 불편하고 조금 문제가 있어도 새로운 길을 내기보다는 그냥 있는 길로 다닌다. 이미 있는 길이 실은 우리가 바라는 목적지로 인도해줄 길이 아닐 수 있다는 비판적 사고나 새로운 길을 닦을 수 있다는 상상은 뿌리, 시초부터 다시 생각하는 급진적이고 근본적 사유가 이루어져야 가능하다. 시스템의 기능에 심각하고 총체적인 문제가 발생하게 된 오작동 상황은 그러한 급진적이고 근본적 사유의 계기가 된다.

그러므로 근본적 성찰과 종말론적 상상이 널리 확산되고 힘을 얻는 일은 사회체제와 세계관이 바뀔 정도의 급격한 변동이 일어났던 역사적 전환기에 일어나곤 했다. 서구 역사 속에서 보면 고대세계가 붕괴되고 중세로 넘어가는 헬레니즘 시대, 후기 고대의 시기가 그러했고, 중세가 쇠퇴하고 근대로 이행하던 시기가 그러했다. 동아시아에서 서구문명과 조우한 근대시대가 그러했다. 그러한 사회적 급변기는 전쟁과 질병(전염병), 기근과 가뭄, 홍수, 메뚜기 떼의 습격과 같은 각종 자연재해와 더불어 심화되곤 했다.[5]

그렇게 보면 예상치 못했던 코로나19 팬데믹 사태가 가져온 지구촌

---

5) 안명준 외,『전염병과 마주한 기독교』(군포: 다함, 2020); 월터 브루그만,『다시 춤추기 시작할 때까지』(서울: IVP, 2020).

'죽음의 승리', 피테르 브뢰헬(Pieter Bruegel the Elder, 1525~69), 1562~63년.
페스트는 중세시대를 전환해 르네상스 시대를 열었다. 페스트 관련한 중세시대를 그린 그림.

의 총체적 재난상황에서 포스트 코로나 담론이 거의 모든 영역에서 활
발해지는 것도 이해가 된다. 그러한 흐름은 급격한 변동과 대전환과 함
께 오는 일종의 세기말, 새천년 현상과 닮아 있다. 또 종교적으로 보면
현실의 고통과 모순이 사라지고 치유된 새 세상을 열망하는 종말론적
상상, 개벽적 사유와 맞닿아 있다고 할 수 있다.

포스트 코로나와 종말론적 상상력

새로운 세상에 대한 상상은 지금 세상의 끝, 즉 종말에 대한 의식과
떼려야 뗄 수 없이 연결되어 있다. 코로나19의 전 지구적 대유행 이후
시대에 대한 전망과 상상은 코로나 위기가 한 시대, 즉 지금 세상의 끝,

종말을 알리는 사건으로 경험되고 있음을 의미한다. 코로나19 팬데믹은 우리가 살고 있는 세상의 불의와 모순을 극명하게 노출시키며, 그 피해가 확산되고 있기 때문이다. 코로나19 위기가 '미리 온 미래'라는 말은 달리 말하면 늦게 도착한 지연된 세기말 현상이라는 뜻이기도 하다.

20세기에 인류는 산업과 과학기술의 비약적 발전으로 자연에 대한 두려움과 인간의 한계를 극복하고 생활의 이기와 편의를 고도화한 최첨단 기술문명사회를 이루었다. 그러나 한편으로는 그러한 발전이 만들어낸 가공할 살상무기와 합리적 시스템을 통해 인간이 인간에게 야수가 된 합법적 야만의 시대, 대규모 살상과 폭력으로 얼룩진 인간성의 밑바닥을 경험한 세기이기도 했다. 근대 과학문명의 찬란한 성취들이 초래한 전쟁과 재앙, 고통과 탄식의 행렬은 한편으로 20세기 내내 그러한 비인간적 폭력과 갈등, 상극의 세계가 쇠퇴하거나 종말을 고하리라는 세기말에 대한 묵시적 예언과 함께 진정한 인간성과 상생, 평화의 도래를 꿈꾸는 새로운 세상에 대한 대망이 표출된 정치적, 종교적 종말론과 유토피아주의를 양산하였다.

그런데 우리가 기억하는 21세기 새로운 천년의 시작은 오래 회자되었던 노스트라다무스나 종교적 시한부 종말론자들의 예언과는 달리 대체로 지구촌 전체의 파국과 재앙으로 경험되지 않았고 평화롭게 지나가는 것처럼 보였다. 오래 지속된 종말론과 새 세상에 대한 종교적 상상력도 구심점을 잃고 약화되었다. 물론 2001년 9·11테러가 전 세계에 안겨준 충격, 그 이후 테러와 내전의 일상화와 세계화는 자본주의적 지구경제와 인터넷통신을 통한 세계화의 어두운 이면으로 세계인의 뇌리에 깊이 각인되었다. 그러나 그러한 위기에 대한 충격이나 인식은 지역이나 국가별 상황에 따라 직접성의 정도에서 편차가 컸다. 사실상 그것은 기후위기나 생태위기, 국가양극화, 난민문제 등 전 지구적 생태계가 공유하는 거대한 위기(빙산)의 일부임이 감지되고 있는 상황이었지만, 지구촌 반대편에 살고 있는 어떤 이들에게는 먼 나라 남의 일처럼 관망할 수도 있는 거리에서 일어난 일이었다.

코로나19 상황에서는 정반대의 일이 발생했다. 초기 중국 우한에서 코로나바이러스가 발생하고 주변 국가로 전파되면서 상황이 사뭇 심각해지고 있을 때, 미국을 비롯한 서구 국가들은 약간 뒷짐을 지고 사태를 관망하며 안일하게 대처했다. '최종 해결'을 빌미로 엄청난 학살을 정책적으로 결정하고 시행했던 1930년대 이후 독일 상황에 대해 마르틴 니묄러 목사가 했다는 다음 이야기는 서양에서 초기 코로나바이러스에 대해 보여줬던 반응과 흡사하다.

그들이 유대인들에게 왔을 때 나는 아무것도 하지 않았다. 나는 유대인이 아니었기에. 그들이 사회주의자들을 가뒀을 때 나는 아무것도 하지 않았다. 나는 사회주의가 아니었기에. 그들이 가톨릭 신자들을 덮쳤을 때 나는 아무것도 하지 않았다. 나는 가톨릭 신자가 아니었기에. 마침내 그들이 내게 왔을 때 나를 도와줄 사람은 단 한 사람도 없었다.[6]

---

6) 톰 라이트, 『하나님과 팬데믹』, 이지혜 옮김 (서울: 비아토르, 2020), 13.

그렇게 중국과 주변국에서, 이란 그리고 이탈리아에서 코로나19가 심각하게 퍼져 나갈 때에도 먼 나라 일이고 우리는 그 나라와 다르니 괜찮을 것이라고 생각하다가 서구 선진국을 대표하는 영국, 미국, 프랑스, 독일 등에 코로나바이러스가 퍼져 나갔다. 순식간에 세상에 안전한 곳은 어디에도 없게 되었다.[7] 그런 점에서 보면 동서양, 선진국과 후진국을 막론하고 전 지구적으로 유행하며, 전 지구가 바이러스의 감염원으로 서로 연결되어 있는 하나의 배를 타고 있음을 절감하고 있는 코로나19 팬데믹의 상황이야말로 뒤늦게 온 세기말 현상이 아닐까.

그래서 혹자는 코로나19 위기를 인류세(Anthropocene, 人類世)[8]로부터 이미 시작된 장기 세기말 혹은 늦게 온 세기말 현상으로 보기도 한다. 코로나바이러스의 출현과 유행은 1950년대부터 시작된 인류 문명의 지구환경에 대한 심각한 파괴의 결과로 초래된 과정의 일부라는 것이다. 비슷한 맥락에서 인공지능, 기후위기, 감염병 대유행 등이 폭발적으로 나타나고 있는 지금이 역사적 의미에서 진정한 20세기와 21세기의 분기점이라는 견해도 있다.[9]

---

7) 톰 라이트, 『하나님과 팬데믹』, 14.

8) '인류세'는 인류가 지구 환경을 급격하게 변화시키기 시작한 시대를 자연적으로 생성된 지질연대와 구분하기 위해 파울 크뤼천이 제안하여 최근 논의되고 있는 명칭으로, 신생대 4기인 홀로세(충적세)를 잇는 시대를 가리킨다. [네이버 지식백과] 인류세 (시사상식사전, pmg 지식엔진연구소)

9) 역사에서 '세기'의 시대구분은 숫자 자체보다는 새 시대의 변별적 특징으로 구분되는데, 예를 들면 홉스봄이 프랑스혁명이 발발한 1789년부터 제1차 세계대전이 발발한 1914년까지를 '장기 19세기'로 본 것처럼, 1914년부터 2019년까지가 20세기이고, 코로나바이러스가 발발한 2020년부터 막 실질적인 21세기가 시작되었다고 볼 수 있다. 김재인, 「조건의 변화와 철학의 의무」, 『뉴노멀의 철학』 (서울: 동아시아, 2020), 123.

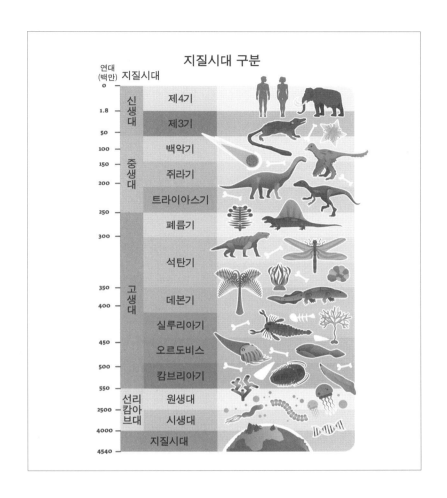

이러한 최근의 코로나19 담론들이 공유하고 있는 인식은 우선 코로
나바이러스의 발생과 세계적 확산은 지난 세기까지의 인간 문명이 자초
한 것들의 결과라는 성찰이다. 또한 지금까지 세계문명을 틀 지워온 생
활방식과 사회, 경제, 정치, 문화, 종교시스템에 근본적인 문제가 있어
현재의 팬데믹과 코로나 이후 펼쳐질 지구촌 상황에 적합하지 않으리라

는 진단이다. 바이러스는 우리 안에 있고, 완전히 제거할 수는 없으며, 우리를 통해서, 세계화의 네트워크와 통로를 통해서 전파되며 대유행하고 있다. 즉 코로나19의 대유행은 "전쟁이나 지진처럼 외부에서 온 것이 아니라 내부에서 온 세계적인 재앙"이다. 따라서 저마다 코로나19와 같은 인수공통 감염병 바이러스와 함께 살 수 있는 삶의 방법, 문명의 시스템을 찾지 않는다면 향후 인류문명은 진짜 위기를 맞게 될 수도 있음을 배워야 한다고 말한다.

슬라보예 지젝이 지적하듯, 코로나19의 대유행 상황은 다행히 우리에게 중요한 하나의 사실을 깨닫게 했다. 우리가 거스를 수 없는 대세라고 생각해온 자본주의의 과잉생산과 과잉소비 드라이브, 획일적 세계화, 기술과 문명의 발전을 위한 계속된 자연파괴를 멈출 수 있고 정지시킬 수 있다는 것이다. 멈출 수 없는 기차에 탄 채 계속 달릴 수밖에 없는 것이 아니라, 기차를 달리게 하는 것이 우리가 선택하고 결정할 수 있는 사안이라는 깨달음이다.[10] 따라서 바로 지금 과거의 틀을 내려놓고 재검토하여 자연생태계와 더불어 지속가능한 삶의 틀을 새로 짜고 소외된 인간성의 가치를 회복하며 자연생태의 권리를 돌아보자는 논의들이 전지구적 공감대를 얻어 거의 모든 영역에서 활발해지고 있다.[11]

---

10) 슬라보예 지젝, 『팬데믹 패닉-코로나 19는 세계를 어떻게 뒤흔들었나』, 강우성 옮김 (서울: 북하우스, 2020); Jonathan Watts, "Bruno Latour: 'This is a global catastrophe that has come from within'" https://www.theguardian.com/world/2020/jun/06/bruno-latour-coronavirus-gaia-hypo

11) 안희경·제러미 리프킨 외, 『오늘부터의 세계』; 최재천·장하준·최재붕 외, 『코로나 사피엔스: 문명의 대전환, 대한민국 대표 석학 6인이 신인류의 미래를 말한다』(서울: 인플루엔

코로나19로 인한 현재까지의 사망자나 피해가 과거 역사에서 지옥도로 경험된 악명 높은 중세의 페스트나 근대 초의 스페인독감, 홍역, 천연두, 에이즈 등으로 인한 피해보다 더 크지 않을지라도, 이 시대는 분명 문명사의 큰 전환점이 되고 있다. 지구촌 전체에 준 공통적인 충격으로 세계관의 전면적 재검토를 요청하는 종말론적 상상력을 촉진하고 있는 것이다. 전 지구적 일상을 휩쓸며 정지시키고 있는 코로나19의 위력과 영향력은 팬데믹이 선언될 만큼 전면적이고 광범위하며, 발전된 현대의학과 위생체계 하에서도 상당기간 지속하고 있기 때문이다. 이로 인해 코로나19 위기의 유토피아적 잠재성에 주목하는 종말 혹은 개벽의 종교적 상상력도 새롭게 일깨워지고 있다.

유토피아주의와 결부된 종말론적 상상력은 지금 현실의 문제가 해결된 더 좋은 세계를 상상하고 그것이 실현될 수 있음을 '믿는', 다시 말해 희구하는 미래를 앞당겨 현재를 의미화하는 '종교적 인간'의 기술이라고 할 수 있다.[12] 흔히 종교의 종말론과 우주창조에 대한 상상력은 연결되어 있다.

성서의 대홍수와 방주 이야기처럼 종말론적이고 묵시적인 전승은 흔히 우주창조신화를 재해석하거나 뒤집곤 한다. 세계의 창조나 출현은 세계 내적 사고방식이 아니라 세계 외부 혹은 너머에 대한 상상에서 가

설, 2020); 발간특집 기획, 「환경재앙, 어떻게 극복할 것인가」, 『불교평론』 82 (2020); 우리신학연구소 편, 『가톨릭평론』 5/6월호(2020).

12) 윤승용, 『한국신종교와 개벽사상』 (서울: 모시는 사람들, 2017).

능한데, 그것은 세계가 끝날 수 있음도 함의하기 때문이다. 그래서 세상의 창조와 시작에 대한 이야기는 세상의 끝에 대한 이야기로 이어질 수 있고, 끝에 대한 생각은 곧 창조와 시작에 대한 그림을 품고 있기 마련이다. 현재 세계가 가능한 유일한 좋은 세계로서 출구 없는 현실로 보지 않고 대안적 새로운 세계에 대해 고민하고 상상하는 것은 세계의 처음과 끝을 이야기할 수 있는 초월적 종교적 관점과 맞닿아 있다.

현재 코로나19 상황에서 실제 종교들이 그러한 대안적 세계에 대한 비전과 새로운 종말론적 상상을 제시하고 있느냐의 문제와는 별개로, 문명사의 대전환을 의식하고 완전히 새로운 삶의 틀을 모색하는 최근의 담론 자체는 이미 창조와 타락, 종말, 새로운 창조에 대한 종교적 서사와 흡사한 구조를 보이고 있는 것이다.

코로나 위기를 낳은 세계

코로나19 바이러스의 정확한 발생원인은 아직 역학조사를 통해 충분히 밝혀지지는 않았다. 그러나 적어도 인간과 동물을 넘나드는 숙주 간 이동을 하는 전파력이 유독 강한 이 바이러스가 사람들이 밀집한 건물과 식당, 극장, 광장 등이 있는 대도시와 자본주의 경제의 세계화된 운송통로를 통해 더 민첩하고 광범위하게 지구촌 전체로 퍼졌다는 것은 의심할 수 없는 사실이다. 그래서 백신이나 치료제가 없는 상황에서 이 바이러스의 급속한 전파를 원천적으로 막기 위해서는 사람들의 밀접한 접촉과 모임, 지역 간 국가 간 이동의 흐름을 강제적으로 셧다운하지 않을 수 없게 된다. 우리 문명세계의 근간이 접촉과 이동, 모임이라고 보면, 그것은 세계구조의 무력화라고 할 만한 일이다.

코로나19 대유행을 초래한 것은 역설적으로 지난 세기까지 인간이 발전시킨 과학기술로 이룬 대도시문명과 이윤추구의 극대화를 위해 모든 자원을 추출하는 전 지구적 자본주의 경제로 돌아가던 세상이라는 진단이 제기되는 까닭이다. 오랫동안 자본주의 경제의 근간이었던 화석연료에 기반한 문명이 기후변화와 환경파괴를 초래했으며, 야생동물을 불법적으로 포획하여 도시로 들여오거나 무제한적 개발로 계속 영역을 침범당한 동물들이 활로를 찾아 이동하는 과정에서 병원균이나 바이러스를 인간에게 옮김으로써 인수공통감염의 새로운 변종 바이러스가 창궐하게 되었다는 것이다.13

코로나바이러스는 올해 초 중국의 후베이성에서 시작하여 빠른 속도로 거의 모든 대륙으로 퍼져 현재까지도 대규모로 유행하고 있다. 특히 선진국으로 꼽히는 미국과 유럽의 대도시가 바이러스의 확산과 대유행의 진원지가 되어 대규모 확진자와 사망자를 내면서 감염병에 대한 통제와 위기관리 능력의 한계뿐 아니라 사회구조적 모순을 드러냈다. 방역을 위한 봉쇄와 격리조치에 의해 지역 경제와 글로벌 세계경제가 모두 큰 타격을 입었다. 뿐만 아니라 팬데믹의 장기화로 인한 위기상황은 생존경제에 기반한 취약계층과 나라에게 더 가혹하게 전개되고 있다. 전 지구의 사회경제, 정치, 문화생활 전반이 코로나바이러스 하에서 공

---

13) 안희경·제러미 리프킨 외, 『오늘부터의 세계』; 최재천·장하준·최재붕 외, 『코로나 사피엔스: 문명의 대전환, 대한민국 대표석학 6인이 신인류의 미래를 말한다』.

지속적인 확진자 증가로 코로나 검사를 하고 있는 미국의 모습

통의 위기를 경험하고 있지만, 기존의 불평등과 격차가 더 심화되며 가중된 위기를 만들어낸다. 이처럼 전 지구적으로 장기간 가게와 식당, 유흥시설이 폐쇄되고, 지역 및 국가 간 이동이 통제되며 학교, 스포츠, 문화예술행사, 정치적 집회, 종교적인 모임이 광범위하게 금지된 적이 있었던가. 그로부터 초래되는 지금과 같은 총체적인 경제적, 사회적, 심리적 문제들에 직면한 적이 있었던가.

　과거 페스트와 같은 감염병이 10년 이상 장기유행하며 유럽 인구의 3분의 1을 죽음으로 몰아넣기도 했으며, 19세기에도 장티푸스와 독감 인플루엔자가 전 지구적 규모로 엄청나게 유행하며 수천만 명을 죽였다. 이제 1년 남짓 계속되고 있는 코로나19 대유행은 다행히 백신과 치료제가 서둘러 나오고 있고, 지금의 발전된 의학과 보건건강체제 덕분에 전체 사망자는 그보다는 적을 것이다. 그래도 이 지구적 대유행과 확산세는 아직 꺾이지 않고 있으며, 올해까지 장기화될 것이 거의 확실한 상황이다. 전염병이 유행할 때 병원체조차 확인하지 못했던 과거와는 달리 코로나19 대유행은 근대 의학과 위생학에 의해 질병 극복과 통제에 대한 문화적 자신감을 가지고 있던 상황에서 발생하였기에, 속수무책으로 빠르게 진행된 확산과 그로 인한 대규모 확진자와 사망자 발생은 오히려 더 충격적인 사태로 경험되고 있다. 눈에 당장 보이는 타격 이외에도 장기적인 봉쇄와 사회적 격리가 초래하는 사회문화적, 심리적 상처와 피해도 우리의 생각보다 더 깊고 클 것이다.

20세기 중반까지 식량생산 증가와 영양상태 개선, 깨끗한 상수도 확보, 더 나은 생활환경 조성, 소아마비 백신과 항생제 개발, 두창 박멸, 결핵, 콜레라, 매독 등 악명 높은 질병의 급격한 감소와 같은 문명화와 의학 발전이 이루어졌다. 그로 인해 전쟁이나 기근보다 여러 가지 전염병으로 더 많은 사람이 죽던 지난 1만 년의 시대를 뒤로하고 '건강과 장수의 새로운 시대'가 도래하였다. 1969년 미국 공중위생국장 윌리엄 스튜어트가 "전염성 질병은 이제 대부분 끝이 보인다."고 선언한 것처럼, 이 시기는 모든 감염성 질병의 종식을 약속하는 것 같았다.

그러나 곧 새로운 감염경로와 약물에 대한 내성을 획득하여 독성이 더 강해진 새로운 세균과 바이러스가 등장하면서 100세 시대의 신화, 건강과 장수, 의학의 진보에 대한 확신, 위생 유토피아의 꿈이 어리석고 오만한 것이었음이 조금씩 드러나기 시작했다. 더 많은 새로운 질병

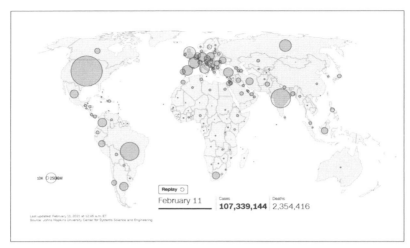

전 세계 코로나바이러스 총 발생 건수(2021년 2월 11일) ©CNN

과 약물 내성 세균, 모기부터 애완동물까지 무수한 질병 보균체가 보고되었고, 감염병들이 경계를 넘어 퍼져나갔다. 오염물질, 발암물질, 지하수에서 오존층에 이르는 환경파괴는 이러한 감염병의 진원지가 되어 전 생태계의 건강을 위협하기 시작했다. 전염병의 반복과 주기적 발생, 위생상태가 안 좋은 가난한 나라들만의 문제가 아니라 대도시가 발달한 선진국이야말로 전염병이 확산되는 최적의 환경이라는 진단과 보고가 계속되었지만, 사회적으로 크게 주목받지 못했고 심각성도 인지되지 못했다.[14]

　21세기 접어들어 에볼라 바이러스, 돼지인플루엔자, 사스, 메르스, 신종플루 등 인수공통 바이러스 감염병들이 기승을 부리기 시작하면서 그

---

14) 아노 카렌, 『전염병의 문화사』, 권봉규 역 (서울: 사이언스 북스, 2001), 14-17.

러한 파고 후에 새롭고 더 강력한 감염병이 오는 것은 시간문제라는 이
야기가 곳곳에서 들려왔다. 그 끔찍한 일들이 실제로 일어나리라는 것
을 예감하면서도, 우리 사회는 지금까지의 관성적 틀에 따라 살면서 그
경고를 진지하게 받아들이고 준비하는 데 힘쓰지 않았다.[15] 코로나19 대
유행은 우리가 살고 있는 세계 내에서 심화되어온 그러한 문제 상황에
서 시작되어, 지금까지의 경고들이 사실이었음을 뼈아프게 확인시키고
있다. "우리 문명이 누적해온 모순과 갈등"이 지금 위기의 정체이며 종
착지, 즉 이 위기가 진짜 위기가 되는 곳이라는 점이 분명해진 것이다.[16]

포스트 코로나 담론의 종말론적 상상력

아주 작은 바이러스가 만들어낸 끝없는 파고 위에 쌓여가는 이러한
코로나 시대 담론들은 지금까지의 세상이 무너져가는 것에 대한 두려움
과 새로운 세상의 출현에 대한 기대가 교대하고 뒤섞이는 유토피아주의
와 종교적 종말론, 거시적 역사철학의 관심이 되살아나는 현 시대 분위
기를 반영한다.

종말론(eschatology)은 세계와 인간의 '최후(eschatos, eschata)에 대한 지식
이나 가르침'을 뜻하지만, 용어 자체는 19세기 이후 창조와 타락, 종말
과 창조세계의 회복을 이야기하는 그리스도교 신학의 주요 개념으로 등
장하였다. 그러나 대부분의 종교전통은 오래 전부터 신들, 세계, 인간의

---

15) 슬라보예 지젝, 『팬데믹 패닉-코로나 19는 세계를 어떻게 뒤흔들었나』.
16) 안희경·제러미 리프킨 외, 『오늘부터의 세계』, 226.

시작에 대한 관념과 가르침, 신화를 가져왔으며, 그러한 세상의 시작, 창
조에 대한 이야기와 대응되는 그 끝에 대한 이야기도 가지고 있다.[17] 이
러한 종말과 끝은 '신들의 황혼'이나 묵시적 예언이 암시하듯 부정적이
고 어두운 뉘앙스만 가지지는 않는다. 새 하늘과 새 땅에 대한 희망도
종말론에서 중요한 의미를 형성하고 있으며, 양자는 사실 많은 경우 연
결되어 있기도 하다. '지금까지의 세계'로 보면 파국이지만, 새로운 '지금
부터의 세계'가 시작될 희망의 틈이 열리는 것이기 때문이다.

　　흔히 구분하듯 순환적 역사관에서는 세계의 시작과 끝이 되풀이되므
로 한 세계의 종말은 언제나 새로운 세상의 시작을 의미한다. 한편 창조
부터 종말까지 직선적 역사관에서 종말은 단선적이고 궁극적인 최후로
이해되곤 하지만, 마찬가지로 부정적 의미의 최후만이 아니라 역사의
목적으로서의 귀결점도 뜻하고 있다. 그렇게 보면 유대 그리스도교의
직선적 관점과 인도나 그리스 신화의 순환적 관점을 극단적으로 대비시
키는 것은 지나치게 단순한 것이다.[18] 게다가 인류역사를 타락으로 시
작된 죄악의 역사이며 동시에 신에 의한 구원역사로 보는 성서의 역사
관에서 죄악의 역사가 종말에 이른다는 것은 진정한 메시아 왕국, 희망
의 미래가 열리는 것이다. 성서에서는 실제로 종말의 때가 여러 차례 등
장한다. 홍수심판, 예수강림시기, 계시록이 예언하고 있는 재림시기 등

17) "eschatology", ed. Lindsay Jones, The Gale Encylopedia of Religion 2(4) (USA: Macmillan, 2005), 2834.
18) 로즈마리 류터, 『메시아왕국』, 서남동 옮김 (서울: 한국신학연구소, 1981), 15.

은 모두 이전의 세상이 무너지고 새 하늘과 땅, 새로운 언약과 법이 주어지는 종말의 때이며, 동시의 새로운 희망의 때로 묘사되고 있다.

종교는 개인의 영혼에 관한 것만이 아니라 총체적 인간, 즉 육체적, 사회적, 역사적 실존으로서의 인간에 관한 것으로서 공동체적이고 사회적인 구원, 즉 이상적인 세계도 지향한다. 그러한 이상적인 세계 혹은 종교적 유토피아로의 변화는 불의하고 모순에 찬 현재 세상의 파국이며 그로부터의 단절임에 분명하다.

그렇다면 종교는 창조신화와 종말의 신화를 통해 세상의 시작과 끝에 대한 이야기를 하며 궁극적 의미와 해답을 제시하는 현상이라고도 말할 수 있을 것이다. 종말론적 상상력은 그러한 궁극적 해답의 세계를 추구하는 유토피아주의의 또 다른 면으로서 종교의 특징적 활동에 속하며, 특히 세계의 모순과 갈등, 재난과 위기가 심화될 때 더 가시화되곤 했다.

포스트 코로나 담론은 코로나19 팬데믹이 가져온 전 지구적인 재난 속에서 바로 이 총체적 위기의 유토피아적 잠재성에 주목하는 종말론적 상상력이 다시 펼쳐지기 시작하는 형국인 것이다. 그런데 그러한 종말론적 상상력은 흥미롭게도 조직적으로 코로나19 상황으로 인해 큰 타격을 입고 있는 제도종교 영역보다는 종교영역 밖이나 비제도 종교영역에서 더 활발해 보인다.

로즈마리 류터는 일찍이 변화의 이데올로기는 언제나 전환 혹은 구원의 요소를 포함하고 있다고 통찰력 있게 이야기한 바 있다. 그것은 존재와 세계의 낡고 나쁜, 타락하고 파열된 혹은 비본질적인 상태로부터 새롭고 좋은, 회복된(종교적 표현으로는 구원된) 상태로의 변화를 포함하기 때문이다.[19] 따라서 근본적인 사회변화에 대한 상상과 종교적 종말론의 상상은 이러한 구원에 관심이라는 접점을 가진다. 종교적 종말론과 유토피아주의의 내세적이고 피안적이며 초세속적 성격이 강해질 때 양자는 구조적인 유사성만 가진 채 평행선을 유지하지만, 특정한 역사적 단계에서 종교적 유토피아주의와 사회변혁의 이데올로기가 접점에서 만나 역사적 공동체 안에서 인간과 세계를 재창조하는 계기가 마련되기도 한다.

코로나19 대유행 속에서 지금까지의 문명의 틀과 사회적 조건들을 근본적으로 비판하고 성찰하는 종말론적 상상력을 가지고 포스트 코로나 시대를 전망하는 논의들이 경제학, 사회학, 철학 분야의 진보적 좌파 이론가들과 환경생태운동, 대안사회운동 진영에서 더 활발하게 제기되고 있는 것은 의미심장하다. 그들은 코로나19 상황이 가져온 강제된 사회적 실험과 환경적 실험의 결과들에 주목한다. 지금까지의 세계-특히 자본주의적 시장경제를 동력으로 하는-를 멈추는 것이 가능하다는 것, 그리고 '오늘부터의 세계'는 파국으로 향해가는 방식이 아니어야 하며 모두를 위한 경제, 모두를 위한 사회여야 한다고 입을 모은다.

코로나19의 확산을 막고자 한 강제적 셧다운처럼, 이 비상사태에 직면하여 바이러스 확산의 통로가 된 시장경제, 글로벌 자본주의 경제체제는 멈춰야 하는 대상이 되었다. 기본소득 지급이나 보편적 재난지원

---

19) 로즈마리 류터, 『메시아왕국』, 10.

금 등 사회주의적 조치들이 긴급해진 코로나 위기 국면에서 시장경제는 지금의 전 지구적 위기해결에 무력하다는 것을 드러냈다는 인식이다. 또한 필수적인 것을 제외한 이동과 모임, 경제활동의 중지를 통해, 중국 대도시의 대기가 개선되고 갠지스 강물이 맑아지는 것처럼 환경오염이 줄어드는 자정효과가 나타날 수 있음이 드러난 것도 인간과 자연생태계의 공존이라는 생태적 화두를 실험하고 경험하는 기회로 여겨지고 있다.

사람을 살리고 먹이기 위한 경제가 아니라, 돈에 의한 돈의 무한증식을 추구하면서 모든 것을 이윤추구의 극대화를 위해 추출하고 남용하며, 멈추지 않고 돌아가던 글로벌 자본주의 경제체제가 코로나19로 인해 생산, 유통, 판매, 각종 자원의 이동 모두에서 강제적 제동이 걸렸다. 이러한 코로나19 상황은 자본주의 경제가 포스트 코로나 시대 혹은 바이러스와 인간의 공존시대에 가지는 심각한 문제와 취약점을 전면적으로 재검토하고 다른 가능성을 상상할 수 있는 새로운 기회로 여겨지고 있는 것이다.

코로나19 팬데믹에 대해 길고 짧은 논평들을 내놓고 있는 세계 지성인들 가운데 슬라보예 지젝은 가장 빠르게 적극적인 의견을 제시하고 있다. 지젝은『팬데믹 패닉: 코로나19는 세계를 어떻게 뒤흔들었는가』[20]에서 코로나19 대유행 상황을 우리가 살던 세상이 망가진 것, 즉 우리

---

20) Slavoj Žižek, Pandemic! Covid19 Shakes the World, (Polity Press, 2020); 슬라보예 지젝,『팬데믹 패닉-코로나19는 세계를 어떻게 뒤흔들었는가』.

의 생활양식 전체의 갑작스런 종말로 인식하고 있다. 전 지구적 자본주의 시스템에 '오지심장파열술'과 같은 일격을 가한 코로나19는, 우리가 지금껏 걸어온 방식대로는 더 이상 지속할 수 없으며 근본적 변화가 필요하다는 신호라는 것이다.[21] 나아가 그는 코로나19를 초래한 자본주의 시장경제의 문제를 극복하고 바이러스와 공존해야 하는 지속가능한 사회구조를 이루는데 코뮤니즘적 아이디어가 새로운 활기를 불어넣을 수 있다는 생각을 피력한다. "현재 진행형인 코로나바이러스 감염병의 확산은 가짜뉴스, 편집증적 음모론, 혐오와 인종차별주의의 득세와 같은 우리 사회 내부에 잠자고 있던 광범위한 바이러스를 또한 건드렸지만, 훨씬 더 이로운 이데올로기적 바이러스, 하나의 대안적 사회를 사유하는 바이러스, 국민국가를 넘어선 사회이자 전 지구적 연대와 협력의 형태를 실현하는 사회를 사유하는 바이러스가 퍼져나가기"를 희망하고 있는 것이다.[22]

그는 코로나19는 곧 극복될 것이고 그 뒤에 봉쇄와 마스크, 항시적 감염의 공포가 없는 평범한 사회생활, 경제적 번영이 회복되리라는 미국의 트럼프식 인식이나 국가가 개인을 철저하게 통제하면서 유지되는 중국식의 권위주의적 통제방식은 대안이 될 수 없다고 모두 비판한다. 전 지구가 함께하는 이 위기와 파국을 계기로 코로나19 대유행이 시작된 현실 문제를 직시하고 사회구조의 요인들을 면밀히 분석하면서 개

---

21) 슬라보예 지젝, 『팬데믹 패닉-코로나19는 세계를 어떻게 뒤흔들었는가』, 57.
22) 슬라보예 지젝, 『팬데믹 패닉-코로나19는 세계를 어떻게 뒤흔들었는가』, 57.

인의 자유와 공동체 생활의 안전을 함께 지켜나갈 수 있는 새로운 세상의 틀을 궁리하고 구축해야 한다는 주장이다.[23] 그러한 세상의 모습은 일차적으로 모두가 보건의료와 기본 욕구를 충족할 충분한 음식을 제공받으며, 모두가 각자의 능력에 맞게 사회에 기여할 수 있어야 한다.

슬라보예 지젝 ⓒAndy Miah

그에 따르면, 이는 지난 세기 초 마르크스가 말했던 공산주의적 이상과 흡사한 사회일 수 있기에, 방역과 격리 등의 조치를 강력하게 체계적으로 집행할 수 있는 국가기구의 역할이 중요하다. 그러나 그 국가기구는 한 나라의 이해에만 사로잡힌 국가여서는 안 되며, 전 지구 공동체를 위해 연대할 수 있는 국가여야 한다는 입장이다. 세계시장의 원활한 작동이 가로막히게 되는 감염병의 대유행 상황에서는 오히려 국가 간 협력과 연대가 절실하며 시장경제에 좌우되지 않을 전 지구적 재조직화가 시급한 까닭이다.

따라서 지젝은 방역을 위해 필요한 봉쇄나 격리에 대한 조치, 기본소득 지급논의, 전국민재난지원금 지급, 무상치료 등의 필요한 공적 조치

---

23) 슬라보예 지젝, 『팬데믹 패닉-코로나19는 세계를 어떻게 뒤흔들었는가』, 11-13

들을 신속하고 체계적으로 실시할 수 있는 효율적 정부, 경제를 통제하고 규제할 수 있을 뿐 아니라 필요하다면 국민국가의 주권에 제한도 가할 수 있는 전 지구적 형태의 조직이 필요하다고 역설한다. 그는 그러한 적극적인 공적 역할을 수행하는 국가와 국제적 연대야말로 바로 과거 코뮤니즘의 이상과 다르지 않다고 지적하면서, 코로나19 상황 속에서 구시대의 유물이 아닌 진정한 이상적 공산주의의 새로운 가능성을 찾고자 한다.

코로나19 상황 속에서 개인의 자유를 넘어 공동체 전체의 안전을 위해 봉쇄와 격리조처를 취할 수 있는 공권력과 재난소득, 기본소득, 무상치료 등과 같은 일종의 사회주의적이고 공산주의적인 조치들이 서구 자유주의 국가들에서 대거 시행되고 있는 것이 그 긍정적 징후로 읽혀진다. 일부 이념적 자유주의자들과 보수 자본주의 진영에서는 이러한 긴급조치들은 결국 경제적으로 감당할 수 없고, 근본적으로 문제를 해결하는 것이 아니며, 실효성에 비해 더 큰 문제를 야기할 것이라고 비판한다. 그렇지만 지젝은 지속될 수 없는 항구적 자기팽창을 요구하는 전 지구적 자본주의 경제, 성장률과 이윤가능성에 목매는 바로 그 경제체제가 코로나19를 초래했다면, 그 관점을 통째로 바꾸어야 코로나19 상황을 극복할 수 있다고 주장하고 있는 것이다. 세계현실에 적극적으로 논평해온 지젝은 코로나19 위기의 한 가운데서 격리된 채, 그 모든 것이 망가지게 내버려두고 새로운 세상을 어떻게 세워야 할지 궁리하면서 공산주의 이상의 새로운 불씨를 되살리고자 하는 것이다. 마치 지난 세기 초 마르크스주의가 기독교적 유토피아와 코이노니아(koinonia)의 세속적

미국 100달러짜리 지폐 모델인 벤자민 프랭클린(benjamin Franklin)이 마스크를 쓰고 있다.

인 버전을 제시한 것처럼, 현대의 마르크스주의자를 자처하는 지젝의 이러한 포스트 코로나 담론은 세속적 버전의 종말론적 유토피아주의의 한 형태라고 할 수 있다.

그러나 이탈리아 철학자 조르조 아감벤(Giorgio Agamben), 『피로사회』의 저자 한병철 등 많은 지식인들은 코로나19가 공산주의 논의에 새로운 활기를 불어넣을 것이라는 지젝의 입장을 비판하며 좀 더 어둡고 비관적인 종말론적 인식을 드러내고 있다. 특히 아감벤은 코로나19를 막기 위해 취해진 정부당국의 엄격한 제한령과 공황 분위기를 광적이고 비합리적이고 전혀 근거 없는 비상조치라고 비판하고, 권력을 가진 자들에게 이용되는 가짜 유토피아주의의 위험성을 다음과 같이 경고한다.

매년 우리에게 영향을 끼치는 것들과 크게 다르지 않은 평범한 독감에 불과한 바이러스의 위협에 비해, 이러한 제한조치들은 분명 과도하다. 예외조치들을 정당화하는 데 테러리즘의 쓸모가 바닥나자, 감염병을 발명함으로써 어떤 제약도 받지 않고 그러한 조치들을 확장할 수 있는 이상적인 구실을 찾아냈다고 할 수 있다. 또 다른 이유는 공포상태 조성인데, 이는 최근 몇 년 동안 개인의 의식에까지 침윤해 실제로 집단적 공항이 요구되는 상황으로 바뀌고 있다. 이 일에 감염병은 다시 한 번 안성맞춤의 핑계거리를 제공한다.[24]

우리 사회는 이제 헐벗은 삶 말고는 아무것도 믿지 않는다. 이탈리아 사람들은 실질적으로 모든 것-일상적인 삶의 조건들, 사회적 관계들, 일, 우정, 애정, 종교적이고 정치적인 신념들-을 병에 걸릴 위험 때문에 희생시킬 요량이 분명하다. 헐벗은 삶-과 그것을 잃어버릴 위험-은 사람들을 하나로 묶는 것이 아니라 그들을 눈멀게 하고 갈라놓는다.[25]

근대 국가권력의 대상이 되어버린 헐벗은 삶이 아니라 그러한 수직적 공권력에 저항하며 수평적으로 연대하는 진정한 정치적 삶의 공동체를 회복하여야 한다고 보는 아감벤의 비판을 비롯하여, 또 다른 비판적 논자들은 코로나19에 대한 공포와 그것을 조장하고 이용하는 정치적 대응과 담론을 침소봉대요, 노골적인 인종차별적 요소들과 결합된 사회적 통제의 실행을 정당화하는 위험한 가짜 종말론으로 보고 경계한다. 요

---

24) Giorgio Agamben, "The state of exeption provoked by an unmotivated emergency," positionswebsite.org (searched date: February 26, 2020).

25) Giorgio Agamben, "Clarifications," itself. blog (searched date: March 17, 2020).

지는 감염병 팬데믹 시대가 서구가 극복해온 국가의 전체주의적 통제를 재개하고 더 심화할 수 있으며, 코로나19 상황이 연대보다는 혐오와 차별, 갈등과 모순을 더 심화시키리라는 것이다.

더욱이 과거 역사 속에서도 전쟁과 재난을 기회로 삼아온 재난 자본주의(disaster capitalism)의 속성은 코로나19 위기 속에서도 새로운 시장을 만들 것이다. 이들은 쇼샤나 주보프(Shoshana Zuboff)가 지적한 것처럼, 오히려 위기를 빌미삼아 공권력을 강화한 국가권력과 결탁하여 우리의 몸과 두뇌에서 나오는 데이터들로 돈을 버는 소위 '감시 자본주의'로 발전하면서, 지금의 혼란과 재난을 통해서도 더 이득을 볼 것이라고 통렬히 비판한다.

비접촉 시대라는 구호가 소비를 촉진하는 자본주의적 마케팅의 수단이 되는 경향, 가상현실, 온라인 판매 등과 관련된 기술관련 분야, 교육, 기업경영, 여행, 문화영역에서도 새로운 방식의 소비 마케팅이 각광을 받고 결국 자본주의적 이윤 추구를 극대화하는 글로벌 거대기업이 비대화되고 있다. 그뿐만 아니라 방역을 위한 국가의 통제와 감시가 정쟁의 도구가 되거나 정치적 이익을 위해 이용되면서 개인의 자유와 권리와 공공의 이익 사이에서의 위태로운 줄타기가 계속되고 있다. 이러한 현실 속에서 앞서 언급한 비판들은 쉬이 넘길 수 없는 코로나 시대의 어떤 부분을 예리하게 지적하고 있다.

그럼에도 불구하고, 현재 팬데믹 상황에서 국가적 통제가 작동하는 중요한 측면을 예리하게 지적하고 있는 이러한 우려와 비판들에 대해 지적은 감염병의 현실을 온전히 받아들이길 거부하며 위험이 존재하고 있는 현실을 사라지게 하지 못한다고 그 한계를 지적하였다. 또한 국가권력이나 자본권력이 지배력을 더 개선하고 정교화하기 위해 국가권력을 향한 불신이 수반되고 자본의 원활한 재생산을 방해하며 전 지구적 경제위기를 촉발하는 일에 정말 관심을 가질지, 그것이 과연 국가권력과 자본의 이익에 부합하는 것인지 되묻는다. 자본주의 경제가 입은 타격은 말할 것도 없고, 코로나19 상황에서 무능한 국가와 리더십에 대한 질타로 국가권력도 큰 타격을 입고 있기 때문이다.

따라서 지젝은 국가의 봉쇄나 격리 조치보다 더 무섭고 우려할 만한 것은 감염병에 대해 국가가 어떤 대처도 하지 않고 진짜 데이터를 조작하고 은폐하며 안일한 대처를 정당화하여 이를 젊은이들을 위해 노인과 약자 치료를 축소해야 한다는 야만적 생존주의로 포장하는 것이라고 주장한다.26 오히려 재난과 파국의 현실을 인정하는 터 위에 새로운 세계의 희망, 가능성이 열릴 수 있다고 본다. 재난 자본주의의 현실을 직시하면서 이 위기로부터 새롭고 더 균형 잡힌 세계질서가 탄생되도록, 권력획득을 위한 정쟁으로서의 정치는 잊고 공동체를 위한 공동체의 일로서의 진짜 정치가 필요한 때라는 말이다.

그에 따르면 우리는 이미 충분한 자원들을 보유하고 있으며, 해야 할 일은 그것들을 시장의 논리와 상관없이 보건의료, 지구생태계, 식량의 생산과 분배, 수도와 전기의 공급, 인터넷과 전화의 원활한 작동 등이 우선적으로 유지되도록 배분하는 것이다. 그 핵심적 기능을 국가가 수

---

26) 슬라보예 지젝, 『팬데믹 패닉-코로나19는 세계를 어떻게 뒤흔들었는가』, 97-99.

행하기 위해 개개인들을 동원할 의무와 권리를 가질 수 있어야 한다. 그것은 계속될 바이러스의 출현(공격)에 대응하기 위해 집단적으로 조직된 면역체계라는 뜻에서의 '공면역주의(co-immunism)'으로서의 공산주의적 대안이다. 즉 지젝은 재난 자본주의의 해독제로서의 재난 공산주의를 호출하며, 격리와 봉쇄의 공동체가 작동하지 않는 해체와 파국 속에서 새롭게 만들어지는 공동체의 출현을 기대하고 있는 것이다.

그런 점에서 봉쇄와 강제 격리가 권위주의적이고 전체주의적 국가권력의 새로운 도구가 될 것이라는 아감벤 등의 견해를 비판하고, "유보, 중단, 사회성을 괄호에 넣는 것이 때로는 타자성에 이르는 유일한 통로, 지구상에 고립되어 있는 모든 사람과 가깝게 느끼는 방법"이라는 입장을 취한다. 부자들만이 일반 사람들의 거주지와 완전히 분리된 요새와 같은 지역을 가지는 세계가 아니라 모든 사람들이 공면역체계에 포함될 수 있는, 인간으로서의 생명권과 안전권을 공유하는 공면역사회가 새롭게 구축되어야 한다는 것이다. 지젝은 19세기 공산주의의 이상을 코로나 시대의 공면역사회의 이상으로 대체하고 재해석하고 있다.

코로나19 대유행의 상황 속에서 고령의 고위험군자로서 자가격리된, 어찌 보면 절망적 상태에서 쓴 그의 논평은 새로운 공산주의 혁명, 새로운 삶의 방식의 발명을 통한 희망의 출구에 대한 적극적 상상력을 보여준다. 물론 지젝 자신은 그러한 자신의 입장이 현실에 기반한 비종말론적(재앙적) 전망이라고 말하고 있다. 그러나 모든 사람이 생명과 생존의 기본권을 가진 새로운 공동체 질서, 새로운 세계를 발명할 수 있으리라는 그의 현실인식과 '지금부터의 세계'에 대한 기대는 비판자들의 주장처럼 결코 현실적이지 않다. 지젝의 주장은 냉엄한 현실 자체를 초과하는 이상에 대한 열정에 사로잡혀 있고 류터가 말했던 구원론적 관심에 의해 동기화되고 있다. 그런 점에서 사실상 그의 포스트 코로나 담론은 종말론적이고 유토피아적이라고 할 수 있다.

격리 속에서 인류가 연대를 경험하며, 치명적 위협을 통해서만 통합된 인류를 그려볼 수 있고, 파국의 순간에 새로운 세상을 창조해낼 수 있다는 전망이야말로 종말론적이고 유토피아적인 상상력의 세속적 형태라 할 만하다.

코로나 시대 종교의 종말론적 상상력과 종교의 미래

인간이 질병의 원인과 결과를 예측하고 과학적으로 대처할 수 없었던 긴 역사 속에서 인간에게 끈질긴 고통과 좌절을 안겨준 질병은 어디에서 오고 왜 생기는 것일까에 대한 질문에 답변하는 것은 종교의 몫이었다. 기근과 병충해, 전염병, 전쟁 등에 대해 죄에 대한 신의 징벌과 보복이라는 종교적 답변, 특히 기독교 신학적 답변은 오랜 역사를 가지고 있다. 그리고 한편으로 섣불리 그 원인을 알 수 없는 심연, 창조세계 앞에서의 인간의 한계와 무지를 인정하고 서로 돌보며 신의 은총과 자비를 갈구하는 깊은 기도와 영성으로 회귀하라는 종교적 답변도 파국적 재난에 대해 오래 적용되던 종교적 해답의 공식이었다.

그러나 이제는 전염병의 과학적 원인과 처방을 찾는 것은 의학과 질병관리본부가 맡고 있다. 의학과 질병관리본부, WHO와 같은 기관들이 정밀한 역학조사를 통해 코로나바이러스의 진원지와 전파경로, 과정을 밝히고 치료책을 찾는다 해도 여전히 질문은 있을 것이다. '왜 지금 이러한 일들이 일어났는가?', '어떤 해결책이 있는가?'에 대한 합리적 설명으로 충족되지 않는 총체적 의미의 영역에서 발생하는 질문이다.

그러나 궁극적 해답의 체계로서의 종교의 자리는 현대과학과 의학의 설명 뒤에 남은 잔여의 질문들에 답변하는 것이 아니다. 오히려 과학과 의학의 합리적 지식을 포함하고 그 모든 것을 아우를 수 있는 인간과 세계의 목적과 방향, 삶의 심오한 의미를 제시하여 궁극적인 가치의 방향을 제시하는 데 있지 않을까. 포스트 코로나 시대 종교의 종말론적 상상력은 이 재난과 고통의 시간 속에서 신학적 교리적 의미를 읽어내고, 경전과 교리 안에서 이 재난과 고통의 의미를 찾는 것에서 끝날 수 없다. 더 나아가 인간과 피조물들이 탄식하고 고통받으며 종교조차 중단되고 멈추는 깊은 어둠과 고통 속에서 도래해야 할 새로운 미래의 형상을 제시할 수 있는 것이 아마 포스트 코로나 시대 종교에 담당해야 할 중요한 소임이 아닐까.

사실 무도하고 불의한 현실에 탄식하고 깊은 절망 속에서 새로운 세상을 꿈꾸고 보여주려 했던 것은 오랜 역사 속에서 종교가 해왔던 일이었다. 역사적으로 종교는 새로운 세상을 꿈꾸는 상상력과 능력을 보여주었다. 이상사회를 이루려는 혁명적 운동의 배후에는 언제나 종교적 종말론, 즉 천년왕국, 대동사회, 태평천국과 같은 보다 평등하고 안전하며 번영을 공유할 수 있는 사회에 대한 종교적 비전이 있었다. 그런 이상세계에 대한 비전은 현존하는 사회의 파국과 종말을 예고했으므로, 해당 사회 속에서는 때로 불온하고 위험한 사상으로 여겨지기도 했지만, 새로운 세계상을 미리 보여주고 여는 계기가 되어왔다.

그러나 지금의 코로나19 대유행 상황에서는 여러 종교들은 그러한 종말론적 상상력도 보여주고 있지 못한 것 같다. 왜일까? 코로나19 대유행 상황 속에서 종교는 세계의 종말이 아니라 오히려 종교의 종말을 의식하고 두려워하고 있기 때문일지도 모른다. 근대사회 속에서 사적 영역을 배당받은 종교의 공적, 공동체적 에너지와 관심은 '종교집단' 속으로 퇴거하고 축소하여 세계와 역사를 비판적으로 성찰할 수 있는 총체적인 종말론적 상상력을 보여주지 못하고 있는 것은 아닌가? 종교들의 세계는 종교집단이 되어버린 것은 아닌가?

코로나19의 확산의 진원지가 될 수 있는 종교모임과 의례를 멈출 수밖에 없는 상황, 밀접한 공동체 관계를 맺는 종교가 코로나19 감염의 진원지, 바이러스의 숙주로 지탄받고 그래서 '종교만 조심하면 된다'라는 사회적 의식이 팽배된 상황 속에서 종교가 현실을 비판하고 새로운 세계를 보여줄 수 있는 진정한 종말론적 상상력이 제대로 작동하지 못하고 있는 것은 코로나19로 인한 종교의 위기보다 더 근본적인 종교위기의 징후이다.

그러나 그러므로 오히려 지금이야말로 무수한 이웃의 고통 속에서 함께 아파하고 그 고통 속에 창조세계의 신음과 탄식소리 속에서 신의 소리를 경청하며 그 옛 세계의 끝을 선언하는 종교의 종말론적 상상력이 절실한 때이다. 지구촌의 모든 사람들뿐 아니라 모든 존재가 서로 진정으로 서로 얼굴과 얼굴을 마주하고 만날 수 있고 함께 화하며 동할 수 있는 이상적 세계에 대한 희망의 종말론적 상상력을 펼쳐 보일 수 있는

얼굴을 마주하고 만나고 대화하는 시간이 그리운 때다.

것도 종교의 몫이고 힘이다. 그것은 어쩌면 현실을 초월하고 넘어서는 궁극적이고 절대적인 믿음과 희망과 사랑의 힘으로 솟아나는 상상력이기 때문이다. 포스트 코로나 시대 종교의 진정한 미래는 그러한 상상력으로 지구 공동체에 희망을 주고 방향을 제시할 수 있느냐에 달려 있을 것이다.

포스트 코로나 시대 종교의 종말론적 상상력이 앞에서 살펴본 세속적 사회변혁주의자들의 종말론적 상상력을 포용하고 역사적 지구 공동체 속에서 합류하면서 낡은 세계로부터 새로운 세계를 탄생시키고 인간과 세계를 재창조할 수 있는 계기가 될 수 있기를 소망하고 기대해 본다.

5

신자유주의를
넘어서는 '공생경제'

강화명

유예된 시대의 도래

생존의 야만인가, 유토피아를 향한 진전인가? 지난 40여 년간 인류가 구축해 놓은 지구화의 파이프를 타고 단 몇 개월 만에 전 세계에 전파된 코로나19는 이렇듯 우리에게 묻고 있다. 세계 곳곳으로 번지는 전염병의 불길을 잡고자 거의 모든 나라가 세계화에 역행하여 물리적 통로와 길들을 차단하고 국가봉쇄를 선언했다. 바이러스의 창궐은 경제의 위기로 치닫고, 우리 사회에 검게 드리워져 있던 불평등을 더욱 선명하게 드러냄으로써 불안과 증오의 윤리적 위기로까지 번졌다. 코로나19의 확산을 막기 위한 각 국가의 공공 정책과 정치적 리더십 또한 냉혹한 시험대에 올랐다. 그야말로 파국이다. 신종 전염병이 몰고 온 전 지구적 위기 앞에 인류에게는 두 개의 선택지가 놓여 있다. 감염병 이후의 세상을 더욱 잔혹한 디스토피아로 맞이하거나 아니면 그 반대의 상황을 마주하게 될 운명의 갈림길에 지금 우리는 서 있다.

전문가들은 팬데믹 이후 우리의 삶이 어느 시점에서 회복된다 하더라도 코로나19 이전과 동일한 일상과 감각은 아닐 것이라고 전망한다. 코로나19는 우리가 무의식적으로 익숙하게 대하던 삶의 조건들을 더 이상 당연하지 않게 만들었고, 마주치지 않았던 문제들과 새롭게 대면하게 하였다. 국경 너머에 있는 타인과의 만남과 접촉이 일상적이던 삶은 이제 '비일상'이 되어버렸고 봉쇄와 거리두기, 온라인 소통이 지배하는 언택트(untact)가 새로운 문화로 자리를 잡았다. 하나 된 지구시장을 무대로 자유롭게 유통되던 자본과 노동, 물자마저 코로나19의 높은 벽에 가로

제러미 리프킨(Jeremy Rifkin, 1945~)

막혀 갈 곳을 잃어버렸다. 인류의 역사는 코로나19 이전(Before Corona)과 이후(After Corona)로 나누어질 것이라는 말이 더 이상 한낱 우스갯소리로 들리지 않는 이유다.

생태학자를 비롯하여 많은 경제윤리 학자들은 일찍이 후기산업사회가 대량 생산해낸 새로운 위험성에 대해 자주 경고했다. 인간의 물질적 탐욕에 제동을 걸지 않는 부의 논리, 산업발달과 경제의 성장은 그 대가로 자연의 파괴를 초래했다. 생산이 정점에 이를수록 우리가 생명을 기대어 살아가는 자연은 심각하게 오염되어 생명력을 잃어갔고, 생태계 교란, 기후변화, 유전자 조작 등 인류의 존망이 걸린 새로운 위험요소들이 문명의 발달과 더불어 더욱 커지고 강화되었다. 제러미 리프킨(Jeremy Rifkin)의 지적처럼 세계를 뒤흔든 역병은 채굴하고 추출하고 정제해서

제품을 생산하는 화석연료 문명이 불러온 기후위기의 참혹한 결과이다.[1] 더 큰 문제는 설령 코로나19가 잠잠해지더라도 기후변화라는 비극적 현실로 인하여 3~5년마다 새로운 바이러스가 우리의 삶을 덮칠 것이라는 어두운 전망이 쏟아지고 있다는 것이다.[2] 국가봉쇄와 거리두기, 멈춤이 일상을 지배하는 위드(with) 바이러스 시대가 온 것이다.

원인이 무엇일까? 환경파괴가 부른 이같은 인류 문명의 위기 이면에는 전 지구적 자본주의가 자리하고 있다. 자연의 위기는 이윤과 개발로 치닫는 경제 질서가 부른 구조의 위기이며, 이 질서를 뒷받침하는 신자유주의가 초래한 이념적 부작용이다. 서구 자본주의가 생산한 과거의 풀리지 않은 고통이 지금의 코로나19 팬데믹이라는 축적된 형태로 표출된 것이다. 전염병 이후에 다가올 포스트 코로나 시대를 상상함에 있어 경제적 정의를 숙고해야 하는 이유가 바로 여기에 있다. 동물의 소중한 서식지를 침범하여 야생에 남아 있어야 할 바이러스가 인간에게 옮겨붙도록 만든 경제체제, 효율과 경쟁을 푯대로 사회의 공적 영역을 잠식함으로써 전염병의 공격 앞에 우리의 삶을 더욱 위태롭게 내몬 과도한 성장주의에 그 책임을 물어야 한다. 인간의 정제되지 않은 탐욕이 코로나19라는 자기 파괴의 현실로 드러난 절명의 순간을 직시하며 지독한 이윤과 성장의 논리에서 벗어나 지금까지와는 다른 시각에서 경제를 들

---

1) 제러미 리프킨 외, 『오늘부터의 세계』 (서울: 메디치미디어, 2020), 19-24.
2) 제러미 리프킨 외, 『오늘부터의 세계』, 21; 최재천 외, 『코로나 사피엔스』 (서울: 인플루엔셜, 2020), 25-28.

여다보아야 할 때다.

역사학자 유발 하라리(Yuval Noah Harari)는 "지금이 한참 전에 이뤄야 했던 개혁을 감행할 수 있는 시간이며, 불의한 구조를 바로잡을 수 있는 시간"이라고 선언했다.[3] 어쩌면 신종 전염병이 세계인의 평범한 일상을 잠식한 지금이야말로 인류를 지배해온 자본주의적 생산과 소비양식, 자본과 노동의 불균형적 권력 관계, 축적을 위한 자연 파괴의 현실을 총체적으로 성찰하여 새로운 경제 질서를 구축해 나갈 수 있는 절호의 기회일지 모른다. 바이러스로 주어진 유예의 시간, 이제 우리는 진심을 다해 사유해야 한다. 과거의 그 무엇이 현재의 역병을 창궐하게 만들었는지, 코로나19 이후에 다가올 또 다른 세상을 위하여 오늘을 사는 우리는 무엇을 고민하고 어떤 준비를 해나가야 할지를 말이다. 이는 곧 코로나19의 세계적 대유행이 지구적 자본주의와 어떠한 연결고리를 갖는지를 면밀히 파악하고 우리 모두의 생명과 안전은 물론 인간과 자연의 상생에 기여할 수 있는 새로운 공생적 경제이념을 모색해 나가는 일이 될 것이다.

코로나19 팬데믹과 지구 자본주의

바이러스의 확산이 장기화되면서 코로나19는 단지 방역의 문제만이 아니라 사회, 정치, 경제적인 문제로 확산되었다. 코로나19는 감염의 공포와 더불어 비대면, 거리두기, 온라인 등으로 대변되는 '비일상'의 특별

---

3) 제러미 리프킨 외, 『오늘부터의 세계』, 10.

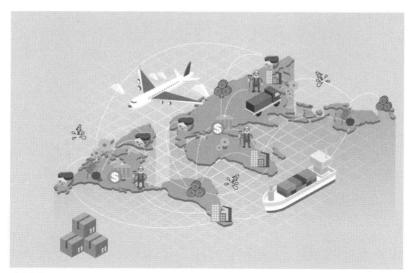
재화와 용역의 활발한 교류로 세계화된 지구촌

한 경험을 전 세계인이 공유하도록 만들었고 이러한 경험의 인식과 감각은 지금까지 우리를 지배하던 경제 시스템에 대한 반성과 성찰을 촉발시켰다. 바이러스가 쌓아 올린 파고 위에 앞으로 불어 닥칠 경제 위기에 관한 우려 섞인 전망과 함께 한편에서는 경제 질서의 뉴노멀(new normal)을 모색하고자 하는 대안적 움직임도 일어나고 있다. 코로나19로 확인된 글로벌 위험사회, 새로운 경제 정의를 성찰하려는 작업은 먼저 코로나19 팬데믹이 지구 자본주의와 어떤 방식으로 긴밀히 연결되어 있는지를 파악하는 일에서부터 시작될 것이다.

그 첫 번째는 시장경제가 발달하는 과정에서 초래한 생태계 파괴가 바이러스의 창궐을 유도했다는 사실이다. 주지하듯이 코로나19는 동물 유래 전염병이다. 에볼라, 신종플루, 사스, 메르스, 지금의 코로나

19 모두 동물을 자연 숙주로 삼아 기생하던 바이러스가 인간에게 옮겨져 생긴 질병이다. 케이트 존스(Kate Jones)는 야생에서 인간으로 병이 전이되는 일은 "인류의 경제적 발전의 숨겨진 비용"이라고 지적했다.[4] 지난 수십 년간 전례 없는 수준의 도로 건설, 원시림 개간, 세계화된 농업산업 등 다국적 기업의 막대한 자본이 자연으로 흘러 들어가 산림을 파괴하고 생태계를 마구잡이로 휘저어 놓았다. 그 결과 원시림 깊숙한 곳에 머물러 있어야 할 위험한 병원체가 점점 노출되었고 서식지를 박탈당한 야생동물들이 인간의 생활권으로 밀려 들어와 바이러스의 인간 침투를 더욱 용이하게 만들었다. 이는 신자유주의가 득세한 지난 30년간 300여 개의 감염병이 인간이 아닌 숲으로부터 나왔다는 반다나 시바(Vandana Shiva)의 연구를 통해서도 확인된다.[5]

이와 더불어 수익성을 높이기 위한 다국적 기업의 집약적이고 공업화된 식품 생산 방식은 바이러스가 독성과 저항력을 높이는 도약대의 구실을 하였다. 더 많은 고기와 지방을 얻기 위해 시행된 비위생적이고 야만적인 공장형 축산업은 신종 질병에 대항할 수 있는 가금류의 면역 장벽을 일시에 무너뜨렸다. 높은 개체수와 사육밀도, 단일품종 육성, 시간당 출하량을 높이기 위한 빠른 도축은 새로운 질병의 전파율을 높이고 강화하는 방향으로 바이러스의 진화를 촉진했다. 배설물이 뒤엉킨 비좁은 공간에서 성장촉진제와 항생제가 함유된 사료를 먹고 자란 취약

---

4) 슬라보예 지젝, 『팬데믹 패닉-코로나19는 세계를 어떻게 뒤흔들었는가』, 111-112.
5) 제러미 리프킨 외, 『오늘부터의 세계』, 201-202.

공장식 농장에서 수만 마리의 닭이 모이를 먹고 있다.

한 가축들은 병원체가 자라는 이상적인 개체군이 되었고 이와 비례하여 가축과 인간의 바이러스 교차 감염 가능성도 증가하였다.[6] 이렇듯 21세기에 들어 새로운 전염병이 유행하는 것은 결코 우연한 일이 아니다. 여기에는 바이러스가 면역반응이 약한 가금류를 숙주 삼아 변이, 확산, 진화해 나가는데 있어 최적의 환경을 제공하는 이윤 중심의 자본주의가 자리하고 있다. 다시 말해 인류의 먹거리를 생산하는 자본화된 방식이 새로운 전염병이 배양될 수 있는 환경적 조건을 구축해 온 것이다.

---

6) 마이크 데이비스 외, 『코로나19-자본주의의 모순이 낳은 재난』(서울: 도서출판 책갈피, 2020), 35.

두 번째는 코로나19의 확산 속도다. 지난 겨울 중국 우한에서 시작된 전염은 1월 9일 첫 사망자를 낸 후 불과 한 달여 만에 일본을 거쳐 미국, 프랑스, 이탈리아, 영국, 캐나다로까지 번졌다. 이는 지구를 떠받드는 경제 시스템 자체가 새로운 전염병의 세계적 대유행을 가능하게 만드는 구조로 형성되어 있음을 의미한다. 1980년부터 세계 경제를 지배한 신자유주의는 개방과 규제 완화를 핵심 정책 기조로 내세우며 국가 간의 장벽을 없애고 지구촌을 하나의 시장으로 빠르게 통합해 왔다. 희소한 자원을 최대한 활용하여 효율성을 높이기 위해서는 무엇보다 자유 경쟁이 보장되어야 한다. 경쟁은 인간의 창의성을 고양하고 과학과 기술의 발전을 촉진시켜 문명의 진보를 이끌어내기 때문이다. 따라서 다양한 경제 주체들 간의 자유로운 경쟁이 보장될 수 있도록 국가가 시행하는 각종 규제와 보호조치는 철폐되어야 하며 자생적 조절 능력을 가진 시장에 모든 것을 내맡겨야 한다. 이러한 신자유주의의 논리에 압도되어 미국과 영국을 선두로 각 국가들은 앞다투어 자국의 시장을 개방하고 각종 산업규제를 대폭 완화하여 탈국경화된 시장을 만드는데 적극 협조했다. 글로벌 대기업들은 모든 장벽이 사라진 시장을 무대로 더 유리한 산업입지를 찾아 국경을 유유히 넘나들었고, 민족국가 내에 발이 묶여 있던 금융자본은 세계적 연결망을 통해 더 적은 자본을 약탈적으로 집어삼키며 점점 몸집을 불려 나갔다. 코로나19는 이렇듯 신자유주의가 40년간 구축해 놓은 지구적 시장의 연결망을 따라 금세 세계 전역으로 퍼지게 되었다. 상품과 노동, 자본의 이동이 자유로운 글로벌 경제 구조가 감염의 지구화를 초래한 것이다.

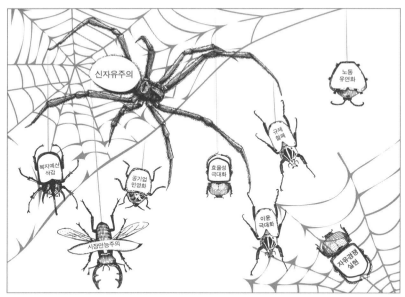

신자유주의는 국가권력의 시장개입을 배제하고 시장의 기능을 민간의 활동에 맡겨야 한다고 주장한다.

세 번째 기제는 코로나19 팬데믹이 야기한 경제적 충격의 심화와 관련된다. 전염병으로 인한 경제 위기는 기존의 위기가 오일쇼크, 금융거품 등 주로 경제적 요인에 의해 발생한 것과 달리 생태환경적 요인으로 초래된 것이라는 점에서 미증유(未曾有)의 사태다. 생소한 전염병의 공격에 각 나라들은 바이러스 유행을 둔화시키기 위하여 국경을 걸어 잠그고 직장봉쇄, 생산중단 등 평상시라면 극단적으로 보일 법한 강력한 억제정책을 추진하였고 이는 불가피하게 경제 둔화로 이어졌다.[7] 노동자들이 일하지 못하게 되면서 생산과 무역이 중단되고 임금을 받지 못

---

7) 폴 크루그먼 외,『코로나 경제전쟁』(서울: 매경출판(주), 2020), 26-27.

한 가계들은 일시에 소비를 줄였다. 이와 함께 백신이 개발되지 않은 상황에서 코로나19 재난이 언제 끝날지 모른다는 사회적 불안감마저 엄습하면서 경제 전반에 걸친 소비와 투자, 고용이 위축되었다. 특히 '세계의 공장'이라는 수식어처럼 상품생산과 교역에 있어 핵심고리 역할을 담당하던 중국이 봉쇄조치를 취하면서 경제적 파고는 더욱 커졌다. 작은 바이러스 하나에 세계 경제가 일시에 휘청하였다.

왜 그럴까? 그 이유 중 하나는 글로벌 시장경제가 단기 효율성에 집중하는 구조로 짜여져 있기 때문이다.[8] 자본주의에서 무엇보다 중요한 것은 이윤 창출이다. 수익성이 높아야만 주주들이 투자를 하기 때문에 단기간에 돈벌이가 된다는 것을 보여주어야 한다. 이를 위해 지구 자본주의는 치열한 가격경쟁에서 우위를 점하고자 전 세계를 하나의 공급망으로 복잡하게 엮어 놓았다. 몇 단계를 거치는 모든 공정이 순조롭게 흘러가야 전체 경제가 돌아가는 구조다. 만약 이 공급망의 연결고리 중 하나라도 어떤 위험요인에 의하여 깨지게 되면 다른 연결고리도 연쇄적으로 부서진다. 신종 전염병이 방역의 차원을 넘어 한순간에 세계 경제 위기로까지 번지는 까닭이다. 또한 시장경제는 이윤을 유일한 지표로 제시하기 때문에 안전이나 장기적 탄력성에 더욱 취약할 수밖에 없다. 신자유주의자들에게 있어서 글로벌 재난이나 위험에 대비하기 위한 각종 설비나 장치, 인력, 자본은 지금 당장 수익을 내는데 마땅히 투입되어야

---

8) 제러미 리프킨 외, 『오늘부터의 세계』, 22, 87.

할 자원들을 축내는 못마땅한 구멍들이다.9 단기 이익과 효율에 집중하는 자본가들은 미래에 일어나지 않을지도 모를 위험에까지 신경 쓸 여력이 없다. 이러한 이윤 중심 자본주의의 내재적 결함이 코로나19가 몰고 온 경제적 충격을 더욱 확대, 심화시켰다.

이상에서 살펴본 것처럼 코로나19 팬데믹은 글로벌 시장경제와 밀접한 연결고리를 갖는다. 자본이 자연을 대상으로 벌인 이윤 행각이 역병의 창궐을 유도했고 시장과 자본의 지구화가 우한의 고난을 몇 주 만에 전 세계의 고난으로 만들었다. '보이지 않는 손'이 지배한다는 자기 조절적 시장은 신종 전염병에 여지없이 무너져 더욱 심각한 경기침체를 야기했다. 우리가 지금의 전염병을 한때의 질병과 같은 개별적 사건으로 이해해서는 안 되는 이유다. 이에 효과적으로 대응하기 위해서는 바이러스와 자본의 긴밀한 연결고리를 주시하면서 앞으로 빈번하게 찾아올지 모를 전염병의 위기에 보다 탄력적으로 대응할 수 있는 경제 구조를 형성해 나가야 한다.

감염병이 들춰낸 지구적 현실, 불평등

독일의 저명한 사회학자 울리히 벡(Ulrich Beck)은 1986년에 출판한 자신의 저서 『위험사회』(Risiko Gesellschaft)에서 '빈곤은 위계적이나 스모그

---

9) 장석준, "코로나가 드러낸 글로벌 자본주의, 그 이후는?,"『프레시안』, 2020.3.6.
(https://www.pressian.com/pages/articles/281266#0DKU)

변화에 대응하고 위기와 시련을 극복하기 위해서는 탄력성이 요구된다.

는 민주적이다'라고 진단했다.[10] 근대 이전의 위험이 주로 부의 분배에서 소외된 특정한 계층의 사람들이 겪는 '누군가'의 문제였다면 산업사회가 생산해 낸 현대적 위험은 온갖 경계와 지위, 계급의 차이를 초월하여 누구에게나 가해질 수 있는 '모두'의 문제로 확장되었다는 분석이다. 코로나19는 울리히 벡의 통찰이 사실인 동시에 사실이 아니라는 역설을 드러냈다. 그 누구도 전염병의 공포를 온전히 비껴갈 수 없다는 점에서는 평등하나 질병에 대처하는 방식은 분명 위계적이다.

---

10) 울리히 벡, 『위험사회』, 홍성태 역 (서울: 새물결 출판사, 2019), 77.

코로나19로 취약계층에 대한 도움이 시급한 상황이다.

대부분의 재난이 그러하듯 코로나19 바이러스 역시 우리 사회의 가장 취약한 이들을 먼저 강타했다. 각종 지표는 코로나19 위기가 부와 소득의 불평등 구조로 인하여 약자가 더 많은 고통을 감내해야 하는 사회적 재난임을 시사하고 있다. 우리가 이 질병으로부터 배운 진실 하나는 당뇨와 심장병, 폐질환 등 기저질환을 앓고 있는 사람일수록 바이러스에 치명적이라는 사실이다. 케이트 피켓(Kate Pickett)에 따르면 이는 불평등한 사회에서 지위가 낮고 가난한 사람들에게서 나타나는 뚜렷한 '병증'이다.[11]

경제적으로 박탈된 소수자의 위치에 있는 취약계층들은 주로 의료시

11) 제러미 리프킨 외, 『오늘부터의 세계』, 154.

로스앤젤레스의 식량배급 대기행렬 ©Downtowngal

설이 미비하고 과밀한 주거 환경에 거주하기 때문에 바이러스에 노출되기 쉽고 질병에 걸리더라도 제때 치료를 받기 힘들다. 또한 유급휴가나 재택근무가 불가한 육체노동, 단순노동, 일용직에 종사하는 경우가 많아 대중과의 접촉을 피할 수 없어 바이러스에 더욱 취약할 수밖에 없다. 이러한 사실은 코로나19의 감염자와 사망자 발생 추이에서도 분명하게 드러난다. 영국의 경우 첫 코로나19 확진자 2천249명 중 35퍼센트가 유색인종이었고 미국 시카고 지역 코로나19 사망자의 72퍼센트가 흑인이었다.[12] 미국 내 가장 큰 피해가 발생한 뉴욕의 경우 저소득층이 거주하

---

12) 최은경, "코로나19가 보여준 불편한 진실, 아픔조차 불평등하다"『미디어오늘』, 2020.10.14. (http://www.mediatoday.co.kr/news/articleView.html?idxno=209776)

는 지역의 코로나19 치사율이 부유층 거주지역보다 15배 가까이 높게 나타났다.13 바이러스는 모든 이들을 숙주로 삼지만 실제는 불평등의 골을 따라 사회적 약자들에게로 모여든다.

문제는 코로나19가 인종, 성별, 나이, 교육, 장애, 직업 등으로 갈라지는 사회적 격차의 근본 원인이 아니라는 사실이다. 바이러스는 이전부터 우리 사회 저변에 존재하던 불평등을 들춰내 그 심각성을 환기시키는 결정적인 계기가 되었을 뿐이다. 이는 전염병의 창궐 이전부터 지구촌이 경제적 양극화로 신음하고 있었음을 나타내며, 여기에는 신자유주의의 세계화라는 지난 수십 년간의 기류가 존재함을 의미한다. 고전적 자유주의의 현대적 버전인 신자유주의는 자본의 가치증식이 가능할 때 인간은 가장 창의적일 수 있다는 합리적 인간관을 토대로 시장기능의 활성화와 국가 역할의 축소를 핵심기조로 내세운다. 이러한 경제이념에 따라 기존의 복지국가들은 수요와 공급의 시장 매커니즘을 저해하는 각종 규제들을 걷어내고 사회적 비용을 발생시키는 복지, 교육, 의료 등의 공공예산을 대폭 축소하는 방향으로 경제 정책을 선회하였다. 그 결과 사회 구성원들이 함께 점유하던 많은 공공재가 사적 이윤추구의 대상으로 전락하였고, 교육이나 보육, 돌봄 등 인간의 삶에 필수적인 부분들이 민영화되어 수익성의 논리를 따르도록 강제되었다.

이와 함께 기업혁신을 주장하는 자본가들은 경제적 합리성을 이유로

---

13) 이경탁, "美 뉴욕 '빈촌' 코로나 치사율… '부촌의 15배,'"『조선비즈』, 2020.5.19. (https://biz.chosun.com/site/data/html_dir/2020/05/19/2020051901794.html)

노동의 경직성을 문제 삼으며 유연화 정책을 펼쳐 예전에는 없던 비정규직, 특수용역근로자, 단기근로자 등 공동체적 가치를 탈각한 일회용 일자리들이 노동시장을 빠르게 메꾸어 나가도록 압력을 행사했다.[14] 이는 정규직과 비정규직 간의 심각한 임금 격차를 유발하여 중산층 몰락, 가구소득 불평등이라는 어두운 결과로 이어졌다. 이렇듯 신자유주의 경제이론에 의해 재편된 노동시장 구조의 변화와 국가 공공정책의 축소는 경제적 불평등과 빈곤 현실에 직접적인 영향을 미쳤다. 여기에 대규모 구조조정과 해고를 피하기 위한 노동자들 간의 비인간적인 경쟁이 '물적 강제'[15]로 주어지면서 약자들의 삶은 더욱 빈곤하고 피폐해졌다.

코로나19 바이러스는 신자유주의가 키워낸 이러한 불평등 사회가 인간에게 얼마나 치명적인지를 여실히 보여주었다. 질병에 대한 불안과 공포는 직위와 계급, 부의 유무에 따라 양분되었고, 재택근무와 유급휴가로 자신을 안전하게 보호할 수 있는 정규직과 감염 위험에도 생계를 위해 일을 중단하기 어려운 비정규직 간의 현실적 격차를 더욱 선명하게 드러냈다. 이와 함께 의료격차, 교육격차, 성별격차 등도 수면 위로 올랐다. 차별과 불평등은 분노로 이어졌고 분노는 물리적 폭력으로 치닫기도 했다. 세계 초일류국가임을 자부하던 미국에서는 임계점을 넘은 이들이 거리로 뛰쳐나와 방화와 약탈을 일삼는 초유의 사태가

---

14) 박명준, 「코로나 위기와 '공공성의 사회적 공간'의 확장」, 『노동리뷰』 7월호(2020), 10.

15) 페터 울리히, 『신자유주의 시대의 경제윤리』, 이혁배 옮김 (서울: 바이북스, 2020), 38-40.

벌어졌다.

이렇듯 지금 우리가 경험하는 공황 상태는 신자유주의의 시장 중심 논리가 축적해 온 사회적 결과이다. 이는 곧 코로나19 위기에 대한 근본적 대응이 신자유주의의 기류에 편승해 형성된 경제 질서의 약화와 결코 무관하지 않음을 시사한다. 세계를 일시에 패닉으로 몰아넣은 감염병은 우리의 경제적 삶이 지금까지의 방식대로는 더 이상 지속될 수 없으며 근본적인 변화가 필요하다는 위험신호를 주고 있다. 효율과 경쟁을 유일한 작동원리로 삼는 시장 만능주의와의 거리두기를 강화하고 민주적 공공성과 돌봄과 연대 등의 사회적 가치를 중심으로 경제의 목적을 재편하지 않으면 안 된다.

재난 유토피아 VS 재난 자본주의

재난 속에서도 희망은 있다. 슬라보예 지젝(Slavoy Zizek)의 말처럼 재난은 역설적이게도 윤리적 진전을 가능하게 만들기 때문이다.[16] 우리에게 불어 닥친 거대한 위기는 공포와 불안, 엄청난 고통을 안겨 주기도 하지만 동시에 그러한 위기를 잉태해 낸 사회의 낡은 질서에 대한 총체적 반성을 유도하여 새로운 사회로 나아갈 수 있는 길을 제시한다. 코로나19도 그렇다. 무엇보다 팬데믹은 이번의 글로벌 위기가 산업화와 자본주의의 발달에 따른 자연 약탈의 처참한 결과임을 다시 한 번 상기시켜주었다. 공동체의 필요를 넘어서는 과도한 생산과 소비, 자연의 소중

---

16) 슬라보예 지젝, 『팬데믹 패닉-코로나19는 세계를 어떻게 뒤흔들었는가』, 127-128.

한 가치를 이윤으로 책정하는 시장경제가 코로나19라는 글로벌 재앙을 불러온 것이다. 이는 봉쇄와 차단, 거리두기로 인하여 전 세계의 산업 활동이 일시에 멈추자 생태계가 꺼져가던 생명력을 회복한 사실을 보아서도 명확하다. 에너지 수요와 탄소배출이 줄면서 대기질이 개선되어 30년 만에 히말라야의 설산이 보이는 장관이 연출되었고, 인간에게 밀려 움츠려 있던 육상의 야생동물과 해양생물들의 움직임도 다시금 포착되었다.[17] 코로나19가 의도치 않게 야기한 이러한 경험은 축적을 위해 자연을 수단화하는 인간의 탐욕과 생태 파괴적 생산 방식이 갖는 위험성을 부각시키며 적극적인 개선을 촉구하도록 이끌었다. 문재인 정부가 최근에 발표한 탄소배출 감축, 재생에너지로의 전환을 골자로 하는 한국판 그린뉴딜(Green New Deal)도 이러한 맥락에서 나온 대안이다.

다른 하나는 자본주의의 야수성에 대한 재발견이다. 코로나19 팬데믹 사태는 불평등과 가난, 실업, 양극화 등 자본주의의 내재적 모순을 '일상'의 문제로 모두가 느낄 수 있도록 해주었다. 같은 전염병 위기 상황에서도 인종과 성별, 경제력, 직업에 따라 받게 되는 영향력의 크기가 달라진다는 사실이 자명해졌다. 바이러스는 빈부와 나이, 피부색을 가리지 않고 전 세계인을 숙주로 삼지만 감염의 경로와 정도, 확산, 치료의 접근성은 지구적 시장경제가 만들어 놓은 분리선을 따라 확연히 갈라진다. 백신을 둘러싼 국가 간의 불평등도 심각하다. 선진국은 전 국민

---

17) 류지복, "'맑아진 지구' 코로나19로 대기오염 '뚝'…. 도심엔 야생동물," 연합뉴스, 2020.4.23. (https://www.yna.co.kr/view/AKR20200423010100071?input=1195m)

이 2번씩 맞고도 남을 만큼 필요 이상의 백신을 쓸어 담고 있지만 정작 빈국은 백신을 구경조차 하기 힘들다. 최근 WHO의 발표에 따르면 소득이 높은 캐나다는 인구 대비 6배, 영국은 3배, 미국은 2배의 백신을 이미 확보한 상태지만 아프리카 가나는 고작 25회분의 백신을 확보한 것이 전부다.[18] 인류를 위한 공공재로 취급되어야 할 백신과 치료제가 자국 우선주의와 선진국의 사재기로 인하여 '부자', '부자 나라'의 몫으로 돌아가고 있다. 앞으로 코로나19 변종이나 새로운 바이러스 대유행이 빈번하게 재연될 수 있음을 가정해 볼 때 포스트 코로나 시기에 맞이할 세상은 권력과 부의 불평등이 더욱 심화된 잔인한 계급사회가 될 것이라는 점이 어렵지 않게 예측된다.

이에 대한 근본적인 개선책과 대안을 마련하려는 사회적 움직임도 분주하다. 기본소득이나 전국민고용보험 등 약자들을 위한 사회적 안전망을 보다 포용적으로 재편해야 한다는 주장이 대표적이다. 이와 더불어 보건의료 및 보육, 돌봄, 교육의 공공성을 강화하는 다양한 정책들도 고안되고 있다. 코로나19로 일자리를 이미 잃었거나 잃을 위기에 처한 자영업자, 소상공인, 이주노동자들을 위한 다양한 복지지원책도 정책 테이블에 올랐다. 취약국가 어린이들을 위해 백신을 할당하자는 공공 캠페인도 전개되고 있다. 이번 사태를 전환의 계기로 삼아 시장에 사회 안전망을 위한 질서를 세워 보다 인간적인 체제로 만들어 나가려는

---

18) 김민서, "캐나다는 인구 6배분, 가나는 25회분... 종식 걸림돌 된 '백신 민족주의,'" 세계일보, 2021.2.9. (http://www.segye.com/newsView/20210208514673?OutUrl=naver)

모든 사회적 위험에 대한 '포괄성'과 사회구성원 모두에게 적용되는 '보편성'을 실현하고 '국민복지기본선'을
보장하기 위한 '사회안전망'이 요구된다.

노력들이다.

　그러나 장밋빛 전망만이 존재하는 것은 아니다. 한편에서는 거대
한 재난이 가져다주는 충격과 공포를 기회 삼아 자본의 지배를 더욱 공
고화하려는 재난 자본주의가 여전히 꿈틀거리고 있다. 나오미 클라인
(Naomi Klein)의 저서 『쇼크 독트린』에서 처음 사용된 재난 자본주의는 충
격적인 자연적, 사회적 재난과 혼란 상황이 발생했을 때 시민들의 공포
와 두려움을 이용하여 지배계급의 이익을 강화하고 자본주의 체제를 공
고화해 나가는 사회 현상을 가리킨다. 자본주의는 언제나 재난 상황에
서도 자신들만의 방식으로 위기를 극복하고 끊임없이 이윤을 창출해 왔

다.[19] 지금도 그렇다. 코로나19로 취약계층은 일자리를 잃고 생계를 유지하기가 더 막막해진 반면 부유층은 이러한 위기를 새로운 부의 창출을 위한 밑천으로 삼고 있다. 사람들이 모여야 하는 여행업이나 숙박업, 공연업, 관광운송업 등은 직격탄을 맞았지만 IT기업, 배달업, 게임업, 온라인 쇼핑몰 등은 상대적으로 호황을 누렸다.[20] 이를 토대로 자본가들은 언택트, 디지털 시대에 맞는 새로운 아이템 개발과 온라인 기반 글로벌 산업에 적극 투자하며 돈벌이에 열을 올리고 있다. 이는 바이러스가 들춰낸 격차와 불평등을 공론화하고 적극적으로 시정하기보다는 오히려 자본의 이익을 보장해 주는 방향으로 사회체제가 공고화될 가능성을 높인다. 한마디로 자본주의에 또 다른 날개를 달아주는 격이다.

재난 유토피아인가, 재난 자본주의인가? 지금 우리는 코로나19라는 미증유의 사태로 무엇을 배우고 어떠한 가치를 중시하며 어떤 미래를 맞이할 것인지를 결정해야 하는 분기점 앞에 있다. '인류는 선택해야 한다. 연대할 것인가, 반목할 것인가?'라는 유발 하라리의 말처럼 우리는 전염병이 몰고 온 새로운 변화를 어떠한 방향으로 재구성해 나가야 할지에 대해 고민해야 한다. 코로나19 팬데믹의 위기를 문명 전환의 계기로 삼아 멋대로 날뛰는 시장을 적절히 규제하여 모든 이들의 생명과 안전을 지키는데 헌신하도록 만들 것인가, 재난의 책임을 약자들에게 떠

---

19) 최재천 외, 『코로나 사피엔스』, 152.
20) 임해원, "코로나19에 특수 누리는 기업들," 이코리아, 2020.4.6.
(https://www.ekoreanews.co.kr/news/articleView.html?idxno=43252)

넘기며 자본의 야만성을 그대로 묵과할 것인가? 이는 오로지 우리의 선택과 행동에 달려있다.

경제에 대한 종교적 상상력

종교는 코로나19가 야기한 경제 위기에 무엇을 할 수 있을까? 분명한 사실은 감염병 팬데믹이 글로벌 경제에 던진 충격과 파고를 예측하고 이를 최소화할 수 있는 다양한 부양책을 화폐·금융·재정·일자리 등의 차원에서 제시하는 것이 종교의 궁극적 역할이 아니라는 점이다. 아마도 종교가 할 일은 사랑과 평화, 상생의 윤리를 바탕으로 경쟁하고 착취하며 파괴하는 것이 '정상'이 되어버린 오늘의 경제 현실을 비판하고 정의로운 전환이 이루어질 수 있도록 가치 기준의 변화를 촉구하는 일일 것이다. 앞에서 논의한 것처럼 코로나19 팬데믹이 촉발한 경제 위기의 이면에는 글로벌 신자유주의라는 이데올로기가 도사리고 있다. 따라서 이에 대한 철저한 반성과 저항 없이는 포스트 코로나 시대의 보다 나은 경제체제를 모색하기란 거의 불가능하다. 그런 점에서 약자에 대한 특별한 관심과 사회정의를 추구하는 종교의 개벽 정신은 전환 시대를 구축해 나갈 새로운 경제 정의를 모색함에 있어 하나의 의미 있는 지평을 제공해 줄 수 있다고 본다.

경제에 대한 종교적 상상력은 이상사회에 관한 논의와 맞닿아 있다. 종교는 저마다의 신앙전통과 깊은 영적 체험, 교리와 사상을 바탕으로 현실의 모든 갈등과 질곡으로부터 벗어난 해방의 이상사회를 꿈꾼다. 대동사회, 천년왕국, 서방정토, 하나님 나라 등 저마다 불리는 이름은 다를지라도 이들 사회가 인류의 화합과 공존, 사랑과 평등의 보편적 가치를 지향하고 있다는 점에서는 공통적이다. 일각에서는 이상사회에 대한 종교의 유토피아적 비전이 오히려 지구촌 갈등과 반목을 부추기는 요인이 아니냐고 반문하기도 한다. 물론 일부 사실일지 모른다. 그러나 종교의 이상 사회론이 사회의 밑바닥에서 고통받는 약자들의 해방과 인권의 회복, 연대의 가치를 토대로 초월적인 피안의 세계만이 아니라 그 초월적 세계와 관련하여 인류 역사 속에서 새로운 지구 공동체의 가능성을 예시하고 실험하는 기능을 해왔다는 사실 또한 부정하기 어렵다.[21] 근대 이후의 정교분리라는 상황 속에서도 종교는 상상력을 동원하여 항구적인 평화가 실현된 이상사회와 이상경제를 염원하고 이를 실천하고자 늘 고심해 왔다.

종교의 유토피아적 비전은 보다 나은 사회를 이루어 나가는데 필수적인 연대와 협력, 돌봄의 윤리적 가치를 고무하고 촉진한다는 점에서도 중요하다. 종교야말로 보편적 인류애와 인간 존엄에 기반한 희생과 나눔, 타인에 대한 공감과 소통의 이타적 본성을 일깨워온 훌륭한 공동체적 자원이기 때문이다. 종교가 그려내는 이상향 안에는 자기 이익과 경계를 넘어 타자를 품고 사랑하고자 하는 자기희생적인 속성이 담겨 있다. 초기의 그리스도인들은 대대적인 박해가 감행되는 위기의 상황에서도 하나님 나라의 임박한 도래라는 종말론적 비전을 바탕으로 서로 물건을 통용하고 자신의 재산과 소유를 팔아 가난한 자들에게 아낌없이

---

21) 안연희, 「문선명 선생의 이상사회론과 세계공동체 비전」, 『평화와 종교』 3(2017), 164.

나누어 주는 이웃사랑을 실천했다. 또한 종교는 기존의 부조리한 질서를 재생산하고 유지하는 것이 아니라 현실의 부정의를 날카롭게 파헤치고 이를 해체하는 역동적인 힘이기도 하다. 역사 가운데 등장한 동학농민운동, 해방신학, 민중신학은 종교의 이상이 약자를 짓누르는 불의한 사회구조에 끈질기게 저항해 왔음을 잘 보여준다. 이는 유토피아를 추구하는 종교적 비전이 상상의 차원을 넘어 실재와 긴밀히 연결되어 있음을 드러낸다.

우리를 고통 속으로 몰아넣은 역병은 그저 우연히 주어진 외부로부터의 참사가 아니라 인류가 만들어내고 영위해온 약탈적 자본주의 시스템이 잉태해 낸 내부적 재앙이며 그런 점에서 인위적이다. 축적을 위한 인간의 절제되지 않은 탐욕이 과잉생산-과잉소비-과잉배출로 이어지는 파괴의 역학 고리를 만들어냈고 그 결과로 지금의 생태위기가 발생했다. 이는 곧 인간의 물질적 욕망에 제동을 걸어 질서를 부여하지 않으면 전염병 재난의 반복적 발생을 원천적으로 차단하기 어렵다는 것을 시사한다. 그런 점에서 코로나19를 극복할 수 있는 진정한 백신은 화학 백신이 아니라 '생태 백신', '행동 백신'이라는 최재천의 말을 기억할 필요가 있다.[22] 자연을 대하는 우리의 태도, 우리의 실존과 정치·경제적 시스템에 대한 이해방식을 바꾸지 않으면 안 된다. 인간 역시 거대한 자연의 일부이며, 자연을 이용하고 활용하는 경제 행위는 지구를 공유하는 모든 이들의 안전과 복지라는 공동선을 달성하기 위한 수단이라는 자각이

---

22) 최재천 외, 『코로나 사피엔스』, 33.

필요하다. 이러한 맥락에서 볼 때 종교는 코로나19 이후에도 여전히 힘을 발휘한다. 우리는 사랑과 공의에 기초한 종교적 상상력을 통해 불평등을 극복하고 생명의 경제를 이루어 나갈 수 있는 또 다른 길을 발견할 수 있다.

하나님과 인간, 자연이 더불어 사는 공생경제

여타의 다른 종교와 마찬가지로 세계평화통일가정연합 역시 하나님의 창조이상이 오롯이 구현된 자유와 평화, 행복의 이상사회를 지향한다. 그 이상사회는 인류의 부모로 존재하는 하나님의 심정을 닮아 서로를 보다 위하면서 살아가고자 하는 애적(愛的) 인간들이 모여 이룬 사회로 공생(共生)·공영(共榮)·공의(共義)주의 사회로 표상된다. 이 중 공생주의는 이상사회의 경제적 측면에 대해 자세히 밝힌 이상론이다. 생산과 유통, 분배, 소유, 소비로 이루어지는 경제적 매커니즘 중에서 특히 공생주의는 '소유의 문제'에 천착한다. 이는 재화에 대한 본연의 소유의식이야말로 경제를 하나님의 뜻에 맞게 운위해 나갈 수 있는 규범이자 원리라고 보기 때문이다.

그렇다면 공생주의가 그리는 이상 소유란 무엇인가? 이에 대해 공생주의는 상대를 무한히 위하고자 하는 심정에 기초하여 성립되는 '공동소유'와 '적정소유'를 제시한다. 여기서 공동소유는 "첫째로 하나님과 나와의 공동소유이며, 둘째로 전체와 나, 이웃과 나의 공동소유"를 뜻하는 개념으로, "하나님의 그 한없는 참사랑에 의해서 그 참사랑이 담긴 선물인 일정한 하나님의 재산(소유)을, 우리(나와 이웃)에게 공동 관리하도록

소유한 재산을 세고 있는 '대금업자와 그의 부인', 크벤틴 마씨스(Quentin Matsys) 1514년

한 것"이라는 의미를 담고 있다.[23] 공생주의는 지구에 존재하는 자연 만물이 일차적으로 하나님에게 귀속되어 있음을 겸허히 고백한다. 하나님은 땅 위의 모든 유형적 존재들에게 생명을 부여한 창조주로 우주의 진정한 주인이다. 그러나 한편으로 하나님은 피조세계에 대한 치리권을 자녀인 인간에게 사랑으로 위임하였다. 하나님은 심정의 주체로 한없이 사랑함으로써 기쁘고자 하는 정적인 충동을 지니고 있고, 이를 실현하기 위해 사랑의 대상으로 인간을 창조하였다.[24] 인간 또한 심정의

---

23) 통일사상연구원, 『통일사상요강』 (서울: ㈜성화출판사, 1994), 762.
24) 이상헌, 『공산주의의 종언』 (서울: 도서출판 일념, 1987), 354.

하나님을 닮아 사랑하고자 하는 본심의 욕망을 갖고 있으며 이에 부모이신 하나님은 자녀인 인간을 위해 그 사랑의 실체대상으로 자연 생태계를 창조하여 인간에게 직접 다스리도록 하였다. 인간은 하나님의 그 깊은 사랑에 감사하며 형제자매의 유대적 관계 속에서 피조세계를 사랑으로 돌보고 양육하는 하나님의 생명위탁을 함께 시행해 나가게 된다. 그런 점에서 이 땅의 모든 재화와 만물은 하나님과 나, 이웃의 공동소유가 된다.

적정소유란 양심에 근거해 정해지는 적정량을 개인의 자주적이고 존엄한 삶을 위한 물적 기반으로 소유할 수 있다는 원칙이다. 공생주의가 공동소유를 주장한다고 하여 사적 소유를 전면적으로 부정하는 것은 아니다. 인간이 하나님의 고유한 기쁨의 대상으로서 타인과 구별되는 자신만의 개성과 자질을 발휘해 나가기 위해서는 어느 정도의 사적 소유가 필요하다. 또한 인간의 사랑의 욕망, 곧 이웃과 만물을 조건 없이 위하고자 하는 사랑을 실현하기 위해서도 개별 소유는 일정 부분 허용되어야 한다. 이때 개인이 가질 수 있는 소유의 적정한 정도를 정하는 기준은 다름 아닌 '양심'이다. 양심은 일차적으로 개인의 내면적 도덕률로 이해되지만 공생주의가 말하는 양심은 사적 차원에만 국한되는 것이 아니라 공동소유를 우선적으로 지향하면서 이웃의 물질적 필요를 충분히 고려한 가운데 설정되는 것으로 의미가 확장된다. 그런 점에서 공생주의가 말하는 적정소유는 자본주의의 사적 소유처럼 타인과 공동체를 배제한 자기 본위의 독점적 소유가 아니라 이웃에 대한 우애와 돌봄의 공적 토대 위에 성립하는 사랑의 소유이며, 하나님과 나, 이웃의 공동소유에 근거한, 그래서 그로부터 일정한 제약을 받는 소유권으로 이해된다.

　공생주의가 주장하는 적정소유의 원칙은 인간과 자연의 관계에도 그대로 투영된다. 인간은 하나님의 본형상을 닮아 유형의 몸(體)을 지닌 존재로 창조되었기 때문에 만물을 적절하게 변형, 개발하여 삶을 위한 에너지와 자원을 얻지 않으면 안 된다. 그런 점에서 자연을 이용하여 재화를 생산해내는 경제는 인간이 창조본성(創造本性)으로 주어진 욕망을 충족하고 생명을 영위해 나가는 기본 방식으로 하나님의 축복의 질서에 속한다. 그러나 이러한 개발은 무제약적으로 허용되는 것이 아니라 하나님이 피조물 전체 공동체를 위한 질서로 세운 공생과 보존의 틀 안에서 제한적으로 이루어진다. 생태계 변화와 지구 환경의 자정 능력을 충분히 고려한 가운데 인간과 자연의 지속적인 공존을 보장하는 적정한 규모의 개발에 근거한 적정한 소유가 허락된다.

　이러한 공동소유와 적정소유의 원칙에 근거해 볼 때 공생주의가 그리는 이상 경제란 첫째 의식주를 추구하는 인간의 물질적 욕망이 심정에 기초해 제어되어 부의 독점이나 축적이 없고, 둘째 모든 인간이 형제자매의 관계 속에서 자신의 창조성을 바탕으로 삶을 꾸려나가는 방편인 경제활동에 소외됨 없이 참여하며, 셋째 성장의 과실이 경제 주체들에게 고루 분배되어 하나님의 자녀로서의 존엄한 삶을 위한 물질적 조건을 수평적으로 향유하고, 넷째 인간과 자연의 연대적 관계 속에서 적정한 생산과 소비의 순환이 이루어져 지구의 전 생명들이 더불어 살아가는 공생의 경제임을 알 수 있다. 이는 공생주의가 공동소유와 적정소유가 실현된 원형을 '이상가정'에서 찾고 있다는 사실에서도 분명하게 드러난다. 가정에서 부모와 자녀는 사랑의 연대 관계를 토대로 빼앗고 탐내고, 착취하는 일 없이 자산을 공동으로 소유하며 가정의 번영이라는 공동선을 위해 서로 돕고 협력해 나간다.[25] 한편으로 가족 구성원들은 용돈이나 개인 생활비 등 각자의 삶을 위한 어느 정도의 개인 소유물도 적정하게 나눠 소유하고 있다. 가정 안에서 이루어지는 이러한 경제윤리가 기업과 회사, 사회공동체에도 적용될 때 재화의 증대를 통한 만인의 복지가 경제 활동의 궁극적 목표가 되는 오이코노미아(Oikonomia), 곧 돌봄의 공동 경제가 실현된다.

만물의 주인, 만물의 부모

공생주의는 심정을 기반으로 성립하는 공동소유와 적정소유의 정신을 가진 완성한 인간의 격위를 '만물의 주관주'로 표현한다. 여기서 주관이란 자연을 인간과 분리된 객체로 여기며 도구화하는 '정복' 내지 '지배'의 개념이 아니다. 자연에 담겨있는 하나님의 신성과 사랑을 깊이 인지한 가운데 지구의 모든 생명체들을 책임지고 돌보고 관리해 나가는 주체적인 사랑의 행위이자 창조적 활동으로 이해된다.[26] 지구의 자연적 존재들은 하나님을 원형으로 하여 그로부터 생명을 부여받아 탄생한 결과적 피조물인 동시에 하나님에게 사랑의 기쁨을 돌려드리는 실체대상이다. 앞에서 살펴본 것처럼 하나님은 한없이 사랑하고자 하는 강력한

25) 이상헌, 『공산주의의 종언』, 284.
26) 통일사상연구원, 『통일사상요강』, 76.

정적인 충동을 핵심적 속성으로 갖고 있다. 그런데 사랑이란 주체와 대상이라는 '둘'의 관계에서 성립되는 경험이므로 사랑하고자 하는 충동은 필연적으로 사랑의 대상을 갖고자 하는 충동과 연결된다. 이에 하나님은 자체 내의 이성성상(二性性相)을 심정을 정(正)으로 하여 분립(分)하고 다시 결합(合)하는 과정을 거쳐 자연에 존재하는 모든 생명들을 직접 창조하였다.

하나님은 초월자인 동시에 자연 가운데 거하며 각각의 만물들에게 존재의 의미와 가치를 부여하고 이들을 사랑으로 양육하는 친밀한 내재자이다. 자연계 안에 있는 모든 만물들은 근원인 하나님에 의하여 생명을 얻고 자라나며 약동하는 힘을 받는다. 또한 하나님을 향해 정위되어 있으며 창조주가 부여한 생명의 가치를 무한히 드러내어 기쁨을 돌리고자 하는 공통된 피조목적을 지향하고 있다. 하나님과 자연의 이러한 결합방식은 주체와 대상의 '닮음 관계'로 이해된다. 이는 자연의 생물체와는 다른 차원의 주체로서 하나님이 초월자, 절대타자로서 피조세계와 분리되어 있는 것이 아니라 이 세계와 닮음의 관계로 깊이 연결되어 있음을 함의한다. 하나님은 자연을 존재하게 한 영원한 주체인 동시에 대상인 만물세계를 통해 그 현존과 신성을 드러내며 생태계 전체와 사랑으로 연합되어 있다.

지구에 존재하는 모든 생물 종들이 닮음의 관계 속에서 창조주 하나님과 연속성을 갖는다는 사실은 자연의 권리와 가치에 대한 새로운 인식론적 전환을 요청한다. 이는 곧 인간과 자연을 대립적, 지배적 관계로 규정하고, 후자에 대한 전자의 약탈을 정당화하는 근대의 기계론적 경제관이 더 이상 우리의 삶에 적합하지도 유효하지도 않음을 드러낸다. 무형으로 존재하는 하나님의 마음(性相)과 몸(形狀)이 광물과 식물, 동물에게 차원을 달리하여 내재되어 있다는 사실은 그 어떠한 자연적 존재도 인간의 이기적 욕망을 위한 착취적 대상의 범주에 포함되어서는 안 됨을 시사한다. '그의 영원하신 능력과 신성이 그 만드신 만물에 분명히 보여 알게 되나니'(롬1:20)라는 바울의 고백처럼 지구의 만물들은 하나님의 생명과 신성(神性)을 담고 있는 현실 세계의 고귀한 유형적 대상들이다.

자연계는 인간과 별개로 하나님의 창조물이자 상징적 사랑의 실체대상이라는 내재적 가치를 지니지만 만물의 진정한 가치는 인간과의 상호관계를 통해 가장 극적으로 드러난다. 하나님은 자신이 지은 자연의 모든 생명들을 지극히 사랑하지만 보이지 않는 초월자이기 때문에 유형의 체(몸)가 없어 피조세계로부터 오는 감각적 자극을 직접적으로 느끼기 어렵다. 이에 하나님은 영과 육을 가진 인간을 자신의 속성을 가장 많이 닮은 직계자녀로 창조하여 그 인간을 통해 만물을 주관하도록 하였다. 영인체(靈人體)와 육신(肉身)이라는 이중구조로 창조된 인간은 무형의 하나님과 영적으로 교통하면서 물질적 몸을 통해서는 피조세계를 하나님의 뜻에 맞게 다스려 평화로운 생태 공동체를 이루어 나가야 할 특별한 책임을 부여받은 존재이다.

인간과 만물은 모두 하나님의 속성을 닮아 난 사랑의 대상이라는 점에서는 동일하지만 양자 사이에는 격위(格位)의 차이가 존재하며, 만물이 완성한 인간의 주관을 받는 것이 창조의 질서이다. 하나님이 닮음의

종교개혁 화가 루카스 크라나흐의 1530년 작 '에덴동산'. 창조 이후 모습이다. 하나님이 마지막으로 인간을 만든 것은 그 이전 창조된 것들을 잘 관리할 책임을 지우기 위함이다.

관계 속에서 가장 나중에 창조할 인간의 이성성상을 본(本)으로 하여 저급한 존재에서 고급한 존재로 만물세계를 먼저 지은 이유도 여기에 있다. 하나님은 인간을 광물과 식물, 동물 등 모든 자연적 존재들의 속성과 요소에 공명할 수 있는 상응 구조를 갖춘 최상의 존재로 창조하여 자신을 대신해 만물을 양육하고 돌보는 참된 주인의 위치에 세우고자 한 것이다. 이렇듯 하나님이 우주의 전 생명을 영위하는 방식은 하나님과 사랑의 일체를 이룬 인간을 자연의 진정한 부모이자 주인으로 세워 생태계의 모든 존재들을 사랑으로 관리하고 보살피도록 하는 생명 주관권의 위임이다.

만물의 주관주로서 인간은 다른 생명체의 고려 없이 이기적인 욕망에만 치우쳐 자연을 착취하고 이용하는 것이 아니라 신인애일체(神人愛一體)를 이룬 가운데 부모와 같은 심정으로 생태계 구성 주체들을 사랑으로 돌봄으로써 모든 생명의 충만함을 가능하게 하는 경제 환경을 이루어 나간다. 하나님이 창조한 각각의 생명들이 제자리를 유지할 권리를 갖고 있음을 깊이 인식한 가운데 인간과 만물이 조화롭게 수수작용(授受作用)하면 무형의 하나님은 이들 가운데 실체적으로 임재하여 충만한 사랑의 기쁨을 함께 누리게 된다. 이로써 하나님과 인간, 자연이 사랑 속에서 안락함을 누리며 더불어 살아가는 평화의 경제 공동체가 이루어진다.

공생의 경제를 향하여

공생주의가 공동소유와 적정소유의 원칙을 기반으로 펼치는 이상론은 강자를 위한 지구적 차원의 약탈적 공납체계를 구축해온 글로벌 신자유주의를 넘어설 수 있는 대안적 관점을 제공해 준다. 만물의 참된 주관주라는 생태적 인간주의를 바탕으로 지금까지 우리가 '정상'으로 치부했던 경제가 사실은 이웃과 자연의 고통 위에 세워진 '비정상'적인 것이라는 사실을 일깨워주며 인간과 인간, 인간과 자연의 공생을 위한 대안적 경제의 이념과 틀을 모색해 나가야 함을 촉구한다. 무엇보다 공생주의는 타자의 물질적 궁핍과 고통을 보면서도 더 많은 축적을 바라는 인간의 파괴적 탐욕을 비판하며 창조 본연의 소유의식을 회복할 것을 요청하고 있다. '독점'은 인간에게 만물의 생명을 위탁한 하나님의 뜻을 저버리는 명백한 기만행위이자 죄이다. 따라서 우리는 공동소유와 적정소유의 '정신'을 근간으로 생산과 분배의 매커니즘을 보다 정의롭게 규율해 나가지 않으면 안 된다.

브뤼노 라투르는 "코로나바이러스 위기는 미래에 올 지구 온난화, 경제 위기에 대한 총 예행연습"이라고 말했다. 군이 복잡한 수치를 언급하지 않더라도 지금과 같은 불평등 경제, 탄소경제를 지속해 나간다면 인류에게 '내일'은 없다. 앞으로 행해질 우리의 선택과 대처에 따라 인류의 문명이 지속될지 아니면 전체가 공멸할지가 결정될지도 모른다. 코로나19 팬데믹으로부터 배운 교훈을 반면교사(反面敎師) 삼아 포스트 코로나 시대를 논의해야 하는 이유가 여기에 있다. 어떻게 해야 이 위기를 헤쳐나갈 수 있을까? 코로나19를 빌미삼아 경제적 불평등을 더욱 가속화하는 재난 자본주의로 나아간다면 답이 없다. 우리의 방향은 그 반대여야 한다. 보다 많은 축적을 위해 지구상의 다른 생명체들을 무자비하게 착취해온 지난날의 과오를 깊이 반성하고 생산과 소비는 물론 자원의 보다 정의로운 분배가 이루어질 수 있도록 경제의 틀을 과감히 바꿔야 한다. 소수만을 위한 약탈적 경제에서 벗어나 모든 인간의 안전과 기본적인 필요를 충족시키는 '공생적 시장'이 절실하다. 부디 공생주의가 던져준 종교적 깨달음이 코로나19로 맞이한 퀼위의 시간을 보다 나은 경제를 위한 선택의 시간으로 바꾸길 희망해 본다.

6

팬데믹과 종교의
윤리적 역할

강화명

Please, I can't breathe

차가운 땅바닥 위에서 목이 졸린 그는 힘겨운 신음을 토해내며 간신히 말했다. 숨을 쉴 수 없으니 제발 자신의 목을 짓누르는 그 무릎을 치워달라고 말이다. 몸이 결박되어 움직일 수 없는 상황에서도 가까스로 버둥거리며 살기 위해 호소했다. 그러나 플로이드의 간절한 부탁은 돌아오지 않는 메아리였다. 아무리 외쳐도 백인 경찰은 비릿한 웃음을 흘리며 그의 목을 더욱 강하게 옥죄었다. 2020년 5월 25일, 46살의 미국 시민 조지 플로이드는 그렇게 소중한 생을 마감했다.

얼마 지나지 않아 비슷한 사건이 다른 나라에도 있었다는 불운한 소식이 날아들었다. 프랑스의 배달 노동자 세드리크 슈비아 역시 같은 일을 당했다. 배달업으로 다섯 자녀를 부양하던 아버지 슈비아는 스쿠터를 타고 에펠탑 인근 케브랑리 박물관 앞을 지나다가 주행 중 휴대폰을 보고 있었다는 이유로 경찰 검문을 받았다. 이내 험한 말이 오갔고 실랑이를 벌이던 경찰 4명은 그를 바닥에 강제로 엎드리게 해 목 뒷부분을 눌렀다. 그는 5분 만에 의식을 잃고 병원으로 후송됐으나 이틀 후 사망했다. 숨이 붙어 있던 마지막 20초 동안 슈비아가 7차례나 내뱉은 말은 안타깝게도 조지 플로이드와 같았다. "숨을 쉴 수 없어요." 다른 점이 있

미국 백인 경찰의 과잉진압으로 흑인 남성이 사망하는 사건이 벌어졌다.

다면 조지 플로이드의 사망 사건이 전 세계적인 이슈로 보도되기 전까지 그 누구도 한 가장의 죽음에 주목하지 않았다는 것뿐이다. 왜 이런 일이 발생했을까? 이들이 저지른 죄가 목숨으로 갚아야 할 만큼 무거운 것이었나? 한 가지 공통점은 분명하다. 이 두 사람 모두 백인이 주류인 사회에서 약자로 살아가는 '흑인'이었다.

슬픔이 분노로 바뀐 건 한순간이었다. 사실 '숨을 쉴 수 없다'라는 흑인들의 절박한 외침은 세계 최고의 문명국가라 자부하던 미국 사회에서 오래전부터 들려왔다. 굳이 흑인을 노예로 여기던 어두운 과거로 거슬러 올라가지 않더라도 수많은 이들이 인권과 존엄 앞에 피부색을 내세

조지 플로이드의 죽음에 대해 항의하는 시애틀 시민들 ©Hongao Xu

우는 백인 경찰들의 가혹 행위로 고통을 당하고 억울한 죽음을 맞았다. 2014년 경찰의 목조르기로 사망한 에릭 가너, 2016년 경찰에게 연행되던 도중 의식을 잃고 숨진 24살의 흑인 청년 아다마 트라오레도 그랬다. 비극이고 야만이라고 부르면 지나칠까? 수치로 확인된 경찰들의 인종 차별적 폭력 행위는 해마다 증가하지만 이들 가해자 대부분이 솜방망이보다 가벼운 처벌을 받았다는 사실은 새삼스럽지도 않다. 폭력이 이미 우리 안에 문화로 구조화된 것이다.

분노는 사람들을 결집시켜 거리로 나서게 했다. 플로이드의 억울한 죽음을 규탄하는 시위가 사건 발생 지역인 미니애폴리스를 넘어 미국 전역에서 불길처럼 일어났다. 낙인과 배제, 차별로 억눌렸던 울분은 '흑인의 목숨도 소중하다(Black lives matter)'는 구호가 되어 광장과 거리를 가득 메웠다. 대부분이 평화시위로 진행되었지만 몇몇 도시에서는 시위대에 강경대응하는 경찰의 반성 없는 태도에 약탈과 방화, 폭행을 동반한 폭동까지 벌어졌다. 코로나19가 연일 확진자와 사망자를 갱신하며 세계를 휩쓸던 당시, 거대 제국 미국은 그렇게 차별과 혐오로 얼룩진 처참한 민낯을 온 세계 앞에 여과 없이 드러냈다.

인종화된 바이러스, 혐오

코로나19 팬데믹과 더불어 혐오의 정서 또한 국경을 넘고 있다. 이전부터 우리 사회에 뿌리 깊게 박혀 있던 차별과 배제가 다시금 고개를 내밀었다. 역병과 관련하여 가장 먼저 혐오의 대상이 된 이들은 당연 중국인이었다. 동물을 자연 숙주로 삼아 기생하는 것으로 잘 알려진 이 바이러스가 도대체 어떠한 과정을 거쳐 인간에게 옮겨졌는지를 놓고 전문가들은 갑론을박을 거듭했다. 대중의 눈길이 우선적으로 머문 곳은 야생동물로 만든 요리를 '보양식', '별미'로 여기며 서슴지 않고 먹는 중국인들의 식습관이었다. 엎친 데 덮친 격으로 한 중국 여성이 박쥐로 만든 탕을 시식하는 짧은 영상이 유튜브를 통해 전 세계에 공개되면서 의심은 이내 확신으로 변했다. 이와 함께 바이러스의 진원지로 알려진 화난수산물도매시장에서 닭, 여우는 물론 악어, 쥐, 뱀 등 수십 종의 야생동물이 식재료로 거래되는 장면이 고스란히 보도되면서 세계인들은 너나 할 것 없이 중국인에 대한 비난과 증오의 감정을 쏟아냈다. 이유는 다르지만 미국의 트럼프 전 대통령 또한 '코로나19 바이러스'를 '차이나 바이러스'로 부르면서 중국 책임론에 무게를 실었다. 코로나19와 박쥐의 직접적인 연관성을 부인하는 여러 과학적 연구가 발표되었음에도 세상을 멈추게 한 바이러스는 박쥐까지도 잡아먹는 야만적 중국인들이 초래한 지구적 재앙으로 깊게 각인되었다.

오리엔탈리즘에 익숙한 서구인들에게 중국인은 동양인과 등치된다. 그들은 동양이라 묶이는 범주 안에는 여러 나라가 있으며 다양한 아시아계 민족이 있음을 인식하지 못한다. 이는 자연스럽게 팬데믹 재난에 대한 책임이 동양인에게 있다는 잘못된 인식의 확장을 낳는다. 서구인들과 피부색, 생김새가 다른 아시아인들 전체가 바이러스의 숙주로 분류된다. 이를 반영하듯 코로나19의 대유행과 더불어 동양인을 향한 '이방인 혐오'가 빠르게 확산되고 있다. 길에서 아시아인을 만나면 갑자기 코와 입을 가리고 기침을 하거나 침을 뱉고, 소독제를 뿌리는 등의 혐오 표현도 서슴없이 자행된다. 어학연수를 위해 캐나다 토론토에 머물고 있는 한 한국인 유학생은 최근 황당한 일을 겪었다. "마스크를 쓴 채 거리를 걷는데 한 남자가 자신을 향해 '바이러스'라고 외치며 재채기를 하는 제스처를 하더라."[1]고 불쾌감을 내비쳤다. 베트남인 큐레이터 응우옌은 런던 예술 경매 봄 박람회에 참여하려다가 주최 측으로부터 "당신

---

1) 전훈잎, "'신종 코로나로 한국인 인종차별?' 아시아계 혐오로 번졌다", 한국일보, 2020.1.29. (https://www.hankookilbo.com/News/Read/202001291495058699)

코로나19가 대유행하면서 아시아계를 향한 외국인 혐오증이 증가하고 있다.

이 참여하면 바이러스가 딸려올 수 있다."[2]는 이유로 참가 거부 이메일
을 통지받았다고 분통을 터트렸다. 두 사건 모두 '아시아인=병균'이라는
혐오 정서가 깔려있다.

혐오표현이 극단화되면 혐오범죄로 나타나기도 한다. 싱가포르 출신
대학생 조너선 목은 런던 중심가 옥스퍼드 스트리트에서 무차별 폭행을

---

2) 김인오, "中코로나 탓에 '아시아인 혐오 범죄' 극성", 매일경제, 2020.3.8.
   (https://mk.co.kr/news/world/view/2020/03/241989/)

당했다.3 경찰의 조사 끝에 가해자는 15세, 16세 영국인 소년들로 밝혀졌다. '우리나라에 너 같은 코로나바이러스가 있는 게 싫다'는 것이 폭행의 이유였다. 여성에게는 더 끔찍한 혐오범죄가 자행되기도 했다. 미국 뉴욕 브루클린에 사는 39세 동양인 여성은 자신의 집 앞에 쓰레기를 버리러 나왔다가 한 남성으로부터 심각한 염산 테러를 당했다.4 이 테러로 여성은 상반신과 얼굴, 그리고 양손에 2도 화상을 입었다. 직접적인 범행의 이유는 밝혀지지 않았지만 전문가들은 인종차별에 근거한 혐오범죄일 가능성에 무게를 두었다. 신종 감염병에 대한 두려움과 공포가 서구 사회에서 흑인과 더불어 약자일 수밖에 없는 전체 아시아인들을 향한 범죄로 얼굴을 드러내고 있다.

더 큰 문제는 팬데믹으로 인한 폭언과 폭력으로 심각한 고통을 호소하는 아시아계 시민들에 대한 서구 정부의 미지근한 태도다. 정의를 생명으로 여기는 공권력마저 일상에서 벌어지는 낙인찍기와 배제를 묵인하거나 그 죄성을 가볍게 치부하는 사례가 늘고 있다. 이는 가해자의 반성 없는 태도를 부추기고 인종에 따른 차별이 제도적으로 확대, 재생산될 수 있는 공적 통로를 열어준다는 점에서 근절의 대상이다. 프랑스에서는 코로나19 유행으로 인한 반중국 정서로 한국 여성이 20~30대로

---

3) 박대한, "'코로나19' 지칭하며 런던서 아시아인 폭행한 영국 10대 유죄", 연합뉴스, 2020.8.11. (https://www.yna.co.kr/view/AKR20200811002000085)
4) 김채현, "CCTV에 찍힌 염산테러 현장…동양인 혐오 범죄 기승", 서울신문, 2020.4.13. (https://www.seoul.co.kr/news/newsView.php?id=20200413500078&wlog_tag3=naver)

추정되는 남성 무리로부터 폭언을 당하는 피해가 발생했다.5 이들은 트램을 타고 귀가하고 있던 여성을 향해 입에 담기조차 어려운 폭력적 발언을 이어갔고, 이에 여성이 자신은 한국인이며, 인종차별을 멈추라고 호소했음에도 동양인 전체를 비하하는 폭언을 장시간 일삼았다. 여성은 휴대폰으로 촬영한 영상을 증거로 경찰에 즉시 신고했다. 그러나 프랑스 경찰들의 반응은 냉담하기 그지없었다. "폭언자들이 한 말을 정확하게 이해하지 못하겠다."는 것이 그들로부터 들은 유일한 답이었다. 한 아시아 젊은 여성이 느낀 두려움과 공포를 무시한 채 프랑스 경찰은 내내 소극적인 태도로 일관했다.

비슷한 일이 독일에서도 일어났다고 한다. 한국인 유학생 부부가 베를린에서 지하철을 타고 집으로 돌아가던 중 독일 시민으로 보이는 성인남녀 무리로부터 인종차별과 성희롱, 폭행을 당하는 사건이 발생했다.6 다행히 지하철 기관사의 신고로 현지 경찰이 출동했으나 유학생 부부는 더욱 분통을 터트려야만 했다. 경찰관이 "육체적인 폭력을 가하지 않은 채 코로나라고 비웃는 것은 인종차별이 아니다."라며 사건접수 자체를 거부했기 때문이다. 이어 "한국에 살다가 큰 도시로 왔으면 참는 법을 배워야 한다."는 어쭙잖은 훈계도 이어졌다. 이는 생필품을 사기 위해 독일 국경 지역을 방문한 프랑스인들이 주민들로부터 '코로나의 나라

---

5) 김상우, "'한국인 인종차별' 잇따라…프랑스서 20대 여성 폭언 피해", YTN, 2020.6.13. (https://www.ytn.co.kr/_ln/0104_202006130817494396)
6) 이소라, "프랑스인, 독일 왔더니 "돌아가라" 유럽 사람끼리도 '혐오 정서 퍼져'", 한국일보, 2020.4.13. (https://www.hankookilbo.com/News/Read/202004131576717378)

로 돌아가라'며 모욕을 받은 사건에 대해 독일 정부가 즉시 차별과 혐오 정서를 멈춰야 한다는 성명서를 발표한 것과는 상당히 대조적이다.

국내에 부는 혐오 정서

우리라고 다를까? 혐오는 '밖'에서뿐만 아니라 '안'에서도 진행 중이다. 2020년 1월 20일 우리나라에서 코로나19 바이러스 확진자가 발생하자 비난의 화살은 일제히 이웃 나라인 중국을 향했다. 관광객이 많이 찾는 한국의 주요 식당에는 '중국인 입장 불가'라는 차가운 경고장이 붙었고, 한 온라인 커뮤니티에서는 중국 불매 운동을 의미하는 '노 차이나(No China)' 로고가 등장했다. SNS에는 '우한폐렴', '중국 포비아' 등 원색적인 비난 언어가 넘쳐났다. 중국인 입국을 원천 봉쇄해야 한다는 여론도 들끓었다. 청와대 국민청원 게시판에는 60만 명이 넘는 시민들이 중국인 입국 반대에 서명했고, 일부 정치인들도 성명서를 발표하며 이에 가담했다. 한국 정부가 자국민의 생명과 안전보다는 중국의 눈치를 보는 사대주의에 빠져있다는 비판의 목소리도 들려왔다. 그러나 정부는 확진자가 발생하기 이전에 이미 바이러스가 국내에 유입되었을 가능성에 무게를 두며 중국인 입국을 봉쇄하는 대신 입국자 중심으로 감염 여부를 체계적으로 관리하는 K-방역을 추진했다. 신속한 검사와 과학적 진단, 투명한 정보 공개 시스템으로 창궐하던 역병이 잦아들자 혐오 언어 또한 힘을 잃는 듯 보였다.

2020년 2월 18일, 일명 '슈퍼 전파자'로 불리는 확진자가 등장하면서 상황은 급반전되었다. 특히 이 여성이 우리에게 생소한 신천지 교인이

코로나19는 감염자의 침방울(비말)을 통해 사람 간에 전파된다.

라는 사실이 알려지면서 중국인을 향해 있던 혐오의 시선은 단번에 신천지 교인들에게로 날아들었다. 여기에 기독교에 의한 '이단', '사이비', '밀교' 굴레까지 덧씌워지면서 사람들은 소수 종교인에 대한 불쾌감과 분노를 여과 없이 드러냈다. 31번 확진자가 접촉한 신도 수만 1천 명이 넘는다는 시장의 발표에 대구 전체가 일시에 패닉에 빠졌고, 예상대로 확진자가 무더기로 쏟아지자 이 지역을 봉쇄해야 한다는 주장에 힘이 실렸다. 나의 안전을 위해서는 너를 배제해야 한다는 이분법적 논리가 여지없이 꿈틀댔다.

　바이러스가 확산과 잠시 멈춤을 반복하며 전국으로 퍼져 나가자 이제 경계와 분노의 시선은 집단감염이 일어난 특정 계층으로 향했다. 서울 구로 콜센터에서 100명이 넘는 사람이 감염되자 정부와 시민이 합심하여 코로나19 극복을 위해 전력을 다하는 이 마당에 도대체 어떻게 행동했길래 이런 사태가 발생했냐는 비판이 들끓었다. '무엇 때문에 마스크를 벗었느냐', '몰려다니면서 밥을 먹은 거냐', '무책임하게 바이러스를 퍼트린 것이냐'라는 무서운 질타가 이어졌다. 5월에는 생활방역으로 전환한 지 하루도 채 지나지 않아 서울 이태원 일대 클럽을 중심으로 코로나19가 다시 창궐했다. 이 클럽의 주요 방문자들이 일반인들과 다른 성적 지향을 가진 젊은이들이라는 사실이 알려지면서 성 소수자들에 대한 증오가 폭증했고, 이와 함께 노래방, 클럽, 유흥업소를 전전하는 젊은이들의 낮은 윤리의식과 방탕한 생활도 도마 위에 올랐다. 더욱이 바이러스가 젊은이들에게 별로 치명적이지 않다고 하니 취약한 어른들이 쏟아내는 불쾌감과 비난은 거셀 수밖에 없었다.

택배 노동자들에게도 낙인이 찍혔다. 이태원에서 시작된 바이러스가 쿠팡 물류센터로 옮겨지면서 다수의 확진자가 나왔다. 장기화되는 팬데믹 사태로 우울감과 피로감을 호소하며 지쳐 있던 시민들에게는 그야말로 악보(惡報)였다. 8월에는 혐오의 타깃이 종교로 바뀌었다. 한 개신교 목사가 주최하는 대규모 집회를 분수령으로 꺾일 것처럼 보이던 바이러스 유행곡선이 다시 치솟자 여기저기서 분노의 목소리가 터져 나왔다. 하루빨리 일상으로 돌아가기를 고대하며 힘겹게 자가격리와 사회적 거리두기를 실천해 오던 시민들은 몇몇 종교인들의 부주의로 방역에 '구멍'이 뚫렸다는 사실에 노골적인 분노를 드러냈다. 코로나19 창궐에도 대면 예배를 고집하는 일부 교회를 중심으로 집단감염이 이어지면서 종교가 구원의 장소가 아니라 감염의 온상지가 되었다는 비판도 제기되었다. 비말로 감염되는 이 바이러스의 특성상 한 곳에 모여 박수를 치며 열심히 찬양을 하는 모습은 시민들에게 은혜가 아닌 공포로 다가왔다.

노인들도 힐난의 대상이 되었다. 전국의 요양원과 요양병원을 중심으로 집단감염이 발생하자 노인은 우리 사회에 아무 도움도 안 된다는 비난이 일었다. 코로나19 확진자를 자신의 소중한 일상을 무너뜨린 이들로 죄인시하는 목소리가 예외 없이 들려왔다. 바이러스의 창궐로 의료 병상이 부족해지자 완치 확률이 낮은 노인은 치료하지 않겠다고 공개적으로 선언한 이탈리아만큼은 아니지만 우리나라 역시 노인에 대한 혐오의 감정을 감추지 않았다. 노인들이 머무는 요양원이나 요양병원은 바이러스의 진원지, 기피시설이 되었고 그 안에 사는 노인들에 대한 사회적 시선 역시 더욱 차가워졌다.

혐오가 생략한 삶의 이야기

문제는 이러한 혐오가 세계를 멈추게 만든 바이러스 대재난을 극복해 나가는데 일말의 도움도 되지 않는다는 사실이다. 오히려 배제와 혐오의 정서는 코로나19 사태를 해결해 나가는데 필수적인 공감과 연대의 감정을 희석시킴으로써 전대미문의 위기 앞에 우리를 더욱 속수무책으로 만든다. 당장 방역의 문제만 해도 그렇다. 확진자를 향한 지나친 비난과 질책은 두려움을 조장하고 진단검사를 회피하도록 만들어 사태를 더욱 악화시킨다. 실제로 코로나19 확진자 대부분이 바이러스에 감염된 것보다 자신은 물론 가족의 신상까지 알려지고 동선이 공개되는 것이 더 무섭다고 토로하기도 했다. 사회의 약자들이나 소수자들에게 이 일은 더욱 두렵게 다가온다. 가뜩이나 사회의 차별적 시선으로 고통받는 이들에게 누구와 접촉했는지, 어디를 갔는지, 무엇을 했는지를 일일이 공개해야 하는 일은 버겁기만 하다. 이러한 우려는 현실이 되었다. 신천지 교인들을 중심으로 대구에 코로나19가 창궐하자 이들을 향한 질책과 비난이 쇄도했다. 불난 집에 부채질하듯 언론은 앞다투어 자극적인 기사를 경쟁적으로 보도했고 이 중에는 사실도 있지만 사실을 확인할 수 없는 기사도 넘쳐났다. 여기에 소위 정통이라 불리는 기독교의 이단 전문가들이 합세해 신천지를 사교집단, 없어져야 할 사회악으로 평가하며 비판의 수위를 높였다. 종교적 진리성은 차치하고 신천지 교인들을 좀비나 벌레로 부르는 과도한 혐오 표현이나 정통과 이단으로 나뉘는 이분법적 프레임이 이들의 자발적이고 적극적인 방역 협조를 이끌어 내는데 도움이 되지 않는다는 사실은 분명하다.

이태원 클럽 사태도 그렇다. 서울 이태원에 위치한 K클럽은 해당 클럽을 방문한 이들 중에 확진자가 나오자 이 사실을 즉시 SNS에 알렸다. 이후 국민일보가 '이태원 게이 클럽'을 중심으로 코로나19가 확산되고 있다는 기사를 올렸다. 이에 뒤질세라 다른 언론 또한 감염자들의 성적 지향을 밝히며 성 소수자를 혐오하는 언어를 쏟아냈다. 이내 포털 사이트 실시간 검색어에 '게이 클럽'이 올랐고, 해당 시설을 방문한 확진자의 신상정보와 직업, 직장까지 파헤쳐졌다. 이러한 낙인찍기와 노골적 혐오는 확진자와 접촉 가능성이 있는 이들을 음지로 숨어들게 만드는 부

작년 5월 초 서울 이태원 클럽에서 발생한 신종 코로나19 집단감염 사태는 성소수자에 대한 혐오로 번졌다.

정적인 결과로 이어졌다. 백신이 없는 상황에서 감염병 확산을 막기 위해 무엇보다 중요한 것이 조기 진단검사다. 빠른 진단을 통해 신속한 격리가 이루어져야 바이러스가 퍼지는 것을 막을 수 있다. 그러나 자신의 성적 지향이 대중에게 공개되는 것을 두려워한 젊은이들은 검사를 기피했고 참다못한 정부는 '차별'은 방역에 도움이 되지 않으니 혐오 발언을 자제해달라고 언론에 요청했다. 이 일은 결국 성 소수자들을 배려하는 익명검사를 전국적으로 확대함으로써 일단락되었다.

인종이나 계층, 감염 유무로 특정인에 대해 무차별적 혐오를 일삼는 것은 그 혐오의 대상이 가진 다양한 삶의 '이야기'를 생략함으로써 우리가 가진 공감의 감수성을 무디게 만든다. 아시아인에 대한 차별과 낙인은 이들이 무엇을 위해 그 먼 땅까지 왔는지, 이주노동자들이 사실은 자신들 나라의 경제를 떠받드는 중요한 축이라는 이야기를 외면한다. 서울 구로 콜센터에서 집단감염이 발생하자 사람들은 이들을 비난하기에 바빴지 열악한 직업 특성상 마스크 착용과 거리두기를 지키기 어려운 아픈 현실에 대해서는 묻지 않았다. 사실 따지고 보면 정부의 방역지침인 물리적 거리두기는 사회에서 밀려난 비정규직, 저임금 노동자들에게는 지키기 어려운 방역수칙이다. 공간이 곧 자본인 세상에서 타인과의 일정한 거리는 대기업에 다니는 정규직이나 누릴 수 있는 호사다. 물류센터를 중심으로 집단감염이 발생하자 사람들은 이들에게도 원색적인 비난을 쏟아냈다. 그러나 코로나19 팬데믹으로 더욱 힘들어진 배달 노동자들의 삶의 이야기는 이번에도 생략됐다. 한국이 성공적인 방역정책을 펼칠 수 있었던 주요 요인 중 하나로 꼽히는 것이 바로 온라인 유통망 시스템이다. 자가격리와 사회적 거리두기가 제대로 효과를 발휘하기 위해서는 집안에서도 일상의 삶이 유지될 수 있도록 누군가가 그 빈 공간을 메꾸지 않으면 안 된다.[7] 매일같이 이 간격을 채우는 이들이 바로 배달 노동자다. 그러나 혐오는 하루 1만 개의 상품을 배달하기 위해 자신을 '갈아 넣는' 고강도 노동을 참고 견뎌야 하는 이들의 수고로움에 대해서는 말하지 않는다.

역병이 창궐하는 이 시기에 클럽을 방문하는 젊은이들의 철없는 행동을 꾸짖는 어른들은 많아도 한국의 젊은이들이 느끼는 절망감과 두려

---

7) 김수련 외, 『포스트 코로나 사회: 팬데믹의 경험과 달라진 세계』 (파주: 글항아리, 2020), 139.

움에 대해 묻는 이는 드물다. 대학을 나와도 번듯한 직장을 잡기 힘들고 부모의 경제적 뒷받침이 없으면 신분 상승은 꿈도 꾸지 못한다. 오죽하면 N포세대라고 부를까. 이들이 잘했다는 이야기가 아니다. 다만 각자가 처해 있는 다양한 삶의 이야기에 주목함으로써 공감 능력을 길러 나가야 우리 모두가 안전해질 수 있다는 말이다. 서로의 삶이 갖가지 제약 속에 놓여 있음을 인식하며 미움의 말을 쏟아내기보다는 공감으로 보듬고 손을 맞잡아야 이 위기를 벗어날 수 있다. 코로나19 팬데믹이 장기화되는 상황에서 시민 개개인이 공동체 의식을 바탕으로 자신과 타인의 안전을 배려하는 성숙한 행동을 해야 마땅하지만 그런 노력이 감염자나 그 가족을 향한 혐오로 바뀌어서는 곤란하다. 지금 우리에게 필요한 것은 차별과 배제가 아니라 공감과 연대의 윤리다. 이웃집에 난 큰 불로부터 자기 집을 안전하게 지키는 방법은 누가 이 불을 냈는지를 따지며 비난을 퍼붓는 것이 아니라 두 팔을 걷어붙이고 함께 불을 끄는 것이다. 인간의 연약함을 토대로 누구나 바이러스의 숙주가 될 수 있다는 현실을 외면하지 않고 서로의 아픔에 손을 내밀어 감염의 책임을 기꺼이 나누는 사회라야 모두가 안전해질 수 있다.

공감과 연대로

예기치 못한 전염병은 언제나 공포와 두려움의 대상이다. 과거에도 그랬고 의학과 과학기술이 현저히 발달한 지금도 그렇다. 정도의 차이는 있지만 코로나19 바이러스의 창궐로 우리가 맞닥뜨린 감정 또한 이와 별반 다르지 않다. 눈에 보이지 않는 바이러스로 나의 소중한 생명을 잃을지 모른다는 공포, 나로 인하여 사랑하는 연인이나 가족, 친구들을 감염시킬 수도 있다는 두려움이 우리를 엄습한다. 불안도 똬리를 튼다. 신종 전염병은 지금까지 우리가 익숙하게 대하던 삶의 방식과 관계들을 여지없이 무너뜨렸다. 대면 접촉이 당연시되던 시대는 과거가 되었고 '마스크 쓰기'와 '거리두기'가 사회의 기본 예절로 자리를 잡았다. 코로나 19가 몰고 온 경제적 위기로 생계도 위태롭다. 수요와 공급, 유통, 소비가 한꺼번에 멈추는 전대미문의 충격 속에서 언제 일자리를 잃을지 몰라 전전긍긍하는 삶이 이어진다.

전염병이 주는 공포와 두려움은 자연스럽게 '누가 이 바이러스를 퍼트렸는가'라는 물음과 직결된다. 이와 함께 희생양이 만들어진다. 흔히 우리 사회에서 약자라 불리는 이들이 이 그룹에 속한다. 사람들은 그들을 향해 혐오와 분노를 서슴지 않고 쏟아낸다. 바이러스를 퍼 나르는 죄인들로 낙인찍고 비난하기 바쁘다. 그러나 이러한 적대적 감정은 우리의 생존을 위협하는 대재난을 극복해 나가는데 전혀 도움이 되지 않는다. 오히려 문제를 더 부풀리고 키울 뿐이다. 또한 혐오와 낙인은 결국 부메랑이 되어 내게로 되돌아온다.[8] 아무리 조심한다 해도 전염병의 특성상 나 또한 언제든 이 병에 걸릴 수 있기 때문이다.

신종 전염병에 면역력을 갖기 위해 우리에게 절실히 필요한 가치는 숱한 미움과 농도 짙은 차별이 아니라 공감과 연대, 돌봄이다. 추상적이고 지나치게 이상적인 것으로 여겨져 주변화되었던 바로 그 가치들 말

이다. 우리는 나의 이야기를 들어주고 고통을 함께 나누며 위로를 건넬 때 내 안에 자리 잡고 있던 공포와 두려움이 점점 작아짐을 경험한다. 서로를 다독이며 상처를 보듬을 때 이 세상에 홀로 남겨진 것이 아니라는 사실을 새삼 깨닫게 되며 다시 한 번 일어설 힘을 얻는다. 불쑥불쑥 치솟는 혐오를 누그러뜨리는 것은 상대의 입장을 나에게로 투영해 보는 공감의 감수성이다. 세차게 몰아치는 광풍이 아니라 햇살이 주는 따스함이 길 가던 나그네의 겉옷을 벗게 만드는 것처럼 말이다.

 팬데믹 사태와 관련하여 잊지 말아야 할 중요한 진실 하나는 이 질병이 '글로벌 재난'이라는 점이다. 과거에는 국가와 국가를 연결하는 고리가 상대적으로 느슨했다. 정보통신 기술과 교통이 지금만큼 발달하기 이전에는 한 영토 안에서 일어나는 일을 다른 영토에 사는 누군가가 알기란 거의 불가능했다. 자연적, 사회적 재난이 한 나라의 운명을 집어삼킬 때에도 그저 불행한 남의 이야기쯤으로 치부할 수 있었다. 그러나 1980년부터 세차게 몰아친 세계화와 경제적 신자유주의는 강 건너 불구경이 더 이상 불가능한 세상을 만들어냈다. 국가 간의 경계가 허물어지고 사람과 노동력, 자본, 물자가 자유롭게 국경을 넘으면서 우리가 사는 지구는 복잡하게 얽히고설킨 한 공간이 되었다. 중국 우한에서 처음 발생한 바이러스는 우리가 공들여 구축해 놓은 지구화의 뇌관을 타고 빠르게 퍼져 나가 전 지구인을 감염시켰다. 남의 나라 이야기쯤으로 치부하며 여유를 부린 나라일수록 직격탄을 맞았다. 우한의 고통은 금세 세계의 고통이 되었고, 모든 나라가 신종 전염병의 공포와 맞닥뜨려야 했다. 한 마디로 강 건너 불구경이 이제는 내 발등에 떨어진 불이 된 셈이다. 전 지구적인 차원에서의 연대와 협력이 필요한 이유다. '백지장도 맞들면 낫다'라는 정신으로 서로 힘을 보태고 뭉쳐야 한다.

미국의 논픽션 작가인 율라 비스(Eula Biss)는 "우리는 늘 서로의 환경이다. 면역은 공유된 공간이다. 우리가 함께 가꾸는 정원이다."라고 말했다.[9] 두 아이의 어머니인 그녀는 모든 인간이 벗어날 수 없는 상호성의 그물에 얽혀 있다고 말한다. 이는 더럽고 오염된 것들과의 접촉을 피하면서 바르고 깨끗한 생활을 유지한다면 질병으로부터 각자를 안전하게 보호할 수 있을 것이라는 환상을 여지없이 무너뜨린다. 나의 몸은 태어날 때부터 타인은 물론 이 세상의 모든 것과 긴밀히 연결되어 있고, 이 연결의 고리를 부수는 것은 불가능하다. 내가 완전하게 고립될 수도 없고 다른 이들을 추방하거나 밀어낼 수도 없다. 결국 나 자신이 안전하기 위해서는 공동체 전체가 안전해야 한다. 우리가 택할 수 있는 유일한 길은 타인에 대한 비난과 차별, 혐오의 말을 멈추고 질병으로부터 취약한 이들을 서로 보듬고 위로하면서 함께 정원을 가꿔 나가는 일이다. 공감과 신뢰, 돌봄, 연대야말로 감염병의 위기로부터 우리 모두를 지켜주는 가장 좋은 면역력이다.

종교와 전염병

종교는 전염병을 어떠한 시선으로 바라볼까? 시대의 흐름에 따라 스스로를 변화시켜 온 것이 종교임을 자각해 볼 때 전염병에 대한 종교의

---

9) 율라비스, 『면역에 관하여』, 김명남 옮김 (파주: 열린책들, 2016), 248.

태도 역시 고정된 것은 아닐 것이다. 가장 먼저 떠오르는 것은 중세의 흑사병이다. 모든 것이 신의 섭리로 이해되던 이 시대에 과연 종교는 유럽을 휩쓴 전대미문의 전염병 앞에 어떠한 윤리적 행동을 취했을까. 동방의 중국에서 건너온 것으로 알려진 흑사병은 이탈리아 상륙을 시작으로 전 유럽을 단숨에 초토화시켰다. 유럽 인구의 3분의 1에 해당하는 2천500만 명이 원인도 모른 채 종기와 농포로 뒤덮인 검게 물든 몸으로 죽음을 맞았다. 바이러스와 균에 대해 잘 알려진 지금도 감염병은 공포의 대상인데 하물며 감염의 원인이나 확산, 적절한 치료법에 대해 전혀 무지했던 이들에게는 어떠했을까? 자고 일어나면 한 집 건너 한 집씩 사람이 비참한 몰골로 죽어 나가는 상황에서 대중들의 두려움과 공포는 극에 달했다. 자연스럽게 사람들의 시선은 세상의 중심이던 교회로 향했다. 이제 교회는 이러한 대재난이 발생한 원인이 무엇이고, 이에 어떻게 대응해야 하는지를 설명해야 할 과제를 떠안았다.

교회의 반응은 크게 두 가지였다. 하나는 우리를 절망의 나락으로 떨어뜨린 공포의 괴질이 인간의 죄에 대한 하나님의 심판이자 징벌이라는 것이었으며, 다른 하나는 하나님의 진노를 잠재우기 위해서는 마땅히 죄에 대한 대가를 치러야 한다는 것이었다. 사실 기독교 안에서 감염병을 인간의 악에 대한 징벌로 이해하는 구도는 오랜 역사를 갖는다. 구약은 하나님의 말씀에 불복종하는 이들에게 그 벌로 질병이 내렸음을 설파한다.[10] 하나님이 세운 지도자 모세를 비방하고 책망한 그의 누이 미

---

10) 안명준 외, 『전염병과 마주한 기독교』, 23-24.

리암은 나병에 걸렸고, 하나님에게 영광을 돌리지 않은 헤롯 왕 또한 그의 교만함이 죄가 되어 주의 사자에 의해 급사하고 말았다. 또한 이스라엘의 해방을 명령한 하나님의 뜻을 따르지 않은 파라오의 포악함으로 갖가지 재앙과 전염병이 애급을 덮쳤고, 다윗왕이 이스라엘의 인구조사를 명하며 교만함을 드러내자 3일 동안 전염병이 돌아 7만 명이 목숨을 잃었다. 질병과 집단감염은 이렇듯 인간의 불신앙과 죄에 대한 신의 형벌이자 채찍이었다.

대역병이 유행하던 중세 때에도 이러한 인식은 여전했다. 사제들은 감염병이 인간이 저지른 악에 대한 종교적 시련이라고 설교하며 대대적인 회개를 촉구했다. 위생적이고 의료적인 대안이 없던 상황에서 신자들은 하나님의 긍휼 외에 다른 소망이 없다고 굳게 믿으며 더욱 신앙에 매달렸다. 이 끔찍한 질병이 하나님의 심판이라는데 누가 이 심판에 감히 이의를 제기할 수 있겠는가. 신자들은 흑사병을 수단으로 세상을 징계하고자 하시는 하나님께 죄의 용서와 천국에서의 보상을 눈물로 간구하며 자신의 모든 것을 기꺼이 교회에 바쳤다. 전염병에 대한 죄책감이 극에 달한 이들은 죄를 속죄하기 위해 맨몸에 사정없이 채찍질을 가하면서 무리지어 다니는 '채찍질 고행단'이 되었다. 이들은 최소 하루에 세 번 이상 옷을 벗고 자신의 몸에 채찍의 고통을 가함으로써 하나님의 진노를 가라앉히고자 하였다. 역병의 창궐로 사람들이 죽어 나갈수록 이 무리에 참여하는 이들도 기하급수적으로 늘어갔다. 그러나 자신의 몸을 스스로 희생시키는 끔찍한 고행도 심리적인 위로는 될지언정 전염병이 주는 공포와 고통을 감해주지는 못했다.

19세기 고야가 그린 〈채찍질 고행단의 행렬〉

신의 분노를 풀기 위한 극단적인 회개에도 불구하고 유럽에 드리운 죽음의 그림자가 걷히지 않자 교회의 시선은 이제 '밖'을 향했다. 재앙의 원인을 유대인, 집시, 매춘부 등 소위 천대받던 사회적 약자들에게 돌린 것이다. 이 중 유대인들이 집중적인 희생양이 되었다. 이들의 집단거주지인 게토가 페스트에 상대적으로 안전했던 것도 타자화된 중요한 이유였다. 내 가족, 내 이웃이 우후죽순 죽어가는데 이들만 멀쩡하자 기독교인들은 유대인들을 심히 미워하고 증오했다. 사실 유대인들이 전염병의 마수로부터 안전할 수 있었던 이유는 의외로 간단했다. 율법상 목욕을 자주 하고 식사 전후에 손을 깨끗하게 씻는 정결 의식을 철저하게 지켰기 때문이다. 그러나 이에 대해 무지했던 당시의 신자들은 유대인들이 우물에 독을 풀어 흑사병이 생겼다는 악의적인 소문을 퍼뜨렸다. 급기야 채찍질 고행단을 비롯한 광신도들은 이들을 불법 감금해 '악마의 사주로 우물에 병균을 탔다'는 자백을 받아냈다. 가혹한 고문을 이기지 못한 이들의 거짓 자백에 분노한 신자들은 유대인 마을을 습격하여 어린아이, 노인 할 것 없이 처참하게 살육했다. 종교가 전염병의 원인을 소외된 약자에게 전가함으로써 이들에 대한 끔찍한 혐오와 폭력을 정당화한 것이다. 이렇듯 유럽을 뒤흔든 감염병의 공포에 종교는 무기력했고 소수자에 대한 배려가 아닌 혐오로 대응했다.

위험을 무릅쓴 자들, '파라볼라노이'

그러나 초대교회 시대에 창궐했던 역병은 전혀 다른 모습의 기독교인들을 보여준다. 4세기 이전의 기독교는 탄압받는 소수집단으로 공개적인 회집이나 전도, 증거 자체가 불가능했다. 신자들은 사람들의 눈을 피해 지하 카타콤으로 숨어들어 은밀하게 예배를 드리고 교제를 나눴다. 이 대대적인 박해의 시기에 두 차례의 큰 전염병이 로마제국 전역에서 발생했다.

그중 하나는 165년 겨울에 발생하여 180년까지 지속된 '안토니누스 역병(Antonine Plague)'이었다. 이 전염병을 목격하고 환자들을 직접 치료한 그리스 의사 갈레노스의 이름을 따 '갈레노스 역병'이라고도 부른다. 팍스 로마나(Pax Romana) 시대의 마지막 황제인 마르쿠스 아우렐리우스 안토니누스 치세에 발생한 전염병은 파르티아와 전쟁을 치른 후 고향으

우물에 독을 풀어 흑사병을 퍼트렸다는 혐의로 구덩이에서 산 채로 화형당하는 유대인들

로 복귀한 군인들에 의해 각 집안에 퍼지면서 순식간에 마을 전역으로 확산되었다. 로마의 역사가 카시우스 디오에 따르면 발진과 고열, 가쁜 호흡, 구토를 동반한 이 고대 질병으로 로마에서만 하루 2천 명 이상이 목숨을 잃었고, 로마 시민의 4분의 1이 감염되었다. 역병의 이름과 관련이 있는 안토니누스 황제 역시 희생자가 되었다.

또 다른 역병은 241년에 시작되어 251년에 창궐하기 시작했다. 전염병의 비극을 목격하고 기록으로 남긴 북아프리카 카르타고의 주교 키프리아누스의 이름을 따 '키프리아누스 역병'이라 불렀다. 윌리엄 맥닐(William H. Mcneil)에 따르면 이 역병은 안토니누스 역병보다 그 피해가 훨씬 컸고 특히 농촌이 도시만큼이나 큰 타격을 입어 피폐해졌다. 3세기 후반 질병이 북아프리카까지 창궐했고, 몇 년 후 알렉산드리아의 주교인 디오니시오스(Dionysios)는 부활절 설교에서 "청천벽력처럼 그 어떤 재앙보다도 공포스러운 존재인 이 역병이 임했다."[11]고 비통해하기도 했다. 설사와 구토, 인후 궤양, 손발이 썩어 나가는 공포의 괴질로 로마제국에서 하루에 5천 명이 사망했다.

감염의 원인도 치료방법도 몰랐던 시민들이 대역병에 맞서 할 수 있는 유일한 방역은 '도피'였다. 증상을 보이는 환자를 격리하고 이들로부터 가능한 멀리 떨어지는 것만이 최선의 대책이었다. 자연스럽게 거리에는 가족이나 친척, 친구들로부터 버림받은 병자들이 넘쳐났다. 버린 자들을 탓하지도 않았고, 버려진 자들을 안타깝게 여기는 이들도 별로 없었다. 병자들은 사람들로부터 잊혀진 존재가 되어 물과 음식도 제대로 먹지 못한 채 홀로 죽음의 공포와 싸워야 했다. 부유한 자들은 재산을 팔아 보다 안전한 지역으로 도망쳤고, 이교도의 사제들과 정부의 고위급 인사들도 로마를 떠나 산으로 피신했다. 마을에 남겨진 이들은 병에 걸린 사람들을 쫓아내고, 아직 죽지 않은 사람까지도 도로에 던져버렸다. 도리와 인정을 내다 버림으로써 치명적인 전염병을 막고자 하였으나 이러한 노력에도 역병은 더욱 창궐하기만 했다.

이와 함께 기독교인들 때문에 올림포스 신들이 노해서 역병이 창궐했다는 악의적인 소문도 퍼져 나갔다. 로마시민들은 병으로 인한 극도

---

11) 로드니 스타크, 『기독교의 발흥』, 손현선 옮김 (서울: 좋은씨앗, 2016), 121.

의 무질서와 혼란 상황에서 모든 책임을 기독교인들에게 떠넘겼다. 로마의 황제들 또한 시민들의 공포와 불만을 잠재우고자 기독교인들을 더욱 가혹하게 핍박했다. 이 끔찍한 재난 상황에 종교는 어떻게 대응했을까? 먼저 교회는 전염병이 발생한 이유를 하나님의 심판과 형벌로 규정하면서도 여기에 그치지 않고 하나님의 자비하심을 바라며 함께 기도할 것을 권면했다. 하나님은 질병을 주시는 분이기도 하지만 또한 이를 물리치는 은혜로운 분이심을 분명히 하며 우리에게 주어진 종교적 시련을 기도와 정성으로 함께 극복해 나가야 한다고 가르쳤다. 이와 함께 주교 키프리아누스는 설교를 통해 '도피'가 최상의 길이 아니며 보살핌과 배려, 원수까지도 품는 이웃사랑이 질병을 극복할 수 있는 궁극적 방법이라고 강조했다. 위난의 시대에 기독교는 자신들의 윤리적 가치를 '사랑'으로 드러내길 원했다. 병자들을 버리는 것으로 전염병의 확산을 막기 어렵다는 사실을 깨달은 이들은 거침없이 거리로 나가 병든 자들을 돌보기 시작했다. 이들에게 마실 것을 주고, 음식을 주며 정성껏 보살폈다. 여기에는 종교의 차이도 경계도 문제 되지 않았다. 기독교인뿐만 아니라 세리, 이교도들까지도 차별 없이 돌봄의 대상이 되었다. 신자들은 자신의 몸을 사리지 않고 아픈 자들을 돌봤고, 환자로부터 병이 옮는 극한의 상황에서도 기꺼이 고통을 감내했다. 260년 부활절에 디오니시우스는 기독교인들이 보여준 헌신적인 사랑을 이렇게 칭송했다.

우리 기독교인 형제들은 대부분 무한한 사랑과 충성심을 보여주었으며 한시도 몸을 사리지 않고 상대방을 배려하는 데 온 힘을 쏟았습니

흑사병으로 죽어가는 이들을 돌보는 수도사들

다. 그들은 위험을 무릅쓰고 아픈 자를 도맡아 그리스도 안에서 모든 필요를 공급하며 섬겼습니다. 그리고 병자들과 함께 평안과 기쁨 속에 생을 마감했습니다. 그들은 환자로부터 병이 옮자 그 아픔을 자신에게로 끌어와 기꺼이 고통을 감내했습니다. 많은 이들이 다른 이를 간호하고 치유하다가 사망을 자신에게로 옮겨와 대신 죽음을 맞았습니다.[12]

---

12) 로드니 스타크, 『기독교의 발흥』, 129.

신자들이 보여준 자기희생적 태도가 박해받던 기독교의 폭발적인 부흥을 이끌어냈음은 당연하다. 어려움 가운데서도 사회의 약자들을 돌보며 이웃사랑을 실천했던 교회가 로마제국에 던진 충격과 파문은 실로 컸다. 전염병의 발생과 관련한 기독교의 신앙적 해석은 이방 종교나 헬라 철학의 설명 범위를 한참 넘어섰고, 천국이 존재한다는 내세적 믿음은 사람들에게 죽음에 의연할 수 있는 위안과 용기를 불어넣어 주었다. 아픈 자를 내쫓고 먼저 도망치는 상황에서 기독교인들이 보여준 이타적 헌신과 돌봄은 칭송을 받기에 충분했다. 하나님과 영생에 대한 강한 믿음으로 전염병을 두려워하지 않고, 죽음의 경계를 넘어 사랑을 실천한 이들에게 '파라볼라노이'라는 칭호가 붙여졌다. 위험을 무릅쓰는 자들! 이교도인 율리아누스 황제는 로마제국에서 기독교가 급성장하자 기독교인들이 보인 이방인을 향한 자비, 병든 자들의 무덤을 돌보는 헌신, 그들의 삶에서 드러나는 성결을 불평하며, 이교도 사제들에게도 이와 같이 할 것을 요청했다. 그러나 세속에 젖어있던 이들에게 이는 도저히 따라 할 수 없는 지고의 윤리였다.

종교와 사회적 공공성

　코로나19 팬데믹과 관련하여 종교의 윤리가 도마 위에 올랐다. 전 세계인을 한순간에 공포로 몰아넣은 이 위난의 시기에 종교가 별로 한 일이 없다는 뼈아픈 지적이다. 기껏해야 신천지 혐오를 부추긴 것이 전부다. 종교의 윤리가 시민들의 윤리를 따라가지 못한다는 비판도 제기되었다. 모든 사람의 생명과 안전이 걸려 있는 코로나19 시국에 일부 교회가 '신앙의 자유'를 운운하며 대면 예배를 고집하는 모습은 과연 종교 또한 사회 안에 존재하는 공적 조직이라는 기본적인 사실조차 잊고 있는 것은 아닌지 의심케 한다. 신천지, 사랑제일교회, BTJ열방센터, IM선교회 등 종교시설을 중심으로 집단감염이 연이어 발생하면서 이제 '교회라면 지긋지긋하다.'는 소상공인과 자영업자들의 하소연에 저절로 고개가 끄덕여진다. 교회의 예배당이 건축물인 물리적 공간이 아니라 고통 속에 있는 이웃을 위해 기도하며 아픔을 함께 나누는 시간의 공간이자 마음의 공간일 수는 없을까. 종교인들에게 찾아볼 수 없었던 숭고함을 하루종일 두꺼운 방호복을 입고 땀을 비 오듯이 흘리며 확진자들을 돌보는 의료진들에게 느꼈다는 이들도 적지 않다. 재난과 함께 우리 사회에 몰아치는 혐오, 낙인, 인종차별의 감정을 더 큰 사랑으로 품으며 이웃 섬김을 실천해야 할 종교는 도대체 어디로 간 걸까. 종교에 대한 시민들의 이러한 실망감은 통계로도 여실히 드러났다. 2020년 8월 엠브레인트렌드모니터가 진행한 '한국인의 종교에 대한 인식조사' 내용을 분석한 결과 응답자의 72퍼센트가 코로나19 사태라는 중차대한 시국에 솔직히 종교가 한 역할이 없다는 의견에 동의를 표했다.[13] 향후 종교 전망에 대해 묻는 질문에서도 참여자 중 56.8퍼센트가 코로나19 사태로 한국 종교의 위상이 더욱 낮아질 것이라고 응답했다.

코로나19 팬데믹과 관련하여 종교가 보인 일차적 대응은 온라인 예

---

13) 문윤홍, "코로나19 이후 종교에 대한 국민인식은 '불교·천주교-온화, 개신교-이중적,'" 매일종교신문, 2020.9.8. (http://www.dailywrn.com/16245)

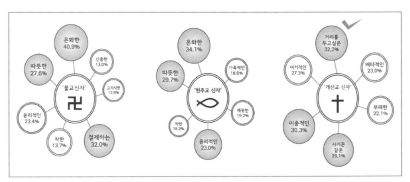
엠브레인 트렌드모니터가 조사한 종교인에 대한 이미지(중복응답) ⓒ목회데이터연구소 주간리포트

배의 시행 문제였다. 비말로 전염되는 감염병의 확산을 막고자 정부는 종교모임을 자제하라는 행정명령을 내렸고 이에 따라 모든 종교가 자의든 타의든 비대면 예배로의 전환을 시도해야 했다. 바이러스로 공동체 전체의 생명과 안전이 위협당하는 상황에서 한국의 기성종교와 신종교는 공적 책임의식을 갖고 정부의 방역지침을 준수했다. 가톨릭은 전쟁 중에도 시행된 주일 미사와 성례전을 즉시 중단한다고 발표했고, 불교 또한 산문 폐쇄와 법회 중단, 연등회 등 주요 행사를 취소했다. 대부분의 개신교들도 이에 동참했지만 일부 보수 교회는 난색을 표했다. 역병이 창궐할수록 교회에 함께 모여 예배드리고 기도하면서 하나님의 뜻을 살펴야 한다는 것이 주된 이유였다. 몇몇 목사들은 바이러스가 여전히 확산 중인데도 대면 예배를 고집하면서 정부의 방역지침이 기독교에 대한 탄압이자 모함이라고 목소리를 높였다. 이와 함께 과연 온라인 예배가 하나님의 말씀 선포방식에 적합한가라는 신학적 논쟁도 일어났다. 기독교 내부 공론장에는 코로나19에 대한 신앙적 대응과 현장예배 중단

결정에 대한 신학적 정당성이 가장 주요한 안건으로 연일 논의되었다.

코로나19라는 전대미문의 위기가 사회와 정치, 경제는 물론 종교의 익숙한 신앙형태의 변화를 초래했다는 점에서 종교가 맞닥뜨린 충격 또한 적지 않다. 본래 종교는 접촉문화, 곧 신과 목회자, 신자 간의 인격적 만남과 다양한 성례를 통한 죄의 용서와 치유, 해방, 친교의 경험을 근간으로 한다. 역병은 컨택트(contact) 문화가 신앙의 중심이던 종교에 균열을 가했고, 이에 각 종교가 코로나19로 맞이한 새로운 변화를 논의하며 그 대안을 모색하는 일은 어쩌면 당연하다. 그러나 팬데믹 사태에 직면하여 종교가 가장 큰 관심을 쏟아야 할 부분이 과연 온라인 예배뿐일까? '모여야 하느냐', '흩어져야 하느냐'가 세상을 뒤흔든 거대한 재난 앞에 종교가 고려해야 할 가장 중차대한 문제는 아닐 것이다. 역병이 창궐하는 상황에서 종교가 해야 될 보다 우선된 책임은 혐오와 배제, 이기심을 뛰어넘어 재난 앞에 속수무책일 수밖에 없는 사회적 약자들을 더 큰 사랑으로 보듬으면서 신앙의 공적 실천을 모색하는 일이다. '눈에 보이는 형제를 사랑하지 못하는 사람이 보이지 않는 하나님을 사랑할 수는 없다.'는 사도 요한의 신실한 고백처럼 그것이 하나님을 예배하는 가장 바른 모습이기 때문이다.

오늘날 종교가 시민들로부터 소외당하는 이유도 이와 다르지 않다. 사랑과 자비, 평화를 생명으로 삼는 종교가 자기중심적인 태도로 일관하며 '자기들'의 문제에만 천착할 뿐 정작 신경 써야 할 '이웃'의 필요와 요구를 차갑게 외면하기 때문이다. 공공성이 부재한 종교는 사회 안에서 그 존재의 의미를 상실할 수밖에 없다. 이웃을 타자화하고 세상을 배척하는 종교는 공동체 전체를 사랑으로 품을 수 없다. 교회가 신자들의 기복을 기원하고 자기들만의 구원을 위한 폐쇄적 집단으로 전락하는 순간 교회는 지역사회와 공동체 전체로부터 철저하게 외면당한다. '지금 이 시대에 종교가 왜 필요한가?'라는 시민들의 울분에 찬 물음에 종교가 택할 수 있는 유일한 답은 다시 한 번 '파라볼라노이'가 되는 것이다. 감염의 위협을 무릅쓰고 경계를 넘어 소외된 이웃을 향해 기꺼이 달려갔던 초대 교인들처럼 지역사회를 중심으로 차별 없는 돌봄과 헌신을 실천하며 종교의 공적 책임을 다해야 한다. 자신을 사회로부터 고립시키고 울타리를 치는 것이 아니라 감염의 아픔과 고통을 공유할 때, 역병으로 신음하는 이웃의 참담한 얼굴에서 하나님의 얼굴을 발견하고 성심을 다해 섬길 때, 비로소 종교는 우리 사회의 '선한 이웃'으로 그 존재가치를 드러낼 수 있을 것이다.

7

기후변화에 대응하는
종교의 연대와 협력

김민지

코로나19와 기후변화

코로나19 바이러스가 처음 발생된 것으로 추정되는 중국 우한의 한 시장의 모습이 공개되었을 때 많은 사람들이 충격을 받았다. 야생동물이 건강에 좋다는 속설을 가지고 있는 중국의 식습관 때문에 좁은 우리에 서로 다른 종류의 야생동물들이 갇혀 있거나 이미 죽은 동물들을 자루에 담아 비위생적으로 거래되고 있었고, 살아있는 야생동물을 불법으로 도축하여 판매하고 있었던 것이다. 이 시장에서 판매되는 야생동물 중에는 코로나 바이러스의 숙주로 알려진 박쥐가 다량으로 포함되어 있었다.

박쥐는 코로나 바이러스 중 약 2천800개 유전자를 가지고 있는 것으로 알려진 동물로 중간에 다른 동물에 의해 매개변이되어 사람에게 여러 감염병을 일으키는 것으로 알려지고 있다. 이러한 유전자 변이로 감염이 발생하는 것을 '스필 오버(spill-over)'라고 한다. 이러한 스필 오버는 숙주동물과 매개동물의 빈번한 접촉, 규모가 큰 집단서식, 인간과 빈번한 접촉 등에 의해 일어날 수 있는데 우한 시장은 이러한 조건을 갖추고 있는 곳이었다.

최재천은 박쥐가 우리에게 일부러 바이러스를 배달한 것이 아니라

지금은 폐쇄된 신종 코로나바이러스의 발원지로 지목된 '우한 화난 수산시장'의 야생동물 점포
©Катрін 2001

우리가 박쥐에게 접근한 것이라면서 야생동물의 생태계에 침범하여 야생동물을 섭취하는 인간의 문제를 지적하였다.[1] 그러나 최근 들어 감염병이 더 많이 발생하고 확산되는 것은 근본적으로 지구온난화 때문이라는 지적이 많다. 지구 온난화로 인해 기온과 습도 등 기후의 여러 요인이 변화되면서 바이러스의 발생과 전파력, 활동성을 강화시키고 있다는 것이다. 제러미 리프킨 역시 기후변화로 인해 지구의 물 순환에 교란이 일어나면서 생태계가 붕괴된 것과 인간이 야생동물의 생존영역을 침범한 것이 감염병 발병의 근본 원인이라고 지적하였다. 코로나19뿐만 아

---

1) 최재천 외, 『코로나 사피엔스』, 25.

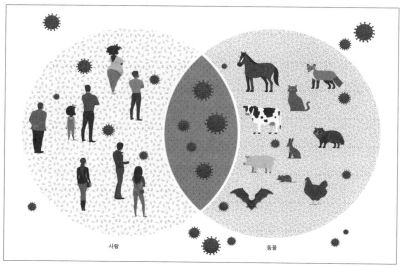

사람   동물

인수 공통 전염병은 사람과 동물에 공통적으로 감염되는 병으로, 동물과 사람과의 직접접촉이나 박테리아, 바이러스, 기생충 등에 의해서 옮겨진다.

니라 2000년대 들어 에볼라, 사스, 메르스, 지카바이러스 등과 같은 팬데믹이 연이어 일어나는 것은 기후변화로 인한 지구의 공공보건이 위기에 처해 있기 때문이라고 진단하고 있다. [2]

많은 학자들은 신종감염병의 60퍼센트가 인수(人獸) 공통 감염병이며 이중 72퍼센트가 야생동물에서 유래하였다고[3] 분석하면서 21세기 신종감염병은 야생동물의 거래, 육식소비, 무분별한 개발 등으로 서식처가

2) 안희경, "제러미 리프킨(Jeremy Rifkin), '코로나는 기후변화가 낳은 팬데믹… 함께 해결 안 하면 같이 무너져'," 경향신문, 2020.5.14. (http://news.khan.co.kr/kh_news/khan_art_view.html?artid=202005140600005&code=960100)

3) "Wildlife Trade, COVID-19, and other zoonotic diseases," Congressional Research Service, April 6, 2020.

파괴된 야생동물과 가축, 인간이 접촉하면서 발생하고 있다고 보고하였다. 2013년 에볼라 바이러스는 서부 및 중부 아프리카지역 열대우림에서 전 세계로 전염되었으며 2016년 지카바이러스 역시 산림의 파괴로 인해 인간과 박쥐, 인간과 이집트 숲모기의 접촉기회가 늘어난 것이 중요한 원인으로 지적되고 있다.4 메르스(MERS)로 불리는 중동호흡기증후군 역시 박쥐에서 시작되어 낙타를 매개로 감염되었다.

기후변화로 인한 생활환경의 악화

기후변화로 인한 감염병의 발생과 확산은 이미 오래 전부터 학자들이 경고해온 위기였다. 인류가 화석연료를 사용하면서 산림이 파괴되고 생태계가 교란되는 현상이 더욱 심화되었으며 기후변화가 촉진되면서 신종 또는 변종 코로나 바이러스가 발생되고 전파되기에 유리한 조건을 형성하였다. 그렇기 때문에 인류는 지속적으로 감염병 위기에 노출될 수밖에 없고 이러한 상황은 향후 더욱 악화될 것으로 경고되었다.5

앞에서 리프킨이 지적한 것처럼 감염병 발생과 확산의 주요 변인으로 지구온난화로 인한 기온의 상승, 특히 지구의 70퍼센트를 차지하고

---

4) Jesus Olivero et al.. "Human activities link fruit bat presence to Ebola virus disease outbreaks", Mammal Review, 50(1) (2020); "Zika: Environmental destruction led virus to attack humans and is fuelling its spread, experts warn," Independent, January 31, 2016.

5) Nick Watts et al. "The 2019 report of The Lancet Countdown on health and climate change: ensuring that the health of a child born today is not defined by a changing climate", Lancet, 394(2019), 1836–1878.

지구온난화로 빙하가 녹고 있다.

있는 해수온도의 상승이 꼽히고 있다. 기온과 해수온도 상승은 강우 패턴을 변화시키고 습도를 상승시켰다. 그리하여 뎅기열, 말라리아 등 감염병을 발생시키고 전파하는 모기 서식지가 북쪽으로 확산되었고, 주로 온대지방에 거주해온 인류가 새로운 질병에 노출되는 위험이 증가하게 되었다.

이와 함께 지구온난화로 영구동토층이 녹으면서 치명적인 바이러스 발생 가능성 또한 높아지고 있다. 2016년 러시아 시베리아 지역에서 영구동토가 녹으며 75년 전 탄저균에 감염된 순록이 땅 위로 드러나 주변을 오염시키면서 12세 소년이 사망하고 순록 2천300마리가 떼죽음을 당하는 사건이 발생하기도 했다. 시베리아뿐만 아니라 티베트 굴리야 빙하에서 지금까지 발견된 적이 없는 28종의 고대 바이러스를 발견했다는 보고가 있었으며 과학자들은 기후변화에 의한 고대 바이러스 유출 위험을 경고하였다.

또 다른 변수는 대기의 오염이다. 전 세계 온실가스 배출량은 지난 10년 동안 매년 1.5퍼센트 증가하고 있으며 이로 인한 지구의 기온상승 역시 지속적으로 진행되고 있는 상황이다.[6] 대기오염과 기후변화의 상승작용으로 2016년 한 해 동안 실외 대기오염 조기 사망자는 420만 명, 전체 대기오염 조기 사망자는 700만 명으로 집계되기도 했다. 대기오염은 그 자체만으로 심각한 사망요인으로 자리하게 된 것이다. 나아가 대기오염은 감염병 확산과 활동을 촉진하였다. 미국 3천80개 카운티를 분석한 결과 초미세먼지(PM2.5) 농도가 $1\mu g/m^2$ 증가할 때마다 코로나19 사망률이 15퍼센트 증가한 것으로 나타났으며 중국 내 49개 도시도 미세먼지 농도가 올라갈수록 치명률이 증가하는 것으로 확인되었다.[7]

기후변화에 대한 대응의 실효성

이렇게 기후변화로 인한 인류의 생존이 위협받는 상황에 이르렀지만 아직도 많은 사람들은 그 심각성을 인지하지 못하고 있다. 어쩌면 기후변화로 인한 위기를 합리적으로 이해하고 행동의 변화를 가져올 생각을 하지 못하고 있기 때문일 수도 있다. 이산화탄소의 농도가 증가하면서

---

6) WHO 홈페이지(https://www.who.int/health-topics/air-pollution#tab=tab_1)

7) https://www.theguardian.com/environment/2020/apr/07/air-pollution-linked-to-far-higher-covid-19-death-rates-study-finds.

온실효과를 만들어낸다는 것이 실질적으로 증명되었음에도 불구하고 선진국들은 돌파구를 찾지 못하고 있다. 이미 1990년 '기후변동에 관한 정부 간 패널(Intergovernmental Panel on Climate Change; IPCC)'에 소속된 과학자들은 '제1차 과학평가보고서'에서 이산화탄소의 대기 중 농도를 안정화시키기 위해 인간 활동에서 유발되는 배출량을 50~70퍼센트까지 줄여야 한다고 경고하였다.

그러나 이렇게 화석연료의 배출량을 줄이기 위해서는 에너지 혁명이 일어나야 했는데 당시 선진국에서는 이러한 주장을 수용할 수 없었다. 특히 화석연료를 사용하는 산업계는 배출량 감소가 결정될 경우 큰 타격을 입을 것을 걱정하여 탄소가 기후 시스템 안에서 어떻게 작용하는지에 대해 과학적 증명이 불확실하다고 공격하였으며, 이산화탄소를 안정화시키는 것이 지구온난화를 막을 수 있다는 증명 역시 없다는 회의론을 펼쳤다. 이들은 지속적으로 산업으로 인한 기후변화는 증명되지 않았으며 극단적인 기후변화는 자연적인 현상일 뿐이라고 주장하였다.

사실상 과학적 증명 여부를 떠나 기후변화는 정치적인 협상의 영역에서 진행되었다. 선진국들이 이산화탄소 배출량에 대한 합의를 미루는 동안 태평양의 작은 나라들은 해수면 상승으로 국토를 잃었으며, 아프리카는 사막화되었다. 대기 중 온실가스의 90퍼센트가 산업국에서 살고 있는 20퍼센트의 사람들이 배출하는 것임에도 불구하고 선진국은 지속적으로 이 부분에 합의하기를 미뤘다. 기후변화로 인한 피해가 온대기후인 미국을 비롯한 유럽 등에서 일어나기 시작한 후에야 기후변화에 대한 세계적인 합의가 이루어졌다. 2015년 파리에서 세계 195개국이 온실가스 감축에 동참하기로 합의한 최초의 세계적 기후협의인 '파리협정(Paris Agreement)'을 맺을 수 있었던 것이다. 1995년 교토의정서는 미국을 제외한 유럽연합(EU) 등 37개국 선진국만 온실가스 감축 의무를 부과하고 일본, 캐나다, 러시아, 뉴질랜드 등이 잇따라 탈퇴하는 등 불참하면서 유명무실화되었던 것에 비해 195개국이 참여하였다는 점에서 의미를 가진다. 또한 IPCC가 지구 평균기온이 산업화 대비 2℃ 상승할 경우 △10억~20억 명 물 부족 △생물종 중 20~30퍼센트 멸종 △1천~3천만 명 기근 위협 △3천만여 명의 홍수 위험 노출 △여름철 폭염으로 인한 수십만 명의 심장마비 사망 △그린란드 빙하, 안데스 산맥 만년설 소멸 등이 발생할 것으로 예측하면서 협정문에 "2℃보다 훨씬 낮게 유지하고 더 나아가 1.5℃까지 제한하도록 노력한다."는 문구가 명시되었다.

그러나 파리협정은 법적 구속력이 없는 협정으로 감축목표를 각국에서 자발적으로 수립하고 이행여부도 자발적으로 노력할 사항으로 규정하면서 실질적으로 이행여부에 대한 강제성을 가지지 못한다는 한계를 보였다. 제임스 한센(James Hansen)은 이러한 파리기후협정의 한계를 공개적으로 비판하면서 온실가스 배출에 세금을 도입하는 것만이 온실가스를 줄일 수 있는 실질적인 방법이라고 지적하였다.

나아가 영국의 브렉시트 결정과 미국의 트럼프 대통령 당선 등 세계적인 연대보다 자국우선주의 기조가 강화되면서 기후변화 대응을 위한 각국의 정치적 의지와 국제적 협력이 약화되는 것을 우려하는 목소리 역시 높아졌다. 파리협정에 따라 각국은 2020년까지 '진전의 원칙

(principle of progression, 후퇴금지원칙)'에 따라 자국의 온실가스 감축 목표를 갱신하고 '2050 장기 저탄소 발전전략'을 수립, 제출해야 하지만 미국의 트럼프 정부는 파리협정을 탈퇴하였으며 중국은 코로나19 영향으로 충격을 입은 자동차 산업 보호를 위해 자동차 연비 기준과 친환경 자동차 쿼터 등 온실가스를 감축하는 규제를 완화하였다.

코로나19 이후 자연에 일어난 변화

다행히 조 바이든 미국 대통령은 취임식 첫날 파리기후협정에 복귀하고 탄소국경세를 도입하는 등 기후변화를 위한 국제적 연대를 이끌 강력한 리더십을 회복하겠다고 밝혔다. 2035년까지 탄소배출 발전시설 중단, 친환경 재생에너지 도입 추진, 2050년까지 미국 온실가스 배출량을 '0'으로 하는 탄소중립경제 달성을 공약으로 내세웠으며 이를 위해 임기 중 차세대 환경·경제 융합정책에 1조 7천억 달러를 투입하여 청정에너지 도입을 추진하고 탄소집약적 수입상품에 관세를 부과하는 '탄소국경세'를 도입하겠다고 선언했다.

이러한 미국의 극적인 변화는 기후위기에 대한 국제적 연대와 협정의 이행에 대한 기대를 높였다. 사실 기후변화에 대한 시민들의 참여는 2019년 9월 20일부터 27일까지 비상행동시위인 기후파업(climate strike)에 185개국에서 760만 명의 시민이 참여하였고, 2020년 3월 전 세계 28개국 1천476개 지방정부가 기후비상사태를 선언하는 등 열기가 고조되었다가 코로나19 팬데믹으로 인해 다소 주춤하고 있는 상황이었다. 코로나19로 시민들의 단체행동이 차단되고 국가와 기업은 경제위기로 기업의 온실가스 감축 노력을 현실화하기 힘들어졌기 때문이다.

코로나19 팬데믹은 기후변화를 위한 국가적 노력을 위축시켰지만 아이러니하게도 기후변화를 막을 수 있는 희망도 보여주었다. 코로나19로 각국에서 봉쇄조치가 내려진 뒤 에너지 소비가 감소하여 세계 전력 수요의 15퍼센트가 극감하였으며 석유 수요 역시 위축되어 2009년 이후 처음으로 11만 배럴/일 감소될 전망이다. 또한 교통량이 줄어들고 사업장의 오염물질 배출이 감소하여 전 지구적으로 대기오염이 크게 개선되었다. 이동제한 초기 2주 동안 이산화질소(NO_2) 농도는 29퍼센트, 오존(O_3) 농도는 11퍼센트, 초미세먼지($PM2.5$) 농도 역시 9퍼센트 감소하는 것으로 나타났다. 이러한 변화는 성장과 편의 위주로 발전해온 생활의 흐름을 멈춘다면 기후위기를 막을 수 있다는 가능성을 보여준 것이었다.

사회적 거리두기로 시민들의 생활양식 역시 변화되었다. 출퇴근 시간의 감염위험을 낮추기 위해 대중교통 사용이 줄어드는 대신 자전거 이용이 증가하였다. 서울시의 공공자전거 '따릉이'의 2020년 이용률이 2019년 대비 24퍼센트가 증가하였다. 특히 코로나19 위험이 시작된 3월에는 전년 동기대비 74.4퍼센트가 증가했으며, 8월에만 장마기간이 길어 이용건수가 감소한 것으로 나타났다. 한국뿐만 아니라 호주 역시 자전거 이용자가 증가하여 온라인자전거 판매업체의 판매량이 두 배로 증가하기도 하였다.

또한 사람들의 산업활동이 줄어들면서 대기오염이 사라지고 생태계가 복원되어 화제가 되었다. 가장 심각한 대기오염으로 유명한 인도에서 최근 먼지가 사라져 30년 만에 히말라야 산맥이 관측되었으며, 중국 역시 대기오염이 줄면서 미세먼지로 인한 문제 역시 극적으로 감소되었다. 관광객이 줄어든 이탈리아는 대기오염은 물론 수질개선까지 이루어졌다. 브라질 북동부 페르남부쿠주의 한 해변에서는 인적이 끊긴 동안 국제적 멸종위기종인 매부리바다거북이 대규모로 부화되었고, 칠레 산티아고에서는 멸종위기 관심종인 퓨마가, 스페인 아쿠리아스에서는 야생 곰이 관측되는 등 생태계가 복원되는 현상을 보였다. 코로나19로 인간의 활동이 줄어들면서 자연스럽게 나타난 여러 현상들은 기후변화에 대응해 무엇을 해야 하는지 알려 주었으며, 짧은 기간 동안에도 충분히 여러 변화가 있을 수 있다는 것을 보여주었다.

코로나19와 기후위기에 대한 대응의 차이

이러한 변화로 인해 2020년 온실가스 배출량은 현재 전망치의 약 2배인 36억 톤 이산화산소(CO_2)까지 감소할 수 있을 것으로 예상되고 있다. 그러나 1.5℃ 기온상승을 막으려면 향후 10년 동안 매년 28억 톤(7.6퍼센트)의 이산화탄소를 감축해야 한다. 과연 코로나19 팬데믹이 끝나고 나서도 이러한 상황이 유지될 수 있을 것인가?

코로나19와 기후변화는 몇 가지 부분에서 공통점을 가지고 있다. 첫째, 국경을 가리지 않고 전 세계에 영향을 미치며 문제 해결을 위해서는 지구적 차원의 협력과 노력이 필요하다는 공통점이 있다. 둘째, 코로나19와 기후변화를 막기 위해서는 산업활동이 감소해야 하며 이로 인해 세계경제가 침체될 수 있다는 것 역시 공통적이다. 셋째, 코로나19와 기후위기는 모두 불평등 구조에 의해 사회적 약자가 더 많은 고통을 겪는

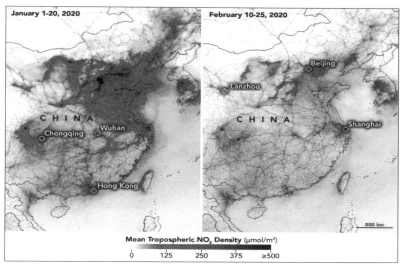

January 1-20, 2020

February 10-25, 2020

Beijing

Lanzhou

C H I N A

C H I N A

Chongqing   Wuhan

Shanghai

Hong Kong

500 km

Mean Tropospheric NO$_2$ Density (μmol/m²)

0   125   250   375   ≥500

2020년 1월과 2월을 비교한 중국 위성사진. 검은 부분이 점점 옅어지고 있다. ⓒNASA

사회적 재난이라는 공통점이 있다. 코로나19는 의료시스템이 구축되지 않은 국가에서 더 많은 사망자를 냈으며 사회적 약자에게 더 큰 피해를 안겼다. 지구온난화 역시 약소국의 경제와 환경에 더 큰 문제를 안겨주고 있으며 사회적 약자들은 지구온난화를 대비할 수 있는 환경을 구축하지 못하여 더 큰 피해를 받는다. 폭염이나 홍수 등이 일어날 때 빈곤한 지역과 사회적으로 고립된 사람들이 더 큰 피해를 입는 것이다.

　이러한 공통점에도 불구하고 코로나19와 기후변화에 대한 대응은 여러 면에서 차이를 보인다. 세계경제포럼은 2020년 인류를 위협하는 5대 질병이 모두 기후변화와 연결되어 있으며 지구기온 상승을 막기 위한 전 지구적 노력이 필요한 상황이라고 경고하였지만, 실질적으로 기후변화를 막기 위한 노력은 이루어진 것이 거의 없다. 이에 비해 코로나19에 대한 각국 정부의 강력한 조치와 협력은 기후위기와 대조적이었다. 세계 인구 10명 중 9명이 국경을 전면 또는 부분 봉쇄한 국가에서 거주하였고 일상생활과 경제활동이 마비되는 글로벌 셧다운이 확산되는 경험을 하였다. 이는 각국이 코로나19 위기를 전시상황으로 인식하고 이를 막기 위해 모든 인적, 물적 자원을 적시 적소에 동원하는 준 전시동원 체제를 가동하는 동시에 국제 공조를 확대하였기 때문에 가능한 일이었다. 기후위기에 대한 국제적 협력에 비해 국제 공조가 빠르게 이루어진 것이다.

시민들도 사회적 거리두기와 자가격리 등의 조치를 수용하고 실천하는데 적극적이었다. 한국리서치 조사에 따르면 사회적 거리두기에 대해 정부의 강력한 조치가 필요하고(70퍼센트), 방역조치를 지키지 않으면 비난할 수 있다(80퍼센트)는 응답이 압도적이었다. 건강과 생명을 위협하는 코로나19를 당면한 위기로 인식하고 자유로운 활동이 제한되더라도 이에 대해 적극적으로 대응하는 것에 찬성한 것이다. 이에 비해 기후변화는 시민들이 당연한 위기로 인식하지 못하여 이에 대한 강력한 조치를 공감하지 못하는 면이 있다는 것을 알 수 있다.

코로나19 대응의 강력한 정책과 시민의 행동변화는 기후위기 해결의 반면교사가 될 수 있다. 전문가들은 코로나19 위기에서 배워야 할 가장 중요한 교훈은 공공의료 시스템과 같은 정부의 공공투자와 강력한 제재와 같은 리더십이라고 지적한다. 코로나19와 달리 기후변화의 영향은 훨씬 더 심각하고 오래 가며, 기술로 일시에 해결하기 어렵고, 수십 년 동안 꾸준한 행동이 요구되는 반면, 즉각적으로 위험이 인식되지 않고

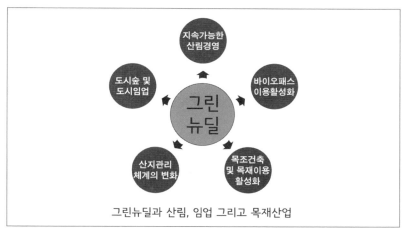

그린뉴딜과 산림, 임업 그리고 목재산업

한국판 그린뉴딜 정책은 코로나19를 계기로 기후변화 대응 및 저탄소 사회 전환이 중요하게 대두됨에 따라 경제기반의 친환경 저탄소 전환에 중점을 둔 정책이다.

실천과 결과 간 인과관계가 명확하지 않아 대응이 계속 지연되고 있었다. 그러나 이제 포스트 코로나 시대의 정부는 기후위기 대응을 위해 자원을 동원하면서 강력한 제재 등의 조치를 취하여 기후변화를 위한 가치적 효과를 가져와 미래를 위한 동력으로 삼아야 할 것이다.

코로나19 위기는 지속가능한 탈탄소 사회로 경로를 바꿀 수 있는 마지막 기회일 수 있다. 각국은 그린뉴딜을 통해 녹색경제로 전환하는 기회로 활용할 것을 요청받고 있다. 한국 정부 역시 계획 중인 대규모 '한국판 뉴딜'의 핵심을 2050 장기 저탄소 발전전략과 연계한 그린뉴딜로 설계하여 녹색경제로 탈바꿈하는 기회로 활용해야 한다고 전문가 100명 중 75명이 동의하여 제안하기도 하였다.[8]

8) 고재경·김동영·예민지·최민애, 「코로나19 위기, 기후위기 해결의 새로운 기회」, 『이슈&진단』

"땅을 정복하라"와 인간중심주의

경제적인 전략과 함께 기후위기 대응을 위해서는 사람, 동물, 생태계의 건강은 하나라는 인식의 변화가 중요하며 이러한 관점에서 기후변화 적응정책에 대한 재점검 또한 필요하다. 이러한 인식 변화의 중심에 종교의 책임과 역할이 있을 수 있다.

서구 사회는 전통적으로 자연을 개발의 대상으로 생각하면서 자연을 개척하고 정복하며 살아가는 것으로 인식하였다. 이러한 인식은 창세기 1장 28절에 "땅을 정복하라"는 구절에 근간을 두고 있다. 성경에 근거하여 서구 철학은 인간과 자연을 구분하고 자연은 인간의 목적을 위한 수단으로 존재한다는 인간중심주의(anthropocentrism)를 발전시켜 왔다.

고대 철학자 아리스토텔레스(Aristoteles)는 "식물은 동물을 위하여, 동물은 인간을 위하여 존재한다."고 말했으며 중세의 교부 아퀴나스(Saint Thomas Aquinas)는 "신의 섭리에 의해 동물은 자연의 과정에서 인간이 사용하도록 운명지어져 있다."고 주장하였다. 하비 콕스(Harvey Cox) 역시 신과 인간을 자연으로부터 분리, 구별하는 기존 신학의 입장을 옹호하며 인간의 임무는 땅을 정복하는 것이고 인간이 아닌 자연이나 기술이 중심이 될 수 없다고 보았다.[9] 자연을 개발하는 행위는 인간의 발전을 위한 단계이며 성숙한 인간은 자연을 가꾸고 활용하면서 자연을 숭배하

2020.5.

9) Harvey Cox, *The Secular City : secularization and urbanization in theological perspective*, 『세속도시 : 현대 문명과 세속화에 대한 신학적 전망』, 이상률 옮김 (서울: 문예출판사, 2004), 65.

거나 황폐하게 하지 않는다고 하였으나[10] 자연의 가치를 판단하는 주요한 요소를 인간을 중심한 자연의 유용성이라고 보고 자연을 개발하는 것을 필수적인 것으로 인식하였다는 점에서 기존의 신학적 입장을 유지한 것으로 보인다.

칼빈 베이스너(Calvin Beisner) 또한 하나님을 닮아 인간은 이성적 영성과 도덕성, 의와 거룩성, 지배성을 가지고 있으며 하나님을 닮은 지배성을 기반으로 인간은 모든 피조물을 지배할 권한이 있다고 주장하였다.[11] 그는 자연개발이란 인간의 생존을 위해 불가피한 것이며 자연파괴 역시 감수하고 해결해야 할 문제로 인식하였다. 이러한 그의 견해는 인간중심주의의 맥을 잇는 것이라 할 수 있다.

인간중심주의의 반성

매튜 폭스(Matthew Fox)는 이러한 인간중심주의로는 현대 사회의 생태문제를 해결할 수 없다고 지적하면서 '창조중심의 영성(the creation-centered spirituality)'으로 돌아가 자연 안에 존재하는 신성을 발견하고 깨달아야 한다고 주장하였다.[12] 폭스는 현대의 생태문제가 타락 이후 자연 안에 내재하는 하나님의 신성을 무시하고 인간 개인의 구원만을 추

---

10) Harvey Cox, *The Secular City : secularization and urbanization in theological perspective*, 『세속도시 : 현대 문명과 세속화에 대한 신학적 전망』, 47.

11) E. Calvin Beisner, *Prospect for Growth : A Biblical View of Population, Resourecs, and Future* (Westchester, IL: Crossway Books, 1990), 22-24.

12) 장도곤, 『예수 중심의 생태신학:생태신학입문』, 75.

구하였기 때문에 발생하였다고 지적하면서 하나님이 모든 만물 안에 존재한다는 것을 믿는 범재신론을 지지하였다.

심층생태학(deep ecology, 深層生態學)을 주창한 아르네 네스(Arne Næss) 역시 생태계의 위기를 해결하기 위해서는 근본적인 원인인 인간중심주의를 버려야 한다고 주장하였다. 자연의 가치관을 인간을 중심으로 평가하고 인간의 욕망을 충족시키기 위한 도구로 생각하는 인간중심주의로 생태의 문제를 해결하려는 것을 표층생태학(shallow ecology, 表層生態學)이라고 비판하면서 자연은 인간을 위해서 보호되어야 하는 것이 아니라 자연 자체를 위해 존중되어야 한다고 지적하였다.

또한 인간은 생명을 유지하기 위해 반드시 자연의 요소를 필요로 하지만 생존을 넘어서는 수준에서 자연을 훼손할 수 있는 권리가 없으며 인간 역시 자연의 일부이기에 자연 속에서 살아가야 한다고 보았다. 이를 위해 근본적으로 전통적인 기독교의 가치관에서 동양의 노장사상과 선불교, 기독교의 영성주의 등이 필요하다고 주장하였다.13

이러한 입장은 인간을 자연의 일부로 이해한다는 면에서 혁신적이지만 동시에 인간의 책임을 외면한다는 문제를 안게 되었다. 이에 더글라스 홀(Douglas J. Hall)은 하나님의 형상은 그리스도 안에서 나타나는 것으로 모든 만물을 완전한 조화 안에서 결속하는 사랑을 나눌 때 구현되는 것이라고 보았다. 또한 인간은 동물과 달리 특별한 능력을 가지고 있으

---

13) Arne Naess, Ecology, *Community and Lifestyle* (Cambridge: Cambridge University Press, 1989).

오염된 자연을 청소하는 자원봉사자들

나 이러한 능력은 만물을 지키는 청지기적 사명을 의미하는 것으로 창세기 1장 28절의 다스림은 자연에 대한 지배가 아니라 자연에 대한 봉사와 돌봄으로 그리스도에서 나타난 하나님의 형상을 따르는 것이라고 주장한다. 이러한 그의 주장은 자연을 넘어서는 인간중심주의나 자연과 동등한 인간이 아니라 자연을 돌보는 자연친화사상을 강조하였다.[14]

앤드류 린제이(Andrew Linzey) 역시 홀의 주장과 같이 인간이 청지기적 책임을 가지고 있다고 말한다. 그는 모든 피조물은 하나님이 주신 본질적인 가치를 가지고 있기에 인간 중심의 효용적 가치만으로 생각해서는 안 되며 이러한 가치를 지키기 위해 인간은 동물의 고통에 응답해야 하

---

14) Douglas J. Hall, *Imaging God: Dominion as Stewardship* (Grand Rapids: Eerdmans, 1986), 185-215.

며 섬김과 돌봄의 윤리를 실천해야 한다고 밝히며, 인간은 우주를 위해 절대적인 권리를 가진 존재가 아니라 우주의 '관리인(custodian)'이라고 주장하였다.

홀과 린제이와 같은 청지기 역할에 대한 강조는 자연친화적 사상이지만 동시에 자연과 인간을 구분하고 인간의 역할과 책임을 강조하는 면에서 또 다른 인간중심주의라는 비판을 받게 되었다.

세계는 하나님의 몸

샐리 맥페이그(Sally McFague)는 '기후변화는 신학적 문제'라고 규정하면서 보다 근본적으로 하나님과 세계 사이의 관계를 설명하는 새로운 관점을 제시하였다.

기존의 신학은 하나님과 세계의 관계를 네 가지 관점에서 설명해왔다. 첫째, 하나님과 세계를 분리하여 보는 이신론적 모델(deistic model)은 하나님은 세계를 원리에 따라 시작하였으며 자연재해와 같은 위기의 상황에만 개입한다고 설명하였다. 둘째, 유대-기독교 전통에 의한 대화적 모델(dialogic model)로 하나님은 말씀하시고 세계는 응답한다고 설명한다. 이 모델은 세계를 인간으로 축소하여 자연은 배제되고 인간 안에서 만나는 하나님으로 국한된다. 셋째, 하나님을 왕 또는 지배자로 이해하는 군주적 모델(monarchical model)로 하나님은 전능한 왕으로 존재하며 세계는 충성스러운 신하로서 명령에 복종한다고 보는 것이다. 이러한 이해는 인간 역시 자연과 위계적 관계를 가지는 것으로 규정한다. 넷째, 행위자 모델(agential model)은 하나님은 의도와 목적을 가지고 역사 속에

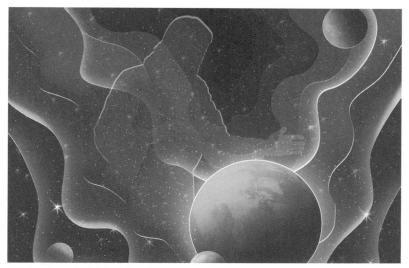
사랑과 희생으로 지구를 회복시킬 수 있다.

서 실현해나가는 행위자로서 세상을 구원으로 이끌고 있으며 이러한 과정에서 문제가 생길 때 사랑과 희생으로 이를 회복시킨다고 설명한다.

맥페이그는 이러한 기존의 신학으로는 기후위기의 상황을 이해하고 책임질 수 없다고 보고 세계를 '하나님의 몸(the body of God)'이라는 새로운 관점으로 설명하면서 하나님은 세계를 어머니와 같이 창조하신 후에도 끊임없이 돌보며 연인이나 친구와 같이 친밀한 관계를 유지하고 있다고 설명하였다. 즉 하나님은 세계 안에 임재하는 '육화된 영(embodied spirit)'인 동시에 초월하는 영으로 존재하는 것이다. 이러한 이해는 세계에 대한 관점의 전환은 물론 기존의 아버지, 군주 등 가부장적이고 위계적인 하나님에 대한 은유를 어머니와 연인, 친구와 같은 은유로 이해할 것을 강조하였다.

또한 하나님의 몸으로 창조된 생태계의 모든 피조물은 인간의 필요를 위해 창조된 것이 아니며 각각의 가치를 가지고 하나님과 인간은 물론 피조물 간에도 유기적인 관계를 맺고 있다. 인간은 피조물보다 중요한 가치를 가지는 피조물은 아니지만 하나님의 몸에 대한 책임을 가지고 있기 때문에 특별한 피조물이 된다. 인간은 하나님의 몸인 세계를 아프게 할 수도 있고 건강하게 할 수도 있기 때문이다.

이렇게 하나님과 자연, 자연과 인간의 관계에 대해 학자들마다 입장의 차이가 조금씩 있지만 비교적 공통적인 부분을 정리하면 하나님은 자연을 사랑으로 창조하였으며 인간에게 사랑으로 돌보는 책임을 주었지만 인간은 타락하여 이러한 하나님의 뜻을 모르고 인간중심의 이기적 욕망을 앞세워 자연을 파괴하게 되었다고 할 수 있다.

이기적 욕망의 문제와 종교적 실천

생태계 파괴의 근본적인 원인은 인간이 타락하면서 하나님의 존재를 알지 못하게 되고 참된 사랑을 잃어버렸기 때문이다. 문선명·한학자 총재는 "타락을 보게 되면 삼단계 타락입니다. 심정 타락, 마음 타락, 몸 타락입니다. 그러면 타락은 어디서부터 시작되었느냐 하면 마음에서부터 시작되었습니다. 몸에서부터 시작된 것이 아니라고요. 결과로 보면 첫째는 심정 타락…. 마음이 문제입니다. 즉 마음을 중심삼고 몸뚱이가 타락했고, 마음을 중심삼고 심정이 타락했습니다."라고 말하면서[15] 타락

---

15) 문선명선생말씀편찬위원회, 『문선명선생말씀선집』 60권 (서울: 성화출판사, 2002), 59.

은 마음의 중심을 잃어버린 것이라고 강조하였다.

인간은 하나님이 창조한 자연에 감사하면서 그 본연의 가치가 잘 보존될 수 있도록 노력해야 하는 책임이 있다. 타락으로 이러한 본연의 마음과 책임을 잃어버린 것을 각 시대와 문화 속에서 되찾기 위해 노력해 온 것이 종교이다. 그러나 서구사회에서 중세시대 그리스도교는 더 많은 권력과 부를 얻기 위해 정치와 결탁하여 많은 문제를 보였으며 과학적 이해와 설명을 도외시함으로써 정교분리(政敎分離)와 함께 공공의 영역에서 사적 영역으로 밀려나고 말았다.

맥페이그는 종교가 공공의 영역을 떠나 사적 영역에 위치하고 대안적 담론과 세계관을 제공하지 못하면서 더욱 문제가 심화되었다고 지적하였다. 그리고 현대 자본주의 사회가 '소비주의'라는 시민적 종교를 만들어내고 소비를 인생의 유일한 만족이라고 믿고 살아가도록 하고 있다고 주장하였다.[16] 이러한 소비주의는 행복의 올바른 가치관 없이 단지 더 많은 소비를 하는 것을 행복으로 규정하여 인간이 필요 이상으로 생태계를 이용하고 파괴하도록 조장하게 만든다.

코로나19 팬데믹 역시 이러한 인간의 그릇된 욕망으로 파괴된 생태계가 근본원인이 되어 일어난 감염병이다. 이를 막기 위해서 이제 종교계가 나서서 피조세계의 일부인 인간의 위치를 인식시키고 기후위기를 극복하기 위해 욕망을 자제하고 자연을 사랑하는 윤리적 가치관을 가르

---

16) Sallie McFague, *Life Abundant*, 『풍성한 생명』, 장윤재·장양미 역 (서울: 이화여자대학교출판부, 2008), 133-135.

처 주어야 한다. 2020년 9월 1
일 프란치스코 교황은 '피조물
보호를 위한 기도의 날'을 맞
아 기후변화를 막기 위한 노력
을 서둘러야 한다는 메시지를
전하였다. "불필요하고 파괴
적인 목표와 활동을 끝내고 지
속가능한 생명의 가치를 배양
해야 한다."고 강조하면서 "신
종 코로나19로 우리는 갈림길
에 섰다."며 행동의 변화를 촉
구하였다. 이와 함께 코로나

프란치스코 교황(1936~) ©Casa Rosada

19로 인해 인간의 산업활동이 줄어들면서 생태계가 회복된 현상에 대해 "이는 확실히 기후변화에 대한 자연의 응답이다. 코로나19는 자연세계를 이해하고 심사숙고할 기회를 제공하였고 인류는 지금이라도 지구를 돌보기 위해 힘을 합쳐야 한다."고 말하였다.

생활의 변화를 넘어 제도의 변화로

그러나 코로나19 팬데믹 속에 종교가 생태계 회복을 위해 어떠한 역할을 할 수 있을 것인가에 대한 의구심 또한 적지 않다. 사회적 거리두기가 실시되면서 종교 또한 규제의 대상이 되어 종교의례, 모임 등이 금지되거나 제한적으로 운영되면서 대부분의 종교시설이 존립이 힘든 상황에 직면하게 되었다. 심지어 일부 종교시설은 사회적 거리두기 규정을 지키지 않고 운영되어 코로나19 바이러스를 확산하는 슈퍼감염원으로 사회적 비난을 받기도 하였다. 한국의 경우 집단감염 45.5퍼센트 중 가장 많이 발생한 시설은 종교시설로 17퍼센트로 나타났다. 신천지 16퍼센트까지 포함하면 33퍼센트에 달하여 요양시설 13퍼센트나 직장감염 11퍼센트보다 훨씬 높게 나타났다.

이러한 위기는 종교의 본질에 대한 성찰을 요청하고 있다. 사회적 공공성을 생각하지 않는 종교는 미래가 없으며 자신의 종교를 위한 종교는 결국 도태될 수밖에 없다는 것을 경험하고 있는 것이다. 이러한 상황을 경험하면서 종교의 공공성은 강화되고 있으며 근본적 영성으로 돌아가는 움직임이 활성화되고 있다. 이러한 움직임은 포스트 코로나 시대에 종교의 새로운 흐름을 만들어낼 것으로 예상된다.

기후위기를 막기 위한 실천은 코로나19와 같은 감염병을 막기 위한 근본적인 대안이자 종교의 공공성을 발휘할 수 있는 분야이기도 하다. 맥페이그는 생태계의 위기는 하나님의 몸인 세계가 심각한 고통과 위기에 처해 있는 것으로 세계에 대한 인간의 태도가 전환되어야 한다고 강조한다. 이를 위해 종교는 개인적인 차원에서 자연을 사랑하고 소박한 삶을 사는 변화를 이끌어내면서 체제의 변화나 제도적인 변화를 이끌어내기 위해서도 노력해야 한다고 주장하였다.[17]

그동안 기후위기를 막기 위한 노력은 국가 단위의 이산화탄소 배출

---

17) Sallie McFague, Life Abundant, 297.

량 감소로 집중되었다. 그러나 코로나19는 개개인의 삶의 목표와 행동이 수정될 때 기후변화를 어느 정도 막을 수 있다는 사실을 보여주었다. 개개인의 삶의 가치관과 실천에 가장 영향을 줄 수 있는 종교가 적극적으로 나선다면 기후위기를 막을 수 있는 가능성이 높아지는 것이다.

이미 많은 종교는 기후변화를 막기 위한 실천운동을 펼치고 있다. 프란시스코 교황은 2015년 즉위 후 첫 회칙에서부터 환경문제를 지적하면서 실천을 촉구하였다. '더불어 사는 집'인 지구 환경이 부자들의 과소비와 기술만능주의로 인해 온난화가 진행되어 가난한 사람들의 생존이 더욱 위협받고 있다고 지적하면서 이를 막기 위해 전 인류가 후세대를 위해 지구를 보호해야 한다고 촉구하였다. 회칙이란 가장 구속력이 강한 사목교서로 이후 이 회칙에 의거하여 전 세계 가톨릭은 다양한 실천을 모색하고 있다.

개신교 또한 한국의 경우 기독교환경운동연대를 중심으로 에너지 절약과 신재생운동을 펼쳐 왔다. '전기를 아끼는 것이 곧 발전'이라는 의미를 담아 교회를 에너지 절약운동의 핵심인 절전소(Negawatt)로 만드는 운동을 펼치고 있다. 또한 교회에 태양광발전기를 설치하여 태양광 전력의 생산자가 되는 노력도 해왔다.

불교는 자연과 인간을 하나로 연결된 상호적 존재로 인식하는 의정불이(依正不二)의 세계관을 가지고 모든 생명을 평등하게 생각하여 인간중심주의를 극복할 수 있는 사상적 대안으로 주목받고 있다. 달라이 라마는 2010년부터 기후위기의 심각성을 알려 왔으며, 2015년 프란시스코 교황의 회칙 발표에도 화답하며 인류 공동의 문제인 기후변화를 해결하기 위해 인류는 하나 되어 싸워야 한다고 적극적인 지지를 보내기도 했다. 틱낫한 스님은 지구가 울부짖는 소리를 들어야 한다고 촉구하면서 기후위기를 막기 위해 채식을 할 것을 제안하였다. 틱낫한 스님뿐만 아니라 불교계 전체는 기후위기의 대안으로 채식운동과 잔반제로운동을 강조하고 있다. 한국 불교계 또한 불교환경연대와 불교기후행동 등이 활발하게 실천적 운동을 펼치고 있다.

원불교는 반핵·탈핵운동을 펼쳐온 종교로 한국 종교계 최초로 에너지협동조합인 둥근햇빛협동조합을 만들어 전국의 원불교 교당과 기관, 학교 등의 옥상에 태양광 패널을 설치하는 운동을 펼쳐 왔다. 2010년부터 원불교환경연대를 설립하여 4대강사업 반대운동과 '인과의 숲' 나무심기 등 환경회복을 위한 다양한 활동을 해왔다.

이제 이러한 다양한 실천을 세계적인 연대로 모으고 제도화하는 노력이 요청되는 때이다. 모든 종교가 연대하여 개인의 삶의 목표와 행동이 수정될 수 있도록 생활적 변화를 제도화하는 것은 물론 기후변화를 막을 수 있는 비국가적 연대가 필요한 것이다.

기후변화를 막기 위한 종교의 공공연대

과학자들은 기후위기가 예상했던 것보다 빠르게 진행되어 지구가 회복할 수 없는 터닝포인트에 와 있으며 기후의 도미노 효과에 의해 생태계가 무너질 때 지구상 많은 곳이 인간 거주가 불가능한 지역으로 바뀔 가능성을 제기하였다. 세계경제포럼 역시 2020년 인류를 위협하는 5대 질병이 모두 기후변화와 연결되어 있으며 지구의 기온상승을 막기 위한 전 지구적인 연대와 노력이 절실하게 필요하다고 발표하였다.

코로나19 이후 지속적으로 대두될 신종감염바이러스를 근본적으로 해결하기 위해서는 기후위기를 극복할 수 있는 공공연대의 강화가 필요하다. 종교는 이러한 공공연대의 중요한 고리 역할을 할 수 있으며 나아가 글로벌 네트워크를 가지고 있는 종교의 특성을 활용하면 국제적 네트워크를 통해 기후위기 극복을 위한 세계적인 연대가 가능하다. 이러한 기반은 코로나19 경험과 사회적 자본을 지역의 기후위기 대응 동력으로 활용할 수 있는 가능성이기도 하다. 사람들의 규범과 행동 변화를 기후위기 대응을 위한 사회적 자본으로 적극 활용해야 하는 것이다.

세계적인 네트워크를 가진 종교가 서로 연대하여 시민사회, 기업, 국가지도자가 참여하는 글로벌 거버넌스의 한 축으로서 기후위기를 해결할 수 있는 핵심적인 동력을 제공할 수 있다면 포스트 코로나 시대의 감염병의 발생과 확산은 물론 기후위기도 막을 수 있는 역할을 담당할 것이다. 그동안 국가나 제도 등의 공공영역과 분리되어 사적 영역을 담당해왔던 종교가 이제는 공공의 한 축으로서 유기적인 역할을 하여 세계적 위기인 기후변화를 해결하기 위해 협력해야 할 시점인 것이다.

하늘부모님성회 한학자 총재는 이미 기후변화를 심각한 위기로 규정하고 그 해결을 위한 실천을 종교는 물론 사회 전반에 요청해 왔다. 특히 2015년 미래세대를 위한 평화상으로 제정된 선학평화상 제1회 수상자로 아노테 통(Anote Tong) 전 키리바시 대통령을 선정하면서 기후변화로 인한 위기에서 인류를 구할 지혜를 모색하고 행동하는 것은 미래평화의 주요 어젠다라고 밝히기도 하였다. 또한 한 총재는 "지구 40퍼센트

3분의 1이 녹지화된 중국의 일곱 번째 사막인 쿠부치 사막

가 사막화되어 가는 가슴 아픈 현실에서 중국이 영토를 넓히기 위해 막
대한 자금을 투입하는 대신 고비사막을 막대한 자금과 과학기술을 투입
해 녹지화한다면 얼마나 큰 축복이겠는가?"라고 여러 차례 지적하면서
군비를 축소하여 환경을 지키는데 투입할 것을 촉구하였다. 특히 2020
년 9월에는 이러한 변화를 위해 세계평화종교인회의가 중심이 되어 세
계평화를 위한 정치인과 언론인, 과학자, 경제인 등이 기후위기를 막기
위한 세계적인 연대와 협력을 할 것을 제안하였다.

코로나19 팬데믹이 준 귀중한 교훈과 사례들을 기회로 기후위기를
막기 위한 종교의 세계적 연대와 활동을 기대해본다.

새로운 글로벌 거버넌스 '종교유엔'

김민지

코로나19 팬데믹이 가져온 세계화의 위기

2020년이 시작되었을 때 누구도 코로나19 팬데믹으로 인해 여태 껏 경험해보지 못한 상황을 맞이할 것이라고 예상하지 못했다. 그러나 2020년은 우리에게 잊지 못할 한 해로 남게 되었다. 2020년 1년 동안 세 계 220개국에서 1억 명에 가까운 확진자가 발생했으며 200만 명이 사망 하였다. 그중에서도 미국은 사망자가 40만 명을 넘어 2차 세계대전으로 인한 사망자보다 더 많은 미국인이 사망한 것으로 집계되어 세계 1위의 피해를 기록하였다.[1]

코로나19는 이렇게 강한 전파력으로 우리의 일상 전반에 많은 변화 를 가져왔다. 국경은 봉쇄되었으며 외출도 금지되었다. 경제는 마비 되었고 교육은 온라인으로 전환되었다. 코로나19로 인해 일어난 이러 한 여러 변화는 이미 생활의 여러 측면을 재편성하고 있으며 '블랙스완 (Black Swan)'처럼 기존 상식으로는 미래를 예측할 수 없을 것이라는 전망 도 있다.

코로나19로 인한 여러 변화 중에서도 가장 큰 타격을 맞은 것은 국경

---

1) https://www.worldometers.info/coronavirus/ (2021.1.5).

지난해 9월 25일 도널드 트럼프 미국 대통령은 유엔 총회 연설에서 "미국은 미국 국민에 의해 통치된다. 우리는 세계주의 이념을 거절하고, 애국주의를 신봉한다."고 언급함으로써 자신의 탈세계화 노선을 세계에 알렸다.

을 초월하여 형성된 세계화의 흐름이라고 할 수 있다. 세계화는 1990년대 이후 냉전이 종식되면서 미국을 중심으로 세계 전체가 사회·경제적인 상호의존성이 증가하여 단일한 체계로 통합되어 온 현상으로 누구도 막을 수 없는 역사적인 귀결로 인식되어 왔었다. 국가 간 교류의 폭은 확대되었으며 정보기술의 발달로 세계의 공간 및 시간의 거리는 축소되고 기업은 세계를 활동무대로 자유롭게 자본과 물자를 이동시켰다. 전 세계를 하나의 공동사회 또는 지역사회로 보고 인종과 종교, 언어와 문화를 초월하여 하나의 공동체라고 인식하는 세계공동체(世界共同體, World Community)의 이상은 국가는 물론 빈부격차, 인종, 종교 등 다른 어떤 속성으로도 차별받지 않고 동등한 권리를 가질 수 있는 인간존중의 이념 아래 평화세계를 이루는 이상으로 현실화되었다.

그러나 2008년 미국발 금융위기 이후 세계공동체의 균열이 표면적으로 나타나기 시작했다. 2016년 영국의 브렉시트(Brexit) 가결과 미국의 트럼프 행정부 등장 등으로 자국우선주의 현상이 표면화되었으며 '세계는 하나'라는 울림이 공허해졌다. 이런 상황 속에서 코로나19의 확산은 세계공동체의 현실적 문제와 한계를 드러냈다. 코로나19 팬데믹이 선언되자 주요 국가들은 자국민의 건강과 안전을 보장하기 위해 의료물자를 비축하고 여행을 제한하며 물적·인적 왕래를 가로막아 기업과 국가 간의 상호의존을 취약하게 만들었다. 특히 선진국들은 국경을 봉쇄하고 국제적 협력보다 자국민의 안전과 자국 중심의 경제위기 해결에 집중했다. 전 지구적 생산과 소비가 일시에 동반 폐쇄되는 현상은 인류가 지금까지 경험해보지 못한 새로운 도전으로 다가오고 있다. 세계화의 흐름은 중단되었고 세계공동체의 이상은 자국 우선주의와 코로나19 팬데믹 앞에 위기를 맞이한 것처럼 보인다.

물론 코로나19로 인한 세계공동체의 위기를 극복하기 위해서는 더욱 강한 국제적 연대가 필요하다는 의견도 있다. 요슈카 피셔(Joschka Fischer)는 "코로나19 대유행의 충분한 함의를 아직 결론 내릴 수는 없지만, 더 큰 재앙을 막기 위해 국내외 정치가 변화해야만 하고 곧 그렇게 될 것은 이미 확실하다. 우리는 '큰 정부'와 '국제적 연대'가 필요한 새로운 세계에 진입하고 있다."고 전망했다.[2] 코로나19를 계기로 국제적 연대가 강화되고 세계화의 속도는 더욱 가속화될 것이라는 의미다. 일부에서는 포스트 코로나 시대의 탈세계화가 중국과 동아시아지역, 유럽지역, 북남미지역 등 지역 블록의 출현을 앞당길 것이라는 분석을 제기하기도 한다.[3]

과연 세계공동체는 어떠한 운명을 맞이하게 될 것인가? 자국우선주의의 높아진 국경을 넘어 더욱 강력한 세계적 연대를 형성하기 위해서는 어떠한 리더십이 필요한가?

리더십 없는 전시상황

코로나19 팬데믹에 대처하는 국가들은 코로나19로 인한 위기를 바이러스로 인한 새로운 형태의 전쟁에 비유하면서 대처하고 있다. 문재인 대통령이 취임 3주년 대국민 연설에서 코로나19 상황을 경제전시상황이라고 비유하였고, 이탈리아의 코로나19 책임자 역시 이탈리아가 코로나19를 맞아 전시경제를 갖추어야 한다고 이야기하였다. 시진핑 주석 또한 현 상황을 '인민전쟁'이라고 지칭하였고 트럼프 대통령도 자신을 '전시대통령'이라고 하였다.

---

2) Joschka Fischer, "The Politics of the Pandemic," Project Syndicate, April 1, 2020. (https://www.project-syndicate.org/commentary/european-union-covid19-politics-by-joschka-fischer-2020-04, searched date: August 23, 2020).

3) Michael T. Klare, From Globalization to Regionalization?, THE Nation, March 22, 2020. (https://www.thenation.com/article/economy/globalization-regionalization-covid/, searched date: August 12, 2020).

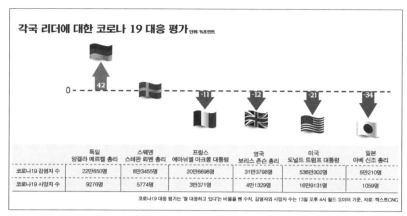

각국 리더에 대한 코로나 19 대응 평가 단위: %포인트						
	독일 앙겔라 메르켈 총리	스웨덴 스테판 뢰벤 총리	프랑스 에마뉘엘 마크롱 대통령	영국 보리스 존슨 총리	미국 도널드 트럼프 대통령	일본 아베 신조 총리
코로나19 감염자 수	22만850명	8만3455명	20만6696명	31만3798명	536만302명	5만210명
코로나19 사망자 수	9276명	5774명	3만371명	4만1329명	16만9131명	1059명

코로나19 대응 평가는 '잘 대응하고 있다'는 비율을 뺀 수치. 감염자와 사망자 수는 13일 오후 4시 월드 오미터 기준. 자료: 헥스트CNC

각국 리더에 대한 코로나19 대응 평가 ⓒ켁스트CNC

　이렇게 각국의 지도자가 코로나19로 인한 위기를 전쟁에 비유하는 것을 코로나19로 인한 자국민의 생명과 안전의 위기를 강조하고 이를 지켜야 하는 자신의 임무를 부각하기 위한 것만이라고는 볼 수 없는 측면이 있다. 미국의 경우 1945년 제2차 세계대전 이후 한국전쟁을 비롯하여 5대 전쟁의 사망자보다 2배가 넘는 사망자가 나왔다. 사실 지난 1월 중국 우한에서 코로나19로 인한 확진자와 사망자가 발생하였을 때만 해도 각 국가는 자국민의 생명과 안전을 지키기 위해 중국에서 오는 입국자를 막는 조치만 취하였다. 그러나 전 세계적으로 코로나19가 확산되면서 2월 말 자국의 국경을 전면적으로 봉쇄하고 다른 국가와 비우호적인 관계를 형성하게 된 것이다.

　이렇게 국경이 봉쇄되면서 세계공동체가 무력화되는 현상에 대해 월터 러셀 미드(Walter Russell Mead)는 "코로나19가 세계를 더욱 폐쇄적이며 퇴행적인 상황으로 몰아가고 있으며 치명적인 바이러스에 대한 부적절한 기획들, 무능력한 지도력들이 인류를 암울한 미래로 이끌어갈 듯하다."고 비판하였다.4 월터의 지적처럼 1990년대 냉전의 종식 이후 미국을 중심으로 형성되었던 세계화의 흐름이 전염성 강한 바이러스의 공격 앞에 얼마나 무기력해지는가를 보면서 선진국 중심의 리더십에 대한 각성과 회의가 일어나고 있다.

그동안 세계화는 극단적인 빈부격차로 인한 계급 갈등, 환경문제의 지구화, 난민문제와 인종차별 등 많은 문제를 발생시켰으나 여전히 선진국이 중심이 되어 이러한 많은 위기와 문제들을 해결해나갈 수 있을 것이라는 막연한 기대가 있었다. 그러나 미국은 코로나19로 인한 위기의 상황에서 세계를 이끌어 왔던 전통적인 리더십을 포기하였으며 자국의 안전도 지키지 못하고 있다. 독일, 영국, 이탈리아 등 주요 7개국(G7) 정상들 역시 뒤늦은 상황대처로 리더십의 한계를 노출하였으며 국제적인 리더십을 발휘하지는 못했다.

이러한 상황에 대해 '코로나19의 첫 번째 피해자는 리더십'이라는 지적이 대두되었다. 코로나19로 세계를 이끌 수 있는 리더십이 사라졌다는 것이다. 물론 세계적 리더십의 부재가 코로나19 이전에 이미 나타났다는 분석도 있다. 이안 브레머(Ian Bremer)는 이미 2011년에 국제적인 과제 해결을 주도하는 나라나 체계가 없는 G0의 시대가 도래했다고 언급했다. 그동안 주요 7개국을 합쳐 G7이라고 불렀지만 더 이상 연대나 공

---

4) Walter Russell Mead, China's Coronavirus Opportunity, *The Wall Street Journal*, March 16, 2020. (https://www.wsj.com/articles/chinas-coronavirus-opportunity-11584398121, searched date: August 15, 2020).

심화되고 있는 미국과 중국의 갈등

조가 없는 시대가 되었으며 신뢰자산을 기반으로 글로벌 리더 역할을 할 수 있는 국가가 없다는 것이다.[5] 글로벌 리더의 위상은 부와 권력에서 나오는 것이 아니라 정권의 정당성과 국제사회에 공공재를 제공하는 역할, 위기를 극복할 수 있는 리더로서의 조정력 등에서 나오지만 트럼프 정부 이후 미국은 이러한 역할을 포기하였다는 분석이 많았다.

미국과 중국의 갈등과 균열

1990년 이후 미국은 세계를 이끄는 리더의 역할을 충실히 수행하였

---

5) Ian Bremer, Every Nation for Itself, 『리더가 사라진 세계』, 박세연 옮김 (파주: 다산북스, 2014).

다. 그러나 2008년 금융위기 이후 미국은 심각한 경제적 타격을 받았으며 국제사회를 위한 역할을 축소하기 시작하였다. 미국의 위상은 2010년 이후 미국과 중국의 균열이 심화되면서 더욱 위기를 맞게 되었다.

중국은 1978년 이후 개혁개방 정책을 펴면서 경제적으로 자본주의를 선택하였으나 정치적으로는 공산주의 정치를 지속해왔다. 시장의 개방을 시작으로 중국의 정치 또한 자유민주주의 체제로 변화될 것으로 기대되었으나 중국은 공산주의 체제를 고수하면서 정부 주도의 시장경제 체제의 발전을 주도하였다. 오히려 경제발전을 이룬 중국은 미국 주도의 국제경제 질서에 반기를 들기 시작하였다.

미국과 중국의 전략적 패권경쟁은 점점 더 중국 경제의 시장경제 원칙 준수 여부를 중심으로 심화되었다. 미국이 중국 경제에 대해 지적재산권 위반과 기술 도용, 정부의 기업에 대한 과도한 보조금 지급, 관치금융의 폐쇄성, 중국 정부의 불투명한 경제 운용과 왜곡된 통계 자료 등을 문제 삼으면서 제재를 가하기 시작한 것이다. 이러한 상황은 점점 악화되어 2018년 9월부터 미국과 중국은 관세·환율·기술·지적재산 등 모든 분야에서 갈등으로 분출되면서 무역전쟁에 이르게 되었다.

이러한 미국과 중국의 갈등은 코로나19를 둘러싸고 폭발하고 있다. 트럼프 미국 대통령은 코로나19를 '중국 바이러스' 또는 '우한 바이러스'로 지칭하면서 코로나19의 중국 책임론을 강조하였으며 전 세계가 이로 인해 심각한 경제적 타격을 받았다고 주장하고 미중 무역합의의 파기를 추진하였다. 또한 중국 내 모든 재래시장 폐쇄와 여행금지, 비자 철회, 미국 내 중국 자산 동결, 대출 제한, 주식시장 상장 금지 등을 포함한 대

세계보건기구(WHO)

중국 제재권한을 부여하는 '코로나19 책임법' 제정을 추진하였다. 호주
역시 미국의 중국 책임론에 동의하며 중국에 대한 코로나19 발원지 국
제조사를 요구하였고 영국과 인도는 중국에 코로나19 손해배상 청구소
송을 준비하기도 했다.

나아가 미국은 WHO가 중국 편향적이라고 맹비난하며 WHO총회
의 기조연설을 거부하였고 미국 분담금인 연 4.5억 달러를 중국 수준인
0.38억 달러로 축소할 수 있다고 위협하였다. 이러한 위협은 트럼프 대
통령이 WHO 사무총장에게 중국으로부터 WHO 독립성을 증명하는
개선안을 제출하지 않으면 분담금 집행을 완전 중단하고 탈퇴하겠다고
서한을 보내면서 현실화되었다. 이후 7월 6일 미국은 유엔(UN) 사무총
장에게 WHO 탈퇴서를 제출하였는데 1년간 탈퇴 절차를 밟는다면 최

종적으로 2021년 7월 6일에 WHO 탈퇴가 확정된다.

미국이 이렇게 세계적 리더 역할을 완전히 포기하는 동안 중국은 미국의 코로나19 중국 책임론을 비판하며 대규모 경제보복조치를 감행하였다. 우선 미국의 우방국 호주를 대상으로 호주산 보리 반덤핑 조사를 실시하여 80퍼센트 관세를 부과하였다. 또한 월 2억 달러 규모의 호주산 소고기 수입을 전면 중단하는 대신 러시아산 소고기를 수입하였다.

나아가 중국은 남미와 아프리카 등에 코로나19 방역을 위한 기부물자를 보내면서 정치적 관계를 강화하고 있다. 코로나19 초기에 중국은 자국의 코로나19 관련 정보를 은폐하고 늦장 공개하는 등 국제적 확산의 원인을 제공하였다는 비난을 받았으나 코로나19에서 회복한 뒤에는 중국의 경험을 다른 국가에 적극적으로 공유하고 의료장비를 공급하겠다고 제의하는 등 국제사회에서 영향력 있는 리더가 되기 위한 노력을 하였다.

국제사회에서 중국의 영향력을 강화하기 위한 노력은 이미 2013년 일대일로(一帶一路, One belt, One road) 전략구상에서부터 시작되었다. 일대일로란 중국 주도의 신(新) 실크로드 전략구상으로 2014년부터 2049년까지 35년 동안 중국과 주변 국가의 경제, 무역 합작을 확대하는 새로운 실크로드를 구축한다는 것이다. 2013년 시진핑 주석이 제안한 이후 일대일로로 연결되는 국가들에 일대일로를 위한 인프라 건설을 가속화하여 80여 개 국가 및 국제기구가 참여하고 있다.

미국과 상반되는 중국의 코로나19 대응 방식은 국제사회에서 일정 부분 영향을 미쳤다. 미국은 반중 정서를 자극하면서 우방국 및 동맹국과의 연대를 강화하고자 하였으나 대부분의 국가가 중국과의 관계 악화를 우려해 중국 책임론에 전적으로 동조하지 않았다. 중국은 이런 기회를 이용하여 바이러스와 같은 위기상황에는 중앙집권적 통제가 민주주의보다 빠른 대응을 할 수 있다며 체제 우월성을 선전하고 민주주의 체제를 폄하하였다. 물론 이러한 시도는 오히려 반중 정서를 고조시켰으며 중국 경제 의존도 감소를 위해 교역을 다변화하고 중국의 약탈적 투자를 견제하려는 정책을 추진하는 국가도 있다.

결국, 1945년 제2차 세계대전이 종전된 후 자유민주주의의 수호자이자 민주세계의 리더로서 역할을 해왔던 미국이 리더십을 포기한 현재, 정치적으로 공산주의를 유지하고 있는 중국의 국제적 연대는 세계공동체의 가장 중요한 위기로 우려되고 있다. 즉 미국과 중국의 자국 중심적인 국제연대는 종국에는 세계공동체를 이끌 수 있는 리더십의 부재로 이어져 코로나19로 인한 세계공동체의 위기를 더욱 악화시킬 것이 예상된다.

포스트 코로나의 새로운 리더십

세계적 리더십의 부재 속에 미·중 갈등이 심화되고 있는 중에도 코로나19로 인한 위기를 극복하기 위한 국제적인 연대는 여전히 요청되고 있다. 3월 26일, 코로나19 대응을 위한 'G20 특별화상 정상회의'가 개최되었다. 주요 20개국의 정상들은 코로나19를 인류의 '공동의 위협'으로 규정하고 공동의 위협에 대해 '투명한 정보 공유', '역학 및 임상자료 교환', '연구와 개발에 필요한 자료 공유', '세계보건기구 국제보건규정의 완

이스라엘 출신의 세계적 석학 유발 하라리 교수
ⒸDaniel Naber

전한 이행' 등 국제보건체계 강화에 합의하였다. 이후 유엔 사무총장 구테헤스(Antonio Guterres)는 주요 20개국(G20) 정상들에게 보낸 서한에서 전 인류적 위기상황에서 전시계획이 필요하며 그만큼 국제적 공조가 중요하다고 강조하였다. 국제적 연대를 통해 세계가 코로나19에 공동 대응해야 한다는 것이다.

유발 하라리(Yuval Noah Harari) 역시 "코로나19라는 전쟁의 전략물자를 인류가 공유해야 하며 피해가 적은 국가는 자국의 의료진을 피해가 심한 국가에 파견하는 등 국제적 연대를 강화해야 한다. 만일 자국 중심의 분열의 길을 택할 경우 코로나19 상황의 장기화는 물론, 미래에 더 큰 재앙이 나타날 수 있다. 그러나 인류가 글로벌 연대를 택한다면 이는 코로나 바이러스 19를 상대로 한 승리이자 21세기 모든 감염병을 상대로 한 인류의 승리가 될 것"이라고 강조하였다.6 결국, 코로나19로 인한 세계적 위기를 극복하기 위해 각국 정부는 글로벌 협조와 신뢰를 기반

---

6) Yuval Noah Harari, The world after coronavirus, Finance Times, March 20, 2020. (https://www.ft.com/content/19d90308-6858-11ea-a3c9-1fe6fedcca75, searched date: September 21, 2020).

으로 정보를 투명하게 공유하고, 주고받는 데이터를 신뢰하고 공동으로 대응방안을 모색하여 글로벌 차원에서 의료물자를 생산하고 배분하는 공조를 해야 한다는 것이다.

그러나 문제는 이러한 국제적 연대를 이끌 수 있는 리더십의 부재에 있다. 이러한 위기를 극복하기 위해 유엔이나 WHO가 있으나 이러한 기관들은 현재 그 역할수행에 한계를 보인다. 유엔이 세계의 평화유지를 위한 국제적 연대를 위해 설립되었지만, 세계공동체를 이끌 수 있는 리더십을 발휘하지 못한다는 것은 이미 유엔의 근본적인 한계로 지적되어왔다. 유엔은 설립 초기부터 국제연맹과 달리 집단안전보장기구로서 평화유지를 위한 군사적 강제조치를 할 수 있도록 국제연합헌장을 제정하였다. 그러나 집단안정보장조치를 위해서는 안전보장이사회와 회원국 간에 특별협정(Special Agreements)을 체결하게 되어 있어 회원국이 거부권과 자위권 등을 내세우면 특별협정을 맺을 수 없다는 한계를 안고 있다.

이러한 한계를 보완하고자 평화유지(Peace-Keeping) 기능이 나왔지만, 실질적으로 국제분쟁이 발생하였을 때 안전보장이사회에 상황을 보고하고 사전예방하려는 노력은 이루어지지 않았다. 강대국들은 자국의 이익을 중심으로 국제분쟁을 판단하고 개입하지 않고 있으며 결과적으로 5대 상임이사국의 이익을 위해 유엔이 좌지우지된다는 비판을 받게되었다. 결국, 유엔은 창설 이후 중요한 위기 상황에서 문제해결 능력을 보여주지 못했으며 국제분쟁에 취약하고 국제기관의 사안들을 조정할 수 있는 능력 또한 부재하다는 한계를 노출하였다.

이러한 세계적 위기 속에서 세계공동체를 이끌 수 있는 리더십이 부재한 현재 상황은 흑사병으로 인한 유럽의 변화를 연상하게 한다. 흑사병은 14세기 유럽에서 발생해 7천500만 명에서 2억 명이 사망한 것으로 알려져 있다. 유럽 인구의 3분의 1에서 2분의 1 정도가 줄어들게 되었지만, 당시 유럽을 이끌던 가톨릭은 흑사병으로 죽어가는 사람들을 위해 아무것도 할 수 없는 무기력한 리더십을 보여주었다. 이후 사람들은 가톨릭이 가지고 있던 절대적인 권력에 대해 새롭게 각성하게 되었으며, 인간의 종교적 믿음과 정신을 기반으로 한 중세시대를 종식시키고 이성을 중심한 르네상스 시대를 열게 되었다. 흑사병은 르네상스 시대를 거쳐 종교개혁 등 근대 계몽시대를 여는 결정적인 계기로 평가받는다. 코로나19로 인한 세계공동체의 붕괴 또한 유엔의 역할에 대한 인류의 각성을 가져올 것으로 보인다. 유엔이나 WHO가 코로나19 위기에 제한적 역할만 담당한다는 자각은 결국 자국의 이익을 넘어 세계공동체를 이끌 수 있는 진정한 리더십을 요청하게 될 것이다.

울리히 벡은 "위험사회는 산업사회의 위협이나 재난과 같은 부작용들로 인해 등장하는 사회"라고 하였다. 현대사회는 산업사회가 내린 결정으로 통제될 수 없는 위협들이 등장하고 재화의 분배뿐만 아니라 재앙의 분배를 둘러싸고도 위험이 일어나고 있다.[7] 특히 산업화의 위험은 지구화되어 테러, 마약, 불법 이민, 대량 난민, 국제범죄 등 국경을 초월하여 나타나고 있으며 환경오염, 기후변화, 자원제약, 감염병 확산 등의

---

7) 울리히 벡, 『정치의 재발견』, 문순홍 역 (서울: 거름출판사, 1998), 21.

문제까지 등장하고 있으나 국제적 연대나 협력이 실천되지 못하고 있었다. 현실적으로 국가이익을 우선해야 하는 국가행위자들은 이러한 문제에 대해 적극적으로 나서지 못하기 때문에 비국가행위자들인 다국적기업, 국제비정부기구, 국제기구, 국제사회에 영향력을 발휘하는 개인이나 사회단체 등 국가이익을 초월할 수 있는 새로운 리더십이 요구되는 것이다.[8]

세계공동체를 위한 종교의 역할

세계공동체를 위한 새로운 리더십의 필요성은 많은 사람들에 의해 요청되고 있으나 개인, 기업, 기관, 국가 등의 이해관계를 초월하는 것은 쉬운 일이 아니다. 자신 또는 자신이 속한 조직이나 국가 등의 현실적 제약을 초월하기 위해서는 보다 근본적인 가치관이 요청되는데 종교는 바로 이러한 부분에 응답해줄 수 있다.

통일사상의 공영주의는 미래사회의 정치이념으로 하나님의 참사랑을 중심한 공동정치를 지향한다. 하나님을 인류의 참된 부모로 모시고 사는 형제주의 정치를 이상으로 하고 있기에 인류는 만인이 한 부모의 사랑을 이어받는 형제자매의 입장에서 국경 없는 공동체를 이루고 공동정치에 참가하며 살게 된다. 이러한 공영주의는 현재 민주주의가 가지는 한계를 극복할 수 있는 대안이라는 측면에서 미래사회의 정치 특성

---

8) 김현규, "'코로나19'를 통해 본 '新안보'와 국제질서," 『이슈브리프』 2020-10, 아산정책연구원, (2020.03.25).

유엔에서 연설하고 있는 문선명·한학자 총재

을 다룬 개념으로 자유민주주의가 자유, 평등, 박애를 지향하면서도 자본주의의 구조적 모순에 의해 경제적 불평등과 부자유를 발생시킨 한계를 극복하고자 한다.

공영주의는 민주주의가 출발부터 정교분리(政敎分離)를 표방하여 가치관의 절대기준이 되는 종교의 공공성을 인정하지 않아 필연적으로 개인주의가 이기주의로 흐를 수밖에 없는 위험을 안고 있었으며, 이로 인해 민주주의 국가들 역시 국가 이기주의를 표방하게 되었다고 지적한다. 따라서 공영주의는 가치관의 절대기준인 하나님을 부모로 모시는 형제주의 정치이며, 그 이상 또한 사해동포주의(四海同胞主義)가 현실적으로 민족적·국가적 특수성의 제약을 받고 있는 것을 극복할 수 있는 힘을 가지게 된다. 즉 공영주의는 종교를 중심한 정치공동체, 하나님이라는 공통분모를 가진 하나의 가족이 되는 인류공동체라는 이상을 지향한다. 이러한 공영주의의 관점에서 보면 세계화의 흐름은 미래사회로 나아가는 역사의 흐름이며 코로나19로 인한 세계공동체의 위기는 진정한 인류 한 가족 사회로 나아갈 수 있는 성찰의 기회라고 할 수 있다.

통일사상의 주창자인 문선명·한학자 총재는 하나님을 중심한 인류 한 가족 사회를 위해 기존 유엔의 역할에 구조적 한계가 있음을 지적하면서 이를 극복할 수 있는 대안을 제시한 바 있다. "유엔에서 국가 대표자들이 세계평화를 실현하고자 하는 노력은 상당한 장애"를 안고 있으며 이를 개선하기 위해 "정치인들과 종교지도자들이 유엔을 중심으로 서로 협력하고 존중하는 관계"를 가져야 한다고 하였다.[9] 인간의 몸과 마음이 통일체가 되어야 올바른 인격체가 될 수 있듯이 유엔도 몸을 대표하는 정치와 마음을 대표하는 종교가 하나 되어 세계의 문제를 해결하고자 함께 노력해야 한다고 강조하였다. 그동안 몸과 외적인 세계를 대표하는 정치인들이나 외교가들이 평화로운 세계를 이루려고 노력하였지만, 자국의 이익을 대표할 수밖에 없는 한계가 있었기에 마음과 내적인 세계를 대표하는 종교인들이나 NGO 지도자들이 국가의 이익을 초월하여 평화로운 세계를 이룰 방안을 모색해야 유엔이 추구하는 평화로운 세계를 이룰 수 있다는 비전을 주창한 것이다. 문선명·한학자 총재

---

9) 세계평화통일가정연합, 『평화경』 (서울: 성화사, 2013), 1388.

아벨유엔 창설대회 (2007.9.23. 뉴욕 맨해튼센터)

는 각 국가를 대표하는 종교인으로 구성되는 종교유엔을 창립하고 이를
중심으로 인간의 정신세계를 대표하는 종교인과 NGO의 지도자들을
모아 상원 성격을 지니는 아벨유엔을 창립하였다. 천주평화연합(UPF)
을 아벨유엔으로 세워 세계의 여러 국가가 정신적 지도자들을 중심으로
서로 화합할 수 있도록 한 기반 위에 기존의 유엔과 하나 되는 평화유엔
을 창설하여 세계공동체의 이상과 항구적인 평화세계 실현을 목표로 활
동하고자 하였다.

공영주의가 제시하는 하나님을 중심한 인류 한 가족을 이루는 형제
주의 정치는 하나님이라는 인류의 공통분모를 가져야 하는 정치로 궁

극적 실재인 '신'의 존재를 전제하고 있다. 그러나 르네상스 이후 종교는 정치와 분리되면서 개인적이고 비이성적인 영역으로 치부되었다. 이에 대해 문선명·한학자 총재는 "종교인들이 사랑의 실천의 본이 되지 못하고 자기 개인의 구원이나 종파 이익에 급급한 나머지 온 세상의 구원에 전력하지 못했기 때문"이라고 지적하였다. [10]

문선명·한학자 총재의 이러한 지적은 현재 코로나19로 인한 세계공동체의 위기에도 그대로 적용될 수 있다. 코로나19로 위기에 빠진 인류를 위해 종교는 어떠한 사랑의 실천을 해야 하는가를 제안하거나 실천하지 못하고 있으며 일부 종교는 개인의 구원이나 종파 이익에 빠져 코로나19를 전파하는 진원지가 되고 말았다. 결국, 현재 종교는 종교를 위한 종교가 될 것인가, 인류를 위한 종교가 될 것인가 하는 기로에 서 있는 것이다. 종교 대부분은 코로나19로 인한 세계의 위기 속에 종교의 위기를 같이 느끼며 새롭게 요청되는 종교의 역할을 모색하고 있다. 불안이 고조되는 위기의 시대에 종파의 이익을 넘어 종교유엔이 세계를 위한 역할을 수행할 수 있다면 세계를 이끌 수 있는 리더십을 만들 수 있으며 유엔의 개혁을 위한 종교계의 힘을 보여줄 수 있는 전환점이 될 수 있을 것이다.

세계공동체를 위한 종교유엔의 역할

종교유엔은 세계공동체가 코로나19를 극복하기 위해 어떤 역할을 담

---

10) 세계평화통일가정연합, 『평화경』, 1389.

당해야 할 것인가? 먼저 종교유엔은 코로나19를 극복할 수 있는 새로운 리더십으로 전 세계 인류를 위한 올바른 가치관과 정서적 안정을 제공할 수 있다. 베버(Max Weber)가 프로테스탄트 정신이 자본주의 탄생의 모태가 되었다고 주장한 것처럼 세계공동체를 위한 종교의 연대가 평화의 새로운 질서를 만들 수 있다.[11] 벡(Ulrich Beck) 또한 세계공동체를 만들기 위한 종교의 역할을 간과할 수 없다고 지적하였다. 개인의 내적 신앙을 중요하게 생각하는 종교적 세계관이 근대의 기초가 되었듯이 혈연이나 지역을 넘어설 수 있는 종교적 보편성이 세계화의 견인차 역할을 해온 동력이었다고 지적하면서 탈지역, 탈경계, 탈국가적 선택이 가능한 종교가 새로운 경계를 세워나갈 수 있다고 하였다.[12] 하버마스(Jurgen Habermas) 역시 근대의 공론장이 활성화되지 않는 결정적인 요인으로 종교의 가치와 역할을 과소평가했기 때문이라고 지적하였다. 다양한 의견이 충돌하는 상황에서 근대국가는 종교적 자원을 존중하여야 하며, 종교 역시 공공의 장에서 공적 역할을 담당해야 한다는 것이다.[13]

기후변화로 인해 코로나19와 같은 세계적인 감염병이 주기적으로 발생할 것으로 예상되는 상황에서 세계적인 연대는 필수적으로 요청되는 상황이다. 국경을 봉쇄하고 자국민의 안전과 건강을 책임지는 것만으

---

11) 이찬수, 「공동체의 경계에 대하여: 세계화시대 탈국가적 종교공동체의 가능성」, 『대동철학』 74(2016), 209-210.

12) 울리히 벡, 『자기만의 신』 홍찬숙 역 (서울: 길, 2013), 101.

13) Jurgen Habermas, *Between Naturalism and Religion* (Cambridge: Polity, 2008), 114-122.

로 감염병을 해결할 수는 없다. 감염병 예방을 위한 마스크 생산, 백신의 개발 및 공유, 감염병에 대한 정보 공유, 의료인 파견 및 의료물품의 공급 등 전지구적 협력을 통해 진정한 의미의 세계공동체가 실현되어야 할 시점인 것이다. 종교는 국가의 이해관계를 넘어 세계공동체를 위한 실천을 할 수 있는 보편성을 가지고 있기에 종교유엔이 각 종교의 벽을 넘어 다른 종교와 연대하면서 공공성을 회복한다면 새로운 세계적 리더십을 발휘하여 흔들림 없는 세계공동체를 형성하는데 기여할 수 있을 것이다.

또한 코로나19는 성숙한 시민의식과 실천이 방역의 궁극적 핵심이라는 것을 보여주었다. 코로나19의 성공적인 방역사례로 손꼽히는 한국의 방역정책이 이를 증명한다. 한국의 방역정책은 중국과 같이 전체주의적 감시와 봉쇄 없이도 시민적 역량으로 코로나19를 극복할 수 있다는 것을 보여주었다. 한국뿐 아니라 대만, 싱가포르 등은 적극적인 검사와 투명한 정보공개, 시민들의 자발적인 참여로 코로나19 확산을 막아내고 있다. 일상생활이 크게 제한받지 않는 민주적 통제 속에서 방역효율을 높인 것이다. 이와 달리 중국은 국가중심적인 통제와 봉쇄로 코로나19를 효과적으로 통제하고 권위주의적인 통제모델의 유용성을 증명하려고 노력하였다. 우한시 전체를 봉쇄하면서 봉쇄기간 동안 식료품 등을 수급하면서 폭동이 일어나지 않도록 잘 통제하였다고 강조하는 것이다.

한국이나 중국과 달리 서방 선진국은 초기에 적극적인 국가개입을 망설이며 적절한 대응을 수립하는 데 실패하였다. 이후 중국과 같은 적극적인 봉쇄를 선택한 국가는 있었지만, 한국과 같이 자발적인 시민의 참여를 이끌어 내지 못하였다. 결국 국경을 차단하고 사회적 활동을 폐쇄하는 극단적인 조치를 취하지 않고는 위기관리가 어려워졌으며 경제보다는 안전을 우선시하는 조치를 내렸던 것이다. 그러나 경제봉쇄를 지속하는 것은 국가경제의 몰락을 유발하므로 제한조치는 해제할 수밖에 없었고 다시 코로나19가 확산되는 악순환이 반복될 수밖에 없는 상황이다.

사실 그동안 한국, 대만, 싱가포르 등 아시아 국가와 미국, 유럽 등의 서구 국가는 동일한 자유민주주의 정치체제를 채택하고 있지만, 아시아에 비해 오랜 민주주의의 전통을 가지고 있는 서구 사회가 더욱 성숙한 시민의식과 민주주의를 실현하고 있는 것으로 평가받아왔다. 그러나 코로나19로 인한 위기상황에서 아시아 국가가 공공의 안전을 위해 개인의 자유를 스스로 제한하는 성숙한 시민의식을 실천한 것으로 나타나면서 이에 대한 분석도 다양하게 제시되고 있다. 서구 사회의 시민의식이 개인주의로 인해 왜곡되어 나타나는 것이라는 분석부터 아시아 국가의 유교적 문화전통이 국가에 대한 신뢰와 이에 대한 순종을 이끌어 냈다는 분석까지 견해의 차이가 있다.

서구의 자유주의는 이성적이고 합리적인 개인을 전제로 개인의 자유를 극대화하고, 어떠한 선택을 하든 이에 대한 책임을 질 수 있다면 사회는 그 자유를 허용해야 한다는 것을 강조해왔다. 어떠한 상황에서도 개인의 자유는 제한될 수 없다는 것이 자유민주주의의 지향점이었던 것이다. 사불레스쿠(Julian Savulescu)의 "적극적 자유와 건강한 삶, 구속받지

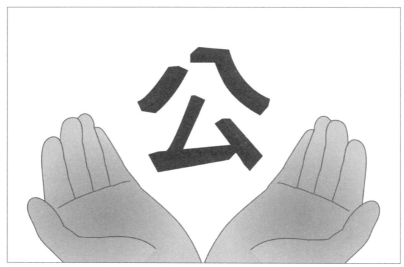

선공후사(先公後私). 『사기(史記)』 「염파인상여열전(廉頗藺相如列傳)」에 나오는 말로 개인의 사정이나 이익보다 공공의 일을 우선시한다는 뜻이다.

않을 자유와 건강 사이에 긴장감이 형성됐다.”[14]는 평가는 이러한 서구의 관점을 잘 보여주고 있다.

이렇게 개인의 자유와 건강, 즉 공공의 안전이라는 문제가 서구 사회에서는 갈등을 일으키고 시민들의 참여를 이끌어내지 못한 반면 아시아는 공공의 안전을 위해 개인의 자유를 제한하는 것에 대한 거부감이 적어 자발적 참여가 가능했다고 볼 수 있다. 아시아의 유교 사상은 선공후사(先公後私)의 가치관을 전제로 해 공동체를 위해 자신의 개인적

---

14) Heather Murphy, 14 Days With a Quarantine Tracker Wristband: Does It Even Work, New york Times, April 8, 2020.
(https://www.nytimes.com/2020/04/08/world/asia/hong-kong-coronavirus-quarantine-wristband.html., searched date: September 25, 2020).

인 목적이나 지향을 희생할 수 있어야 한다는 것을 전통적으로 강조해
왔다.

이러한 차이는 어떠한 사회가 성숙한 시민의식을 가진 사회인가를
떠나 현대사회에서 시민들의 가치관에 종교가 큰 영향을 미치고 있다는
것을 보여주고 있다. 이제 종교는 왜 우리는 개인의 자유보다 공공의 안
전을 우선시해야 하는가에 대한 응답을 제시해 주어야 한다. 에밀리 뒤
르켐은 종교가 사회의 지배적인 가치와 규범을 정당화하면서 사회 구성
원들 사이에 공통된 집합의식을 마련해주고, 이에 따라 사회질서와 안
정에 기여할 수 있다고 하였다.[15] 특히 가치관이 충돌하는 아노미 상황
에서 종교는 도덕적 의미의 위기에 대해 의미와 질서를 마련해주면서
사회적 역할을 담당할 수 있다.

또한 종교는 집단적 목표와 이상을 위해 개인적인 목표와 이상을 통
제할 수 있도록 도덕적 가르침을 제공하며 이러한 가르침이 궁극적이고
거룩한 초월적인 준거로 작동할 수 있도록 강력한 힘을 가진다. 세계를
대표할 수 있는 종교지도자들이 한자리에 모여 포스트 코로나 시대 인
류가 가져야 하는 공통의 가치관은 무엇이며 그 의미는 무엇인가에 대
해 공유하고 각 종교별로 교육할 수 있는 과정이 요청되는 것이다.

나아가 종교유엔은 이러한 가치의 충돌을 조정하고 바람직한 개인의
실천을 교육할 수 있는 역할을 할 수 있다. 자신의 이익보다 타인의 안
전과 행복을 우선시할 수 있는 실천이 가지는 가치를 알려줄 수 있는 것

---

15) Emile Durkheim, *The Elementary Forms of the Religious Life* (NY; Free Press, 1995).

코로나19 확산으로 일상에 큰 변화가 닥치면서 우울감이나 무기력증을 호소하는 사람이 늘고 있다.

이다. 일반적으로 종교는 공동체 속에서 개인을 다른 사람들과 의미 있는 관계로 연결해주고, 위기에 직면한 개인들이 위기를 극복할 수 있게 도와주며 소외된 계층에 대한 사회복지 역할을 담당하여 사회생활에 적응할 수 있도록 도와준다. 코로나19로 인해 발생한 여러 사회적 문제를 해결하기 위해 각국의 종교지도자들이 앞장서서 실천을 호소한다면 이해관계를 초월하여 인류가 한마음으로 코로나19를 극복할 수 있을 것이다.

한편 종교는 개인이 가지는 불안과 우울을 명상과 기도로 치유할 수 있는 힘이 있다. 한 설문조사에 따르면 지난 4, 6, 9월에 전국 성인남녀 5천256명(누적 조사대상)을 대상으로 조사한 결과, 코로나블루를 경험했다는 응답이 4월 54.7퍼센트에서 6월 69.2퍼센트, 9월 71.6퍼센트로 늘었다. 100점 만점으로 우울감 정도를 조사한 평균 점수 또한 4월 49.1점에서 6월 53.3점, 9월 67.2점으로 증가했다. 코로나 우울의 원인과 증상도 4월 조사에서는 '외출 자제로 인한 답답함 및 지루함'(22.9퍼센트)이 가장 많은 비율을 차지했지만 6월엔 '일자리 감소·채용 중단 등으로 인한 불안감'(16.5퍼센트), 이달 조사에서는 '무기력함'(16.2퍼센트), '사회적 관계 결여에서 오는 우울감'(14.5퍼센트)을 꼽았다. 이러한 불안과 우울을 치유하기 위해서는 내면을 강화할 수 있는 종교의 역할이 요구된다.

종교와 인류 공동의 대응

코로나19는 특정 국가의 악의나 저의에 의해 특정 국가를 대상으로 시작된 감염병이 아니라 모든 국가에서 감염으로 인한 사망자가 발생할 수 있는 인류 공동의 위협으로 국가 간 신속한 협력이 필요한 인류 공동의 위기이다. 그러나 이에 대한 인류 공동의 대응은 이루어지지 않고 있다. 위기의 순간에 선진국들은 자국의 국민을 보호하기 위해 국경을 봉쇄하고 국가 간 이동을 제한하는 자국 우선주의의 대응을 취하였다. 아이러니하게도 미국이 가장 많은 확진자와 사망자를 기록하면서 방역에 실패하고 유럽의 선진국들도 방역의 모델을 보여주지 못하고 있다. 헨리 키신저는 이러한 상황에 대해 "코로나19 팬데믹은 세계질서를 영원히 바꿀 것이며, 포스트 코로나19 질서의 전환을 시작하고 있다. 그것이 야기하는 정치·경제적 불안은 몇 세대 동안 지속될 수 있다. 각국이 협력의 토대 위에서 당면한 문제를 해결해야 하며, 그렇지 않으면 최악의

결과를 맞게 될 것이다."라고 경고하였다.16

그러나 코로나19로 인한 불안과 위기를 해결하기 위한 세계공동체의 협력은 희망적이지 않은 상황이다. 세계공동체의 리더십은 실종된 상태이며 미국과 중국의 갈등은 심화되고 있다. 미국은 더 이상 평화세계의 리더 역할을 수행할 의지가 없으며 중국이 자유민주주의로 전환되기를 희망하고 있다. 반면 중국은 결코 정치적으로 인민민주주의를 포기하고 자유민주주의를 선택할 의사가 없으며, 오히려 코로나19로 인한 리더십의 공백을 공략하여 중국을 중심한 세계공동체를 이루고자 노력하는 중이다. 평화세계 실현을 위해 출범한 유엔 또한 각국의 정치·경제적 이익을 벗어날 수 없는 현실적 한계를 안고 있다.

하나님을 부모로 모시는 인류 한 가족의 이상을 가지고 있는 공영주의의 관점에서 볼 때 이러한 현실적 한계가 극명하게 나타나고 있는 코로나19로 인한 위기는 세계공동체를 위한 새로운 리더십의 출현을 위한 요청이자 기회일 수 있다. 모든 인류가 한 부모 아래에서 공생·공영·공의 할 수 있는 형제로서 평화를 구현하기 위해서는 종교와 NGO 대표들로 구성된 유엔 상원이 구성되어 새로운 리더십을 구성해야 한다. 기존의 정치권 대표로 구성된 유엔을 하원으로 하여 몸과 마음의 조화처럼 정치와 종교를 대표하는 지도자들이 협력할 때 세계공동체의 리더십

---

16) Henry A. Kissinger, "The Coronavirus Pandemic Will Forever Alter the World Order," Wall Street Journal, April 4, 2020.
(https://www.wsj.com/articles/the-coronavirus-pandemic-will-forever-alter-the-world-order-11585953005, searched date: August 24, 2020).

세계기독교성직자협의회(WCLC) 창립 1주년을 맞이하여 비대면 방식인 온라인으로 개최된 '神통일세계 안착을 위한 세계기독교성직자 희망전진대회'(2020.12.6). 사진은 7대 종단 대표자의 평화축원식 장면.

이 형성될 수 있을 것이다.

  이를 위해 종교는 종파의 벽을 넘어 다른 종교와 화합하여야 하며 종교의 공공성을 회복하고 사회를 위해 사랑을 실천하고 봉사하는 종교 본연의 역할에 충실하여야 할 것이다. 종교의 공공성을 회복한다면 종교는 코로나19의 시대에 충돌하는 가치관을 중재하면서 시대적으로 요청되는 가치관의 명분을 제공하고 사회를 통합시키는 역할을 할 수 있으며 타인을 위해 봉사하는 실천운동을 펼칠 수 있다. 나아가 종교는 코로나19로 인한 불안과 우울을 정서적으로 치유하는 역할을 할 수 있을 것이다. 자신의 종교를 위한 종교가 아니라 사회를 위한 종교로 돌아가 이러한 역할을 수행할 때 종교는 세계공동체를 위한 리더십을 회복하는 한 축으로 자리매김할 수 있을 것이다.

뉴노멀시대 종교
신神은 무엇을 요구하나

인쇄일   2021년 4월 12일
발행일   2021년 4월 15일

지은이   황진수, 안연희, 강화명, 김민지

발행인   이경현
발행처   (주)천원사
신고번호   제302-1961-000002호
주소   서울시 용산구 청파로 63길 3(청파동1가)
대표전화   02-701-0110
팩스   02-701-1991

정가   13,000원

ISBN 978-89-7132-809-5 03230